意義的追尋

轉化哀慟的最終關鍵

Finding Meaning

The Sixth Stage of Grief

大衛・凱斯樂 David Kessler 著

王詩琪 譯

本書的寫作在
伊麗莎白．庫伯勒—羅斯的家人
與
伊麗莎白．庫伯勒—羅斯基金會
的支持下寫成

獻給我天堂裡的兒子

也獻給我地球上的兒子

目錄

作者的話 8
推薦序 面對悲傷，沒有人有標準答案／小劉醫師 9
推薦序 意義，療癒了失落的痛苦記憶／吳佳璇 13
推薦序 停下來聽聽，藏在悲傷裡頭的事／蘇益賢 16
作者序 20

第一部 ❖ 每一份哀慟都有意義
第一章 意義是什麼？ 38
第二章 哀慟必須被看見 63
第三章 死亡的意義 93
第四章 找到意義的第一步 119
第五章 選擇 142

第二部 ❖ 哀慟中的挑戰
第六章 在爲什麼之中找到意義 166
第七章 自殺 186
第八章 棘手的關係 207
第九章 喪子之慟 231
第十章 流產與夭折 248
第十一章 頭腦生病了：精神疾病與上癮 264

第三部 ❖ 意義
第十二章 愛比痛苦多 290
第十三章 遺產 310
第十四章 從哀慟到信仰——死後的世界 331
第十五章 一切都不同了 346

後記 373
致謝 379

作者的話

本書內文中，講述了許多家庭與他們的親友走過哀慟（grief）時所面對的挑戰，以及他們因爲這些經歷所得到的洞見。故事中的人名與相關身份訊息皆已經過變造。某些故事中所描繪的人物，是由兩個或以上眞實人物的故事混合改寫而成。

推薦序

面對悲傷，沒有人有標準答案

——小劉醫師

悲傷，是一種存在但眾人都不希望面對的眞實，面對生命當中必然的生老病死，如同破碎的花瓶，就算再仔細撿起每個碎片、卻再也無法拼湊回無瑕的原貌那樣。

我們知道必須帶著愛與創傷彼此糾結，繼續前進，但更多的時候是連自己的情緒都無法自理。

作者大衛．凱斯樂，他是舉世最負盛名的傷痛與失落研究專家，曾有與成千上萬處於生死邊緣的臨終者相處的經驗，讓他學到即使剛經歷畢生最大的悲劇，也能安度充實人生的訣竅。

但直到他以身爲白髮送黑髮人的過來經歷，詳述了那段他深陷於悲愴卻無法自處的過程，直到他正視並且化解，帶領著更多深陷迷惘黑暗中的人們參加他的「悲愴工作坊」。

他描述了一個個故事，有最後喜極而涕的；也有因此一蹶不振的；也有壓抑到極點而崩潰的。面對悲傷，沒有人有標準答案。

只能藉由自身去尋找其中的意義，這也是本書的宗旨：「就算最糟的悲傷，生活當中也有其正面性」。

書中提供了很多的方法，其中書寫的療癒功能，是我自身也深受其益過的，看著裡頭分析著，因爲書寫而能轉換視角、重整時間跟邏輯、並且不自覺得對自身喊話，再一次次雖然疼痛但繼續去嘗試著練習後，終於，慢慢能面對自身悲傷的痛點，而發現時間帶走了大部份的悲傷。

由於我自身從事的職業，是癌症專科醫師，陪伴著病人面對生死加諸的各種病痛，其實不會說是不熟悉。

但是更多時候，過於主觀、過勞的醫療環境，沒辦法好好花時間跟病人與家屬聊聊……

直到有精神科醫師主導的學會正視到了這問題，於是自己也參加了腫瘤心理學會主辦的：醫病關係溝痛告知，課程兩天中密集的跟模擬病人進行困難情境的對話練習。

所謂困難情境包括：初診斷告知罹癌、病情治療惡化、建議放棄積極治療轉爲安寧治療，這三種。

這三種情況，往往都會讓病患淚眼婆娑、甚至有的會崩潰破口大罵或痛哭……醫者就算專業，但面對情感的衝突時，更多時候是無助與尷尬，甚至會因爲同理不足，而惡化到整個對立的衝突。關於「創傷」、「悲痛」、「挫折」這類情緒的生命經驗中，長期台灣社會對於情感訓練不足的短處，更加顯現。

當時上完這些課程後，除了汗流浹背，更多的是感慨與疑惑，不知道在理解了每個心理機轉之後，眞的能在回到門診遇見這樣痛苦時刻時，派上什麼用場嗎？

所學與所知，巨大的鴻溝差距，在面臨到人類所能體會最悲傷的情緒當下，眞的能有最終解答嗎？

甚至，伴隨著悲劇，有時候不會只有悲傷，更多時候是憤怒與反撲的惡意，比方說，認爲有醫療疏失的病方家屬，不管如何解釋，依舊要把疏失方告上法院……

尼采的那句話：「凝視深淵的時候，深淵也在凝視著你。」

被暗黑所攫取的，往往不只是單個的心靈，那種想把恨與怨如同毒蛇毒液噴灑至周圍的惡，會讓人看不清自己……

怎麼解？

隨著看似有招、其實無招；看似一切皆有所解、但慢慢理解到，「無解也是一種解」

之後，彷彿有了專屬於自己的答案……

也就是本書中描寫的，往往到了最後「根據一個人的知識、知覺跟理解範圍，他一生所能做到的就是那麼多。這不是要說他的行爲就是可以被接受與容許的。你緊抓不放的那個事件已經過去了。也許早已過去了很久了。這個觀點就能幫助你想起，寬恕鮮少是爲了『他們』，寬恕是爲了**你自己**」。

最終會發現，儘管迂迴，如果出發點跟最終點都是「愛」，那麼一切都會串連。

推薦序

意義，療癒了失落的痛苦記憶

——吳佳璇

哀慟有六階段？我歪著頭打量書稿。自從一九六九年精神科醫師伊麗莎白・庫伯勒－羅絲在她的鉅著《論死亡與臨終》（*On Death and Dying*）首次提出臨終五階段：否認、憤怒、討價還價、沮喪、與接受的心理理論，儘管學界爭議不斷，半世紀以來，已連黃口小兒都能朗朗上口。

不過，作者是大衛・凱斯樂，曾經在庫伯勒－羅絲醫師生命最後幾年，和她合著《用心去活：生命的十五堂必修課》（*Life Lessons*）和《當綠葉緩緩落下》（*On Grief and Grieving*）兩本重要的大眾生死學熱銷書。睽違十多年，身兼作家、演說家，且擁有豐富哀傷心理實務經驗的大衛，用他的生命故事，為我們補上生死學最後也是最重要的一塊拼圖，那就是「追尋意義」。

眾人雖認為臨終或哀傷五階段並不是一段線性的心理歷程，且每個人都有自己獨特的方式經歷哀慟，但許多哀慟確實是階段展開。經歷喪子之痛的大衛，見證了那五階段所描述的種種感受。

二〇一六年九月二十九日，大衛的臉書公布了二十一歲的次子三週前意外死亡，以至於他不得不取消或延後滿檔的演講與工作坊的訊息。身為世界知名的哀傷輔導專家，連我都不禁好奇，他要怎麼走出喪子之痛。

在這本去年底上市的新書，走過哀傷的大衛揭露許多事實，包括和他同名的次子，其實是嗑藥過量猝死；身為專家的他，一樣把自己的哀痛交給另一位專家，陪他走了一段路；他也一度憂慮，他和伴侶保羅的關係可能因哀痛告吹……不過，大衛就如同許多喪子的父母，終究活出意義來，因為「意義就居住在你的內在」，「你也可以製造新的連結。這些連結不會削弱你對逝者的愛，它們只會增強那份愛」。

因此，這本書不僅是作者將庫伯勒─羅絲醫師的五階段學說擴充到第六階段「追尋意義」，更可以說是他見證哀慟的一部份，見證他找到比痛苦更多的東西，讓生命繼續走下去。

意義何處追尋？大衛以為愛與痛是一體的兩面，因此，意義來自於某種延續對逝者愛的方法，同時生者的人生再度前進。例如因酒駕失去愛女的媽媽，成立了「反酒駕媽媽協會」；又例如，在某些片刻，當有關亡父的回憶自然湧現，爲活在世間的女兒帶來安慰；就連默默關注器官受贈者生活都是。但作者也提醒我們，意義是很私人的，且追尋意義需要時間，意義也不必然需要理解。不理解一個人爲什麼會死，也能爲他的死亡找到意義。最重要的是，這是一項完全無法假手他人的功課。

當我還是一個菜鳥醫師時，曾經遇過一位先生外遇的作家。她最初泣訴，這事件摧毀了她的世界許多重要的價值。儘管先生迅速斬斷情絲，他們在外人眼中，始終是神仙眷侶，但她總是無法走出這份傷痛。數個月的門診陪伴，我除了默默聽著，只能開幾粒安眠藥。直到某天，她覺得不用再回診，因爲頓悟事件的意義。「那是一個尋常不過的傍晚，我若有所思地散步。發現牆角有一株蕃薯藤，每片葉子都被蟲咬得坑坑巴巴，卻奮力冒出新芽」，作家頓了口氣繼續說道，「人生就像那株蕃薯藤，儘管沒有一片完整的葉子，依舊充滿生機。」多年來，我謹記這位病人的教誨，並在適當的時機，與多位喪親者分享。意義，眞的療癒了失落的痛苦記憶。

推薦序

停下來聽聽，藏在悲傷裡頭的事

——蘇益賢

對心理師來說，意義一直以來都是個有點尷尬的字。

雖然這個詞彙早已融入民眾的日常，但對多數人來說，它仍是抽象、難以清楚給出明確定義的概念。像是愛情、又像是幽靈，我們都聽過，只是未必曾清楚見過。儘管如此，大概沒有人會否認，意義之於人類的重要與必要性。

本書作者透過個案工作與自身經驗發現，我們難以面對與承受的悲傷裡，其實正是一個可能窺見意義之所在。他曾說，「透過意義，我們能找到比痛苦更多的東西」。那些深藏在悲傷裡頭的意義，能幫助我們面對悲傷，將哀慟昇華，藉此豐富、滿足我們心靈。

許多個案的故事與經驗告訴我：意義總是伴隨著痛苦而存在的。那些推動著我們找尋意義的事件，往往都是極端痛苦的事。而人世間最大的痛苦，莫過乎「生、老、病、死」背後指涉出的一種概念：人生必然的無常。

作爲萬物之靈，我們渴望「控制」一切。「控制感」能帶來「安全感」。知道自己有影響力，可以因爲某個自發的舉動，影響與改變外在環境，是我們從小開始慢慢發現的神奇能力。

小朋友偷偷推倒了一個水杯，看到灑出的水沾濕了地毯，這是一種控制感的獲得。長大後，人們汲汲營營於名聲與地位，追求「影響力」，或許本質上與剛剛那位調皮的孩童沒兩樣。透過控制感，我們從中發現「自我」的存在，並逐步建立自信與自尊。

然而，長大之後我們卻得面對一個現實：控制一切、呼風喚雨，其實只是幻覺。考試失常、提出交往邀約而被拒絕、創業失敗；又或者是其他讓人更無力且無助的事，好比疾病發作、治療無效、親友驟逝，乃至於天災人禍無預警地到來。這些大大小小的事件，都用著不同方式挑戰著我們的控制感，也引發了我們大小不等的失落與傷痛。

我們做著一場自以爲能控制一切的夢，終究會被「無常」給喚醒。而後，我們內心一部份安全感的來源塌陷了、崩毀了。我們用著自己的方式面對悲痛與失去，但總歸起來，仍脫不出知名的「哀傷五階段」，也就是否認、憤怒、討價還價、抑鬱、接受。

這五階段陪伴了許多人，讓他們知道，原來在面對失落時，有種種情緒、反反覆覆，其實很正常。

只是，五階段走到了「接受」，故事就結束了嗎？此正是本書想延伸討論的課題。與個案工作，我心中總會偷偷把接受再細分成兩種路徑：一種是「眞正的」接受，另一種僅是「表面上的」接受。要如何區分呢？其中一個方法是用時間來觀察；另一個方式則是去觀察，個案是否已經從目前的現實中悟出什麼，並找出這次事件之於自己的意義。

佛教認爲，痛與苦是不一樣的。「痛」來自於人生的無常（如上頭提到的生老病死），是人生的一部份、是無法避免的。但「苦」不一樣，苦源自於我們面對痛的反應。好比，我們常聽見的「執」（grasping），便是一種造成苦的反應模式。在哀傷五階段的前四個概念「否認、憤怒、討價還價、抑鬱」，或許都反映著不同程度的「執」，以及此帶來之不同程度的「苦」。

其中一個離苦之道，便是回到「痛」的本質裡，坦然接納悲傷，並溫柔地理解這個痛的意義。擁抱悲傷，不執著於「不悲傷」。因爲，哀慟有多深，愛就有多重。正如作者所言，「愛與哀慟，這兩者是難分難捨地纏繞在一起的」。

從接受走向意義追尋的路，或許才能讓每一趟悲傷之旅漸趨完整。在我的觀點裡，思考意義的歷程，本身就是一件有意義的事；儘管過程並不總是愉悅、快樂、積極的。然而，慢慢走過這段歷程，我們終究會發現，追尋意義過程的痛，其實正彰顯了意義本身的價值。

本書筆調誠摯動人，概念解說清楚。閱讀過程本身就是極具療癒的體驗，誠摯推薦給每位曾經失落、曾經悲傷的讀者。不論這個失落是大是小，每一個悲傷，都值得被好好看見。

期待書裡的字句，能慢慢陪伴大家，好好聽見悲傷想告訴我們的事。

作者序

一九六九年，伊麗莎白·庫伯勒—羅斯（Elisabeth Kübler-Ross）在她極具開創性的著作《論死亡與臨終》（*On Death and Dying*）裡，整理出了臨終的五個階段。身為一名精神科醫師，她觀察到，臨終病患們似乎都會經歷幾個共通的階段或體驗。她的作品吸引了世人的目光，就此改寫了人們思索與談論死亡和臨終的觀點。她將這些人類共通體驗的眞相，從晦澀幽婉的洞窟中拖出，攤開在明亮的陽光下。

數十年後，我有幸成為她的門生，並與她培養出一份友誼，甚至共同撰寫了《用心去活：生命的十五堂必修課》（*Life Lessons, Two Experts on Death and Dying Teach us about the Mysteries of Life and Living*）一書。後來，伊麗莎白觀察到，處於哀慟中的人們，會經歷與臨終相似的五個階段，於是，在我和她共同撰寫的第二本書《當綠葉緩緩落下》（*On Grief and Grieving*）裡（這本書也是她生前的最後一本著作），她要求我幫忙將臨終五階段加以改寫，用以描繪正在經歷哀慟的人們。

哀慟的五個階段分別為：

否認（Denial）：震驚，不願意相信他們所失去的。

憤怒（Anger）：對我們所愛之人已經不在的情況感到生氣。

討價還價（Bargaining）：所有那些懊悔，與各種「假如」。

沮喪（Depression）：因爲失去親友所導致的哀傷。

接受（Acceptance）：承認已經失去的事實。

整理出這所謂的五階段，從來不是爲了要讓它成爲某種硬性規則，無論是臨終的五階段，或是這本書所提到的哀慟五階段。它們不是讓人用來把雜亂的情緒打包成清爽包裹的收納法。它們的目的不是開出藥方，而是給出某種描述。並且，它們所要述說的，只是一種具有普遍性的歷程。每一個人都會用自己獨特的方式經歷哀慟。而儘管如此，哀慟仍傾向於按照我們所描述的階段開展，多數經歷過哀慟的人都能夠辨認出這些階段。那本書出版多年之後，我自己也經歷了一場極大的哀慟，所以我能親自確認，那五個階段，確實描繪出了我們在與所愛之人的死亡往復纏鬥期間的種種感受。

庫伯勒—羅斯所提出的第五個階段是「接受」。在「接受」這個階段，我們會承認失去親人的這個事實。我們會花上一點時間，停下腳步，和心愛的人已離我們遠去這個無可否認的現實共存。這個階段一點都不容易。它有可能極度令人痛苦，而接受也不代表我們覺得這樣就沒問題了，或是說哀慟從此正式告終。然而，即便我跟伊麗莎白從未如此宣稱，但這第五個階段經常被認爲是一種結局。經過了許多年之後，我逐漸發現，這趟療癒之旅還存在著一個相當重要的第六階段：意義。它不是一個武斷或強制性的階段，不過它是一個很多人會直覺性地知道要採取的一步，而另外許多採取了這一步的人，會感覺到它帶來的幫助。

在這六個階段裡，我們承認，儘管哀慟會隨著時間淡去，但它永遠不會終結。然而，倘若我們允許自己全然地走進這個重大且深遠的第六階段——意義——它將會幫助我們將哀慟昇華成某種更加豐富、更能爲我們的心靈帶來滿足的事物。

透過意義，我們找到比痛苦更多的東西。當親友隨著死亡離去，或當我們遭遇任何一種重大的損失時——離婚、公司倒閉、天災摧毀了家園等等——我們所要的，不會僅僅是這個冰冷的事實。我們渴望從中找到意義。重大損失會讓人受傷，或變得麻痺。它可能會糾纏我們許多年。但是在失落中找到意義，讓我們變得有力量，去找到一條向前走的路徑。意義幫助我們理解哀慟，本書接下來所提供的，許多人如何穿越第六階段的故事，便是實例。

每當我和遭遇親友過世這類重大打擊的人們一同工作時，我總是發現，他們苦苦掙扎，試圖為這樣的事件搜索出意義，無論死亡是由於長期臥病，或是以完全無法預期、令人震驚的意外形式出現。往往，我們會看見人們對於意義的渴求。

然而這所謂「意義」，究竟是個什麼模樣呢？它可能有許多不同的形貌，像是為了曾經與愛人共度的時光而心懷感激，或者找到某種紀念並榮耀所愛之人的方法，又或者，藉此體認到生命的稍縱即逝與價值，讓這個經驗成為生命的轉捩點，從此改變人生。

有能力找到意義的人，往往比無法找到意義的人更能適應哀慟。他們通常比較不會卡在前面的五個階段。對於那些卡住的人，許多不同的徵兆會透露出他們卡住的跡象，諸如體重驟然增加（或減少）、藥物或酒精成癮、無法消解的憤怒、出於害怕再度蒙受損失而難以進入一段新的關係，或無法對新關係做出承諾等等。倘使持續卡在這種失落的痛苦中，最終他們可能會變得執迷於這種損失感，讓**它**成為了生命的中心，卻因此丟失了所有其他關於生命的目的與方向感。儘管我們不能把生命中所有的醜惡或麻煩怪罪在損失帶來的打擊上，但是它們彼此之間，往往是存在著某種關聯的。

哀慟的威力非常強大。它很容易就能讓人身陷在痛苦之中，延續著苦澀、憤怒或消沉的狀態。哀慟緊緊揪住你的心，並且一點都沒有要鬆手的意思。

然而，即便是遭受了最不可理喻的損失，只要能設法從中找出意義，那麼你就有可能走向一個比只是「不被卡住」更好的境地。在最是一塌糊塗的時刻，你卻能因此看見自己最好的一面。你會持續從中成長，找尋出讓自己活得更好、甚至是更喜悅的生活方式，你會因爲這位去世的親友與他的死亡所帶給你的教誨，而活得更有深度。

經歷失落之後的意義追尋之旅，會將每一個人帶上各自不同的旅途。一九八〇年代，坎迪·萊特娜（Candy Lightner）在女兒卡莉（Cari）被一名酒駕慣犯撞死之後，創立了知名的「反酒駕媽媽協會」（MADD, Mothers Against Drunk Driving）。就算她從未眞正弄明白，爲什麼這件事要發生在自己女兒身上，她仍舊能夠藉由設立協會、拯救其他許多生命，來爲這個事件找到深刻的意義。對她而言，任何事都不値得讓女兒賠上性命，然而，這份由女兒的死亡創造出某件善事的能力，幫助她感受到，女兒的生命、和自己的生命，都是有意義的。

約翰·華爾希（John Walsh）在自己的兒子亞當（Adam）遭到謀殺之後，製播了電視節目《全美通緝令》（*America's Most Wanted*）。利用節目致力於促使罪犯繩之以法，以免更多的兒童受害，成爲他偉大的使命。

華爾希和萊特娜都從成立全國性的組織中找到意義。我們之中大多數人不會採取規模如此龐大的行動，但這並不阻礙我們創造意義。只要我們出發去尋找、用心創造，即使是在最細微的片刻之中，我們都能找到意義。

瑪希（Marcy）的父親最喜歡的電視演員是米爾頓．伯利（Milton Berle）、丹尼．湯瑪斯（Danny Thomas）和莫瑞．阿姆斯特丹（Morey Amsterdam）。父親生前告訴過她，曾經與丹尼．湯瑪斯有過一面之緣，是他珍藏的回憶，因此，在父親去世之後，每當她聽聞任何和丹尼．湯瑪斯有關的事物，總會令她想起父親。

某天，她到郵局去，打算寄個包裹，順便買些郵票。

「妳想要什麼樣的郵票？」郵局櫃檯職員問她。

「永久郵票。」（譯註：Forever stamps，永久郵票是一種不印面值，它永遠可以用來寄送某一類別的郵件，其價值跟隨當時該類別所需郵資自動調整，故稱爲永久郵票。）

「這裡有國旗圖案、花的圖案和紀念款的，妳要看看嗎？」

「誰在乎什麼圖案啊？」瑪希心想。「郵票不是都一樣嗎。」不過她還是決定看一眼。櫃員遞給她一大疊不同的選擇，突然間瑪希注意到丹尼．湯瑪斯的肖像郵票。這使她回憶起父親，於是她買了好幾大張這種郵票。她沒有把這些郵票拿去裱框或做什麼特別的事，就是像一般的郵票那樣地用著它們。但如今，每次她要寄信或支付帳單，用到郵票的時候，她就會看到丹尼．湯瑪斯，然後她會因此微笑。在這些小小的片刻，關於父親的回憶自然湧現，爲她帶來安慰。這種微小的、充滿回憶的甜蜜時刻，就足以讓她找到意義了。

當我爲哀慟者進行諮商工作時，經常會被問到一個問題：「我到底要去哪裡找意義？從死亡裡？從失落裡？從事件裡？從我愛的人的一生裡？還是我要在承受失落之後，從我自己的生命裡找意義？」

我的回答是：是的、是的、是的，以上皆是。在這所有的選項裡，你都有可能找到意義，能夠把你帶領到更深的探問、與更深的解答的意義。也許你的意義會從找到某個紀念親友的小儀式之中浮現，也許會透過做出某種榮耀逝者的奉獻而出現。也或者，這份傷痛會促使你加深與身邊還在世的人們的連結，或是讓你把原本已經疏遠的親友，重新邀請回自己的生活中。還有可能，它會在你接下來的生命裡，增強你的感知，幫助你意識到，有幸活在這個星球上，是多麼美麗的一件事。

迪雅翠（Deirdre）對我說了一個她自己的故事。在這件事發生前兩個月，她的丈夫剛剛過世。她至今依然深深地思念著他。他們倆的婚姻關係非常親密、充滿愛意，亡夫的離世，給迪雅翠的生命鑿出了一塊極大的缺口。她的叔叔在她丈夫過世前一個月，也離開了人世。喪親之慟讓迪雅翠與父親之間產生了緊密的連結。她說：「我懂得他的痛苦。他很愛他的弟弟。我知道。」

迪雅翠和家人住在夏威夷，事情發生的那一天，她和家人們在珍珠港附近的一個露營區聚會，一起觀看姪女參加的獨木舟比賽。就在比賽要開始前幾分鐘，核武攻擊警報系統的警笛聲突然大作，劃破了早晨的空氣。迪翠雅的手機傳來一則示警簡訊：「飛彈攻擊警報。這不是演習。」

「從教練們開會用的大帳篷裡走出了一群人，」迪雅翠告訴我，「他們透過擴音系統宣佈：『好吧，大家注意安全，小心回家，並且確保每個人都能搭上車。』」她接著往下說：我爸爸、我哥哥、伯伯和其他人聽了都開始分頭拆下自己的帳篷。我走去車上幫爸爸拿繩索，等到我回來，所有人都已經走光了。就連我媽都走了。

「拜拜，」我說，「可是，媽去哪裡了啊？」然後我看到她已經坐在自己車裡了。她也急著趕回家。我走向爸爸，他是唯一一個還沒有閃人的人。他的神色自若，看起來一點都不著急。我問他：「你還好嗎？」

爲什麼每個人都一下子全跑光了？爲什麼沒有人留下來說聲再見？這好荒唐。要是我們全都快要死了，那爲什麼死的時候不和自己愛的人們待在一起？如果飛彈眞的打過來了，所有趕著開車回家的人不就全都死在路上了嗎？沒有人說一句：**我愛你**。或是**但願能再見面**。沒有人留下來分享一些最後一刻的回憶。平常，我們家人間的關係還挺親密的呢。

有趣的是，有別於其他人，只有我跟爸爸兩個人覺得沒有必要匆匆忙忙逃跑。我們都做了一個決定，就是好好陪伴彼此，一起度過剩下的時光。在那段兵荒馬亂的時間裡，我們有了一場美妙的談天，我向他道謝，謝謝他做我的父親，他也向我道謝，感謝我成爲他的女兒。我們還聊了各自生命裡最喜愛的事物。

作爲一個心理學家，我試過去分析爲什麼在這個生命看似即將終結的時刻，當其他的家人們都逃跑了，我和爸爸卻選擇留下來，相聚在一起。我想，那是因爲我和他都經歷過身邊親密的人的死亡，而他們的死教會了我們，生命是多麼珍貴。假如生命只剩下最後五分鐘或十分鐘，我們都不會想要輕易浪費它。

飛彈警報結果只是虛驚一場，可是我很喜愛父親和我所做出的那個決定，就是把生命的最後幾分鐘花在有意義的事情上。沒人知道我們還可以活多久。五分鐘，五年，或者五十年。我們無法控制自己的死期，然而，我們永遠可以掌控自己要如何決定怎麼過剩下的生命。

最終，意義來自於，在親友過世之後，找到一個延續對他的愛的方法，同時你也在自己的人生裡繼續前進。當然這不意味著你就從此不再思念那個人，但你確確實實會更加深刻地體認到生命的珍貴，就像迪雅翠那樣。當生命的終點到來——無論是多麼年幼，或多麼年邁——我們鮮少會認爲自己已經活得夠長了。因此，我們必須好好珍惜每一天，將它活得淋漓盡致。如此一來，我們才算是盡了最大力氣，去紀念我們哀慟的對象。

以下幾點也許能帶領你理解何謂意義：

(1) 意義是具有相對性與個別性的。
(2) 意義需要時間。有時你可能需要花上好幾個月，甚至好幾年，才能找到它。
(3) 意義不必然需要理解。我們不需要理解一個人爲什麼會死，才能爲他的死亡找到意義。
(4) 就算你找到了意義，你也不會認爲它與你親友的死亡等值。
(5) 失去親友不是一場考驗、一份功課、某件必須處理的事項、一個禮物，或是一份祝福。它就只是發生在你生命中的一項事實。而意義則是由**你**所創造的。

(6) 只有你可以找到你自己的意義。
(7) 有意義的連結將會療癒痛苦的記憶。

這本書著手寫作之初，我已針對哀慟這個主題從事寫作、教學，並與身處哀慟的案主們一起工作了數十載。年過半百的我，自認爲早已熟諳哀慟這個主題，不僅是在專業領域上，就連私人生活的範疇都是。任何活到這個歲數的人，都多少品嚐過哀慟的滋味。我的父母都已經過世，還有一個情同兄弟的姪兒也已不在人世。然而，作爲一個處理哀慟議題的專家，無論是在專業的面向上，或是私人的領域中，都不能讓我預先準備好面對在這本書剛動工時發生的重大打擊——我二十一歲兒子的意外死亡。這份打擊如此教人心碎，儘管我花費了大半輩子在幫助他人走出哀慟，我卻不知道世界上有沒有任何方法能夠支持我度過自己的哀慟。就算我頭腦裡清楚知道，找到意義是幫助哀慟療癒的關鍵，我卻不知道，有沒有任何可能爲兒子的死找到意義。正如同其他許多哀慟中的人一樣，內在有一部份的我認爲，**我的**哀慟是那麼的深，根本不可能復原。

二〇〇〇年，我透過洛杉磯郡寄養安置系統領養了兩個可愛的男孩。那年大衛（David）四歲，哥哥理查（Richard）五歲。當時他們已經出入過五個不同的寄養家庭，並且有過一次領養失敗的經驗。原生家庭背景裡的成癮因素，導致他們取得永久安置時的困難，也讓大衛在一出生時，身體裡已經有了藥癮。我初聽到這項消息時，有點擔憂大衛會不會已經攜帶著某些無法被根治的問題。然而只消多看幾眼這兩個小男孩可愛的臉蛋，就足以讓我堅信愛將會戰勝一切。我完成了領養的手續，而之後幾年的生活，讓我確定，我對愛的力量的信念，是眞實無誤的。大衛和理查都成功地翻轉了生命，成爲非常棒的孩子。

遺憾的是，當大衛進入青春期後，他早期生命的創傷重新復發，回過頭來糾纏住他。大約十七歲時，大衛開始嘗試毒品。所幸不久之後他就來告訴我他上癮了，需要幫助。接下來的幾年間，我們的生活被戒毒中心和十二步驟戒毒計劃塡滿。直到他二十歲時，他已經戒除了毒癮，人很清醒，和一個剛從社工系畢業的可愛女孩交往，並且開啓了他第一年的大學生活。當時大衛對醫學方面的專業展露出了濃厚的興趣，不過也在不同的職涯選擇之間游移不定——他也想著要不要再發展一些其他領域的興趣，即使如此，那時的我覺得未來充滿了希望。可是後來，在他二十一歲生日之後沒幾天，他犯了幾個親密關係裡的典型錯誤，導致女友決定跟他分手。就在那個時候，他遇上了在戒毒中心認識的朋友。那個人當時也處在一個糟糕的狀態裡。他們一起用了毒品。那個人活下來，大衛卻死了。

接到理查哭哭啼啼打來電話，通知我大衛的死訊時，我正在國家的另一邊，出差演講。接下來好一陣子，我沉浸在哀慟中，久久不能自已。所幸，我身邊的親朋好友並沒有把我看作一個解決哀慟的專家，而只是單純把我當成一個不幸需要白髮人送黑髮人的父親。

剛開始失去大衛那段期間，我身邊圍繞著許多很棒的人，像是我的伴侶保羅．丹尼斯頓（Paul Denniston）、具有靈性導師身份，同時是我孩子的教母的瑪莉安．威廉森（Marianne Williamson）等等，他們花了數不清的時間陪著我，跟我說話、聽我訴苦，努力用各種可能的方法來幫助我。伊麗莎白．庫伯勒—羅斯基金會（Elisabeth Kübler-Ross foundation）的統籌黛安．葛雷（Diane Gray），本身也遭遇過喪子之慟，她告訴我：「我知道你快被痛苦的感覺淹沒了。你還會繼續往下沉一段時間，但是你遲早會來到一個點上，那就是你觸底的時候。屆時你就得做出一個決定：你是要繼續待在水底，還是要用力一蹬，開始往上游？」

她的話聽起來頗有道理。當時，我知道自己還浸泡在痛苦的深海裡，也知道自己還會繼續泡在裡頭一段時間。我還沒有準備好浮出水面。但即便如此，我也依稀知道，我會繼續活下去，不只是爲了還在世的另一個兒子，也是爲了我自己。我不願意讓大衛的死變得毫無意義，也不願意讓自己的生命變得毫無意義。我不知道自己會做些什麼，好從這段恐怖的時期裡硬拽出些意義來。此時此刻，我所能做的，只有跟隨著庫伯勒—羅斯的五階段，讓它們以我所需要的步調，盡可能緩慢地展開。然而，內心深處的我，卻知道自己無法、也不會讓自己只是停留在最後的「接受」階段。接受之後，一定還有更多的一點什麼。

起初，我從自己對孩子的愛的回憶裡找不到半點慰藉。我的內在充滿了憤怒——我對整個世界生氣、對神生氣，也對大衛生氣。可是，爲了讓生活繼續下去，我知道自己必須從這份哀慟中找到意義。深深感到悲傷的我，想起了一句我曾經在課堂上和學生分享的話：哀慟只是這一生的其中一個選項。是的，這句話所言不假。你不必然要品嚐哀慟的滋味，然而你卻得透過迴避愛才能迴避哀慟。愛與哀慟，這兩者是難分難捨地纏繞在一起的。

埃里希・弗洛姆（Erich Fromm）曾說過：「不計代價地逃離哀慟，唯有透過嚴密的隔離手段才能達成，而此舉的代價是，它同時也排除了體驗愛的能力。」

愛與哀慟，就像是一組成套銷售的商品。假如你愛了，終有一天，你也會體認到悲傷。我意識到，只要我從來不曾認識、不曾愛過大衛，我就能逃過失去他的痛苦。但這會是多麼大的一個損失啊。想明白了這件事的那瞬間，我對大衛曾經進入我的生命、與我共處了那麼多年光陰這件事，升起了由衷的感激。當然這段光陰絕對稱不上夠長，卻已極大地改變並豐富了我的生命。這是我開始有能力在自己的哀慟中，看見一絲絲意義的開端。

隨著時光緩緩流逝，我逐漸能夠在大衛的生命與死亡之中，挖掘出更多更深的意義，我會在隨後的篇章裡詳述。意義是我爲兒子所感受到的愛。意義是當我選擇了勇敢見證他遺留給我的禮物。意義是，我爲了阻止其他人像大衛一樣地死去而付出的所有努力。對我們所有的人來說，意義是一個由我們對逝者的愛所映照出來的景象。意義是哀慟的第六個階段，是療癒眞正豁然而至的階段。

兒子剛過世的那段期間，我不確定自己還能不能再繼續寫作、教學，我甚至不確定自己還想不想活下去。我一口氣取消了六個星期的行程。後來，我覺得自己需要重回工作崗位。我需要持續爲人服務，也需要讓我的痛苦前進。儘管兒子的死對我而言是如此艱難的打擊，我依然想要面對著它繼續活下去。我知道，大衛也會希望我好好地活著。

這本書的寫作，是我重拾生活步調的其中一個環節。初動筆時，一邊承受著扭轉了生命的錐心之慟，我自己都不確定，能不能相信自己所說的「追尋意義」這一類的話語。然而，經過這一連串探索的歷程之後，我發現，在面對錐心刺骨的哀慟時，找到意義，不僅是可能的，也是必須的。我期待《意義的追尋》這本書能夠爲任何一個遭遇到極大失落、正掙扎著活下去的人帶來益處。希望閱讀本書的過程，對讀者而言是一次具療癒性的經驗，就如同寫作這本書的過程，曾經療癒了我那般。

第一部

每一份
哀慟都有意義

第一章

意義是什麼？

「鳥兒在暴風雨之後歡唱；
為什麼人們在陽光尚且普照著的時刻卻不能盡情地享受快樂呢？」

——羅絲・甘迺迪（Rose Kennedy）

我的導師與共同作者伊麗莎白・庫伯勒—羅斯在一九七五年時曾經說過：「我們不需要把死亡視爲一種悲慘的或帶有毀滅性的事件，事實上，它可以是我們生命中和文化上，最正面、最有建設性和創造力的元素之一。」然而大多數人的感受卻不是如此。

在我的某一場講座上，我問台下的觀眾：「誰曾經有過陪伴親友臨終過程的經驗？」很多人舉起了手。我選了其中一個人，詢問他的經驗。他說，目睹父親的死，是他一生中最具創傷性的經歷，至今都仍揮之不去。另一個人則說道：「我的父親也過世了。他過世的那一刻，是我們全家人曾經共享的最有意義的一刻。」

這兩位男士都失去了摯愛的父親，兩位也都深深地感到哀慟。然而其中一人卻從中得到了意義，有了前進的動力，另一個人卻覺得這一切毫無意義可言，只留下創傷。

凡人終須一死，對一個家庭來說，死亡是充滿意義的，而對另一個家庭來說，卻只是無盡的創傷。哀慟是因爲失去而產生的自然感受。某些死亡具有創傷性，當家屬必須目睹逝者臨終前的肉體痛苦、醫療程序的折磨，或是因爲死亡來得太突然，比方說自殺、他殺、交通意外、自然災害，或是其他災難事件、暴力，或種種其他因素，這些都形塑著我們喪親的經驗。創傷永遠混合著哀慟的成份，但是哀慟卻不必然是創傷性的。

有許多不同的因素影響著我們如何體驗死亡與哀慟：年紀（包括我們自己的年紀，與離世的人的年紀）、死亡是否在預期之中、以及死亡的方式。同樣也有許多不同的因素會決定我們如何繼續往前進——或者不再前進。看見死亡之美的人，已然找到了一種有意義的觀看死亡的方法。而因爲哀慟而深陷在看似無止盡的折磨之中的人，則認爲死亡是如此斷然地空洞而無意義。然而，就算是蒙受了最糟糕的損失與受苦，也不是一定非得如此看待的。維克多．法蘭可（Viktor Frankl）的經典著作《活出意義來》（*Man's Search for*

Meaning）像是一盞明燈，指引了在悲劇中迷途，找不到意義的人。他的洞見來自於多年囚禁於納粹集中營裡的遭遇。法蘭可在著作中提到，即便是最糟糕的處境，我們每個人都還是能夠選擇要如何回應。「我們這些從集中營裡倖存的人，都一定能記得這樣的場景：即將被帶走的人穿過廳堂時，還沿途安慰著旁人，並且將手上的最後一小塊麵包送出去。這樣的人也許爲數不多，但他們的存在清晰地證明了一件事，就是你可以奪走一個人的一切，除了唯一的一樣東西：人性最後的自由——就是無論在什麼處境之下，人都能選擇自己的態度、自己的回應方法。」法蘭可指出，當我們面對的是無望的、不可能改變的情境時，「改變自己，就成爲了我們的挑戰」。而一旦我們決定這麼做，我們就能把悲劇轉化爲成長的契機。

法蘭可的著作，爲人類的痛苦點亮了光芒——他讓人們看見，生命最艱難的時刻，也能製造出最令人敬佩的韌性、勇氣與創造力。我把這個概念分享給一個失去了孩子的母親。「我才不在乎什麼法蘭可呢。」她說，「他活下來了。他吃過的苦最終變成了一段新的生命，我得到的結局卻是死亡。哪裡有什麼意義。」

儘管我相信找到意義的可能性無處不在，我也同樣能理解，逼著她去接受這件事，是一種侵犯。要求她在痛苦裡看見光明之處，還言之過早。然而遲早會來到一個時間點，當她認眞地看待自己的哀慟夠久之後，她會開始希望停止痛苦。對逝者的思念會變得太過沉重。內心的空洞會變得太空曠。我所說的不是要去鬆開她與過世孩子之間的連結，而是去減少附加在這份連結上的痛苦。在那樣的痛苦中、在那樣的敞開中，她才能開始去探索如何找到意義。

在承受失落的打擊之後，哀慟的心智看不見希望。但是當你準備好再次點燃希望時，你就能夠找到它。不需要讓壞日子變成你永恆的命運。這倒不是說你的哀慟會隨著時間逐漸縮小，而是你必須讓自己壯大起來。俗話說：「沒有淤泥，就沒有蓮花。」最美麗的花朵誕生於污穢的泥沼。我們生命中最壞的時光可以是一顆種子，孕育出最好的時光。它們有了不起的力量，能夠幫助我們蛻變與轉化。

在伊麗莎白・庫伯勒—羅斯提出死亡與損失也有正面意涵的主張之後十年，克里斯多福・戴維斯（Christopher Davis）與同事在美國心理學會（American Psychological Association）所出版的《性格與社會心理學期刊》(*Journal of Personality and Social Psychology*）上，共同發表了一篇文章。他們在文章中指出，對意義擁有任何一種理解，都好過毫無理解，而理解到的內容究竟是什麼，似乎並不重要。有些人會在對來世的信仰中找到意義。另外一些人會在對親友的回憶中找到意義。還有一些人單純是因爲自己見到了心愛之人的最後一面，就感到有意義。痛苦、死亡和失去向來都令人難受，但卻是身而爲人無可避免的際遇。而事實上，創傷後成長發生的機率比創傷後壓力症候群還要高。在與許許多多經歷哀慟的人們、安寧病房和安養院裡的臨終病患們一起工作多年之後，我發現，上面這句話是千眞萬確的。無論在什麼情況下，意義一旦被尋獲，它就是重要的，而意義，將爲我們帶來療癒。

生命早期的哀慟

每當有人問起我從事的職業時，我總要沉吟半晌。我要告訴他們，我專門寫跟哀慟和死亡有關的書，還到世界各地教學嗎？或是要告訴他們，我已經在安寧病房和臨終安養院工作了數十年？還是要說，我擁有生物倫理學的碩士文憑，專門協助人判斷什麼時候該停止過度的醫療行爲、什麼時候該考慮搬去安寧病房或是臨終安養院？還是我該向人解釋，我是後備警察部隊創傷團隊裡的專家，同時也是紅十字會救災團隊的成員？或者要說，我有機師執照，曾經參與協助兩場空難事故？我的導師伊麗莎白·庫伯勒—羅斯多數的時間都是在醫院的場景裡與臨終病患工作，而我受的訓練，則讓我成爲更接近現代場景的死亡學家（thanatologist）。換句話說，我所處理的死亡議題，不只存在於醫院或安養院裡，同時也涉足犯罪現場或空難現場。我跟隨著哀慟的步伐四處遊歷，它通常把我帶進死亡和臨終的場景，有時也會帶我走過離婚或任何其他種類的重大損失的情境。

前面列出的種種我所從事的事務、頭銜，看起來就像一長串雜亂、缺乏條理的大雜燴，而事實上，儘管我是這所有一切的混合物，然而在這些彼此迥異的選擇中，其實隱藏著一條共同的軸線，將一切串連起來。當我回首檢視自己走上這條罕見的道路背後的理由時，我發現這一切其來有自。十三歲那年發生在我生命中的事，造就了我的命運，讓我成爲了今天的我。

我大半的童年時期，我的母親幾乎都在病榻上度過。一九七二年的除夕夜，我走進她的臥室，親吻了她，對她說：「媽，一九七三年會是妳好起來的一年。」過沒幾天，她嚴重腎衰竭，從當地的醫院被轉送到紐奧良一家更大、設備更好的醫院。

母親被送進加護病房，病房規定，每兩小時才能讓家屬或訪客探視十分鐘。我和父親大多數的時間都枯坐在醫院大廳裡，等待著那簡短又珍貴的探視時間，祈禱母親的情況能夠好轉，可以跟我們一起回家。父親負擔不起旅館的費用，所以我們也必須在大廳裡過夜。

醫院附近什麼都沒有，沒有購物中心或商店，沒有其他可看的東西。事實上，附近僅有的，就是馬路對面那家我們住不起的飯店。不過嘛，所謂的無聊就是這麼一回事。既然我們必須待在醫院裡，那家飯店至少爲我們提供了一個換換氣氛的可能性，所以我們也在飯店的大廳裡消磨了不少時光。那就是我們當時的生活：媽媽住在醫院裡，而我們輪流在醫院大廳和飯店大廳打發著時間。

有一天，我們在飯店裡時，突然傳出了一陣騷動，有人大喊：「失火了！」接著所有人開始往外逃跑，因爲十八樓起火了。火舌從陽台竄出，一轉眼消防隊和警察都趕來了。接著意想不到的事情發生了。當消防員沿著雲梯往上爬，忙著救火時，傳出了一陣槍響。這不只是火災而已——它還是一場大屠殺。放火的男人現在正站在頂樓，槍口對準了群眾。

不到幾秒鐘的時間，到處都圍滿了警察，人群倉惶地逃進毗鄰的建築物裡尋求掩護。對於一個孩子來說，一連好幾天耗在醫院裡已經是夠可怕的事了，現在還要面對另一件更可怕的事——媽媽的病情惡化了。整個圍捕行動持續了十三個小時，結局導致七個人喪生，其中包含了三名員警。這個案件如今被視爲美國犯罪史上的第一個大規模槍擊案。如今，如果你用「紐奧良、狙擊手、一九七三」當關鍵字，就可以在 YouTube 上找到當時的影片。

接下來的兩天，媽媽不再開口說話，我知道她病得更重了。然而要探望她卻是一樁難事，因爲醫院規定要年滿十四歲才可以探視病人，而那年我只有十三歲。雖然大部份的護理師都十分仁慈，願意放我進去病房裡看她，但不是所有的護理師都這麼好心。其中甚至有個護理師對我說，等我滿十四歲再說！

槍擊案發生三天後，院方通知父親和我，媽媽剩下的時間不多了，雪上加霜的是，隔天的值班護士，就是那個「管家婆護理師」。她不准我進去病房看媽媽，對於每兩小時只能探視十分鐘的規定也絲毫不肯放水。於是，那一天，母親一個人孤單地在病房裡過世了。那年頭就是這樣。當病患臨終的時刻，家人，尤其是孩子，並不被允許陪伴在身邊。若有幸得到家人的陪伴，通常是因爲醫院或照護者網開一面之恩。

在那痛苦的一天的尾聲，我生平第一次搭上飛機。爸爸帶著我飛往波士頓，準備母親的喪禮。由於機組人員知道我剛剛失去了母親，機師們想要給這個傷心的孩子帶來一點樂趣。出於善意，他們邀請我進入座艙裡「幫忙」他們駕駛飛機。當然我從來不曾眞正控制那架飛機，但是當機長告訴我，是我在開著飛機時，年幼的我相信了他的話——不過同時，我也嚇壞了。我還記得當時從座艙裡看出去的景象，感覺迷亂又激動，一邊還想著自己肯定會搞砸，然後把飛機撞毀。幸好，機上的一百四十八名乘客，都安全地度過了我的「處女航」。

如今，當我回顧自己所經歷的種種職業生涯——在醫學領域裡處理死亡的議題、研究臨終倫理、以專家的身份成爲後備警隊的一員、學開飛機、參與紅十字會救災隊——全都是爲了要從失去母親的迷惘中，試圖找回一點點控制感。藉由這些選擇，我找到了一種療癒的歷程，爲我的生命賦予了意義，並且讓我有機會將所學用來幫助別人。今天，我已經成爲了一個有能力幫助那個滿心痛苦的年輕男孩的大人。有人說，我們所教導的，正是我們所需要學習的，我整個職涯正是這句話的明證。

但這並不是故事的結局。

時至今日，紐奧良這座城市，永遠對我具有獨特的意義，因爲那是我的母親離開人世的地點。我回去過那裡很多次，其中有好幾次，我會站在母親過世的醫院前，望向對街的豪生飯店（Howard Johnson hotel），回憶父親和我曾在醫院的探視時段之間，在那裡打發掉的許多光陰。二〇〇五年，母親住過的醫院受到颶風卡崔娜的侵襲嚴重受損，加上建築物本身已太過老舊，被認爲沒有修復的價值。有關單位計畫將它就地拆除，然後在附近蓋另一所新式現代醫院。

二〇一五年，我開啓了一項長達一年的演講計畫，預計巡迴美國、英國和澳洲。當我看見負責安排美國地區巡迴演講的主辦單位選擇了紐奧良作爲其中一個巡迴的城市時，我並不意外。每次巡迴演講時，主辦單位總是很貼心地將飯店房間與演講場地安排在同一個飯店。在瀏覽紐奧良的巡迴路線時，我看見自己演講的場地訂在市區巨蛋假日飯店（Holiday Inn Superdome Hotel）。我上網搜尋這家飯店的地址後，驚訝地發現，這正是多年前狙擊手縱火和大規模槍擊案發生的同一所飯店。同樣的地點，只是經過了大規模翻新，也換了一個新的名字。

我把我的故事告訴主辦單位時，他們說：「我們很樂意幫你換場地。我們不希望造成你任何的不愉快。」

「沒關係，」我說，「我想這對我來說，會是某種意義完成的時刻吧。」我想我應該去住那裡。療癒並不意味著失落從未發生，而是意味著，我們不再受到損失感的控制。

隨著入住的日期漸漸靠近，我的過往歷史也開始向我索討更多的注意力。我不禁好奇，母親過世時住的那幢舊醫院，如今不知道改建成了什麼。在網路上快速地瀏覽一番之後，我發現，儘管新建成的醫院已即將開張，但是舊醫院的殘骸顯然依舊矗立在原處。

我很想看它一眼。我打電話到紐奧良市醫管局諮詢，其中一位專員告訴我，那棟醫院確實還在，但是已經被查封，禁止進入。我說出自己的經歷，向她徵詢：「請問有沒有任何方法，可以讓我進去醫院裡面？」

「不可能，」她很快回覆，「因爲卡崔娜風災的關係，醫院裡可能都發霉了，也不安全。」

「如果我請人陪同我，而且戴上工地安全帽跟面罩呢？」

「我想應該還是不行。」

「我能理解，」我說，「但是能不能至少請妳幫我問一下？這對我來說意義重大。」

一個小時之後，我接到她的來電。「我不是很確定怎麼回事，可能是因爲你的故事，或者是主管知道你的工作背景，所以上頭同意了。星期天，也就是你演講的前一天，醫院的保全組長會在那裡等你，陪你進去大廳。不過你只能看看大廳。」

突然間我彷彿又回到了十三歲。多麼諷刺啊，我想，在過了那麼多年之後，我依然只能在大廳裡活動。不過至少，現在的我是個成人了，我能理解爲何如此。

那個星期天的下午，我抵達飯店，保全組長非常和氣，令我感到驚訝。「我聽說你的故事的時候，」他對我說，「我跟當時在這裡工作的一些人探聽了些事。你媽媽住的加護病房就在六樓的西區。想上去看看嗎？」

「當然。我想去。」

「現在整棟建築物都限電，所以電梯不能用了。」他說，「不過我們可以先爬到十樓，穿過建築物，再往下走回六樓。」

我都還來不及回神，我們就已經置身在這幢舊醫院的十樓了。天花板的磁磚掉落在地面上，垂落的燈具在我們頭上晃盪，棄置的病房空空蕩蕩，所有的設備——病床、椅子、醫療器材——全都清空了。

往下走到九樓，我們經過了廢棄的護理站和更多空病房，我禁不住聯想到所有曾經在這些空間裡穿梭的生命。終於，我們來到了六樓的加護病房。無論人事如何變遷，加護病房入口的那道雙扇門依然保持不變。經過了幾十年，我還是一眼就能認得。

我轉頭對保全組長說：「以前他們不准我走進這扇門。」

「現在你可以了。」他說，「進去吧。」

我一邊推開門，一邊回頭告訴他：「她的床是左邊的第二張。」走進病房後，我看向曾經擺著母親病床的空間。就在那上方，呼叫器正閃著綠燈。我愣住了。我們剛剛穿過了四層樓，經過無數空病房，沒有看到任何呼叫器是亮著的。

我的疑心病開始對自己說，這只是湊巧有顆燈泡在一間廢棄醫院裡亮著而已。搞不好是因爲保全組長知道我母親過世的位置，故意打開的。轉念一想我馬上就明白這個想法有多麼荒謬。他怎麼可能知道她就是在這個位置過世的？沒有告訴他母親的全名，而且就算他知道母親的名字，他也得翻箱倒櫃搜索好幾十年份的資料才能查出來。更何況通常舊病例在保存七年之後就會銷毀。

那麼，那盞綠燈究竟是什麼意思？我們老是在談論「創造意義」。生命供應我們層層疊疊的意義，而我們照自己的意思去取用它們。那我要給這盞綠燈安放個什麼意義？它自身內存著什麼意義？就一般性的意味來說，綠燈意味著「通行」。對我而言，在那個瞬間，它彷彿意味著，我終於可以踏入那個母親過世的病房裡。然而在醫生辦公室裡用的綠燈通常有另外一個意思，一旦有病人被送入檢查室，檢察室門外的綠燈意味著有病人在裡面等待受檢。這盞綠燈是在告訴我，我的母親正等著有人來探望她——而她等的是我？她會不會在冥冥中知道，我會來到這裡，而且想給我個訊號，讓我知道她在這裡？如果這個地方對我來說是如此重大的一個能量點，會不會對她來說也一樣？

佇立在病房中，我想起好朋友露易絲．賀（Louise Hay）曾經告訴我：「我們在電影的中場抵達，也在電影的中場離去。」我們把這句話收進了我們合寫的書《療癒破碎的心》（*You Can Heal Your Heart*）裡面。我們這一生的時間是有限的。我已經從一個不斷質疑著母親為什麼會死的年輕男孩，長大成為一個得到了療癒的男人。當年那個十三歲的男孩，絕對想像不到，在四十二年之後的今天，他會站在這個母親嚥下最後一口氣的地點。如今我的年紀已經差不多等同母親過世時的年紀，而活到這個歲數，終於讓我感到完整。我不再是一個受害者，反倒更像個戰勝了失落感的贏家。現在的我回憶起母親時，湧現的愛比痛苦還要多。知道自己已經把自己的這份失落轉化成職業，用以幫助無數人捱過他們生命中最艱難的時刻，此時，我找到了極大的意義。

創造意義

蓋兒．鮑登（Gail Bowden）的兒子布蘭登（Branden），出生的時候就罹患脊柱裂（spina bifida）。他身上裝著導尿管，兩腿穿著支架，需要輪椅才能行動。即使如此，蓋兒仍然決心要讓兒子過得幸福。多虧蓋兒的努力，布蘭登快樂地成長著。他喜歡黃色，對汽車充滿興趣，尤其喜歡黃色的福斯金龜車。用不了多久，他就擁有了一套頗為可觀的玩具車蒐藏品。

布蘭登十七歲那年某天，蓋兒走進他的房間，發現他昏迷不醒。他被送往醫院，最後醫生告訴蓋兒令人心碎的消息：布蘭登永遠不會再醒來了。他宣告布蘭登腦死，請蓋兒考慮將他健康的器官捐贈出去。

蓋兒腦筋一片空白，還無法弄明白究竟發生了什麼事，但她同意了捐贈器官的提議。若是醫生無法救活布蘭登，那麼至少布蘭登可以救活其他人。在尚未意識到的情況下，蓋兒已經在兒子的生命與死亡裡搜尋著意義。當醫護人員拔掉布蘭登的呼吸器時，蓋兒就坐在他身邊，看著他靜靜離去。整個過程都很平靜，蓋兒相信布蘭登已經到了天堂。

過了幾年，蓋兒在另一個兒子布萊恩（Bryan）出發去露營之後不久，搬進了他們的新家。拆箱的時候，蓋兒聽到一陣敲門聲。之前她約了工人來幫新公寓的房間上漆，她打算漆上布蘭登最愛的黃色。

「妳好，我叫做肯（Ken），是油漆工。」對方說。

「你提早了一個星期。」蓋兒對他說。

「我這一區的前一個案子取消了，」肯回答道，「所以公司提早派我過來。」

「所有的東西都還在箱子裡，」她說，「我本來想要在你來之前先把東西都整理好，不過既然你已經來了，不妨就動工吧。」

蓋兒繼續拆箱的工作，而肯則著手開始油漆。「妳一個人住嗎？」他問她。

「還有我兒子，布萊恩，他去露營了。」

「妳還有其他的孩子嗎？」

這個問題引發的尷尬感，蓋兒不是第一次面對了。有時候她會提起布蘭登，有時候她會說：「家裡只有布萊恩和我兩個人。」但不知怎地，今天這個問題卻讓她放下防備，她有點詫異地呆站著，不確定該說什麼好。「我還有另外一個兒子，布蘭登，他十七歲時過世了。」她說。

「我眞蠢。」肯回答道，「我老是狗嘴裡吐不出象牙。眞抱歉，我不該問的。」

「沒關係的。」她這麼告訴他。他繼續油漆起來。幾分鐘之後，肯開口了：「妳兒子的事我很遺憾。我知道生了重病是什麼感受。四年前，我四十二歲，差點活不過去，是靠腎臟移植手術才把命救回來的。上個月我才剛慶祝完移植手術四週年紀念。」

「你什麼時候動的移植手術？」

「二月。」

「二月幾號？」

「二〇〇八年，二月十三日。」他說，「我永遠不會忘記這個日期。」

「布蘭登過世的日期是二〇〇八年二月十二日。」

「這太湊巧了。」肯說，「我的捐贈者是一個二十一歲的年輕人，車禍走的。」

蓋兒繼續拆箱去了，肯也重拾手邊的工作。又過了一會兒，蓋兒出門辦點雜事，讓肯一個人待在公寓裡油漆。等到她回來時，她發現他站在原地發呆，除了原本漆好的那面牆之外，沒有任何新的進展。

「有什麼問題嗎？」蓋兒問他。

「我說謊了。」

「你不是油漆工？」

「不，不是這個。我是說，我身上移植的，是布蘭登的腎臟。」

「你說什麼？」

「妳告訴我妳的兒子名字叫布蘭登，還有妳的名字是蓋兒的時候，我就發現了。在接受移植手術之後，我收到過妳寫給我的信。我本來可以回信給妳的，我好羞愧我從來沒有動筆。」

震驚之際，蓋兒拿起了電話，撥給器官移植中心。她告訴諮詢員：「我雇用了一名油漆工，結果他告訴我，他身上有布蘭登的腎臟。我們要如何確認這件事？」

器官移植中心的諮詢員回答：「這種情況發生的機率簡直微乎其微。不過，還是請你把他的名字給我。」

蓋兒問了肯的全名，然後轉達給諮詢員。他收到了封存的機密文件，最後確認肯確實獲贈了布蘭登其中一枚腎臟。聽到這個消息之後，蓋兒哭了起來。肯也同樣地爲這份不可思議的機緣巧合感到震驚。知道自己兒子的腎臟，就存在在眼前這個活生生的男人體內時，蓋兒得到了巨大的意義。等到布萊恩結束露營回到家，聽說了這件事之後，說：「媽，這就好像布蘭登自己找到了回家的路。」

當喪子的打擊降臨時，蓋兒接受了眼前的悲劇。決定捐出布蘭登的器官、讓它們拯救其他人的生命時，她爲布蘭登的生命創造出了意義，因爲布蘭登的生命將在其他人身上延續下去。如今她遇見了其中一個被兒子拯救的人。後來，當蓋兒見過肯的太太和孩子之後，她更加明白他的家人是多麼需要他。當時他們全家人正面臨一個十分緊要的關頭。布蘭登的腎臟不只挽救了肯的性命，也對他整個家的生活帶來了戲劇性的影響。

你可能會以爲，蓋兒住的城市並不大，請到肯來幫她家油漆，不算是什麼了不起的巧合。但就算如此，蓋兒會發現他身上裝著自己兒子腎臟的機率也十分渺小。想想看這些可能性：

・蓋兒也許不會提起布蘭登。
・肯也許不會提起自己曾經移植過腎臟。
・蓋兒可能自己油漆，因此永遠不會和肯相遇。
・蓋兒可能找不同的裝潢公司。
・裝潢公司可能會派來另一個油漆工。
・假如肯依照表定的時間出現，蓋兒也許就不會有那麼多時間和他聊天。

也許你依然覺得，這些不過都是好運和巧合罷了，但事實上，蓋兒居住的城市規模並不小。她住在紐約州的水牛城，這個城市有一萬八千名油漆工可供選擇。不過說到底，蓋兒和肯遇見的機率是大是小，根本就不重要。對蓋兒來說，這次的遭遇就像命中注定，肯定了她曾經做過的一切。在她捐出布蘭登的器官那一刻，她就已經決定了，從壞事裡也能創造出好事。而與肯的相遇，就是這樁好事的具體證明。今天的蓋兒，服務著其他需要經歷器官捐贈或移植過程的家屬。在他人作出艱難抉擇的過程中給出幫助，透過這樣的行動，她爲布蘭登的生命，持續不斷地創造出更多意義。

每個人都能創造出意義嗎？

至於那些找不到意義的人呢？找到意義、創造意義的能力，有可能是內建在我們的DNA裡的嗎？會不會有些人具有這個能力，但有些人沒有？換句話說，是不是只有某部份人才有這種天生神力，可以在悲劇裡榨出正面的事物？答案是否定的。搜尋意義，是每個人都具備的能力。

經歷一連串重大打擊之後，珍（Jane）苦苦掙扎著如何為這一切找到意義。她年幼的兒子因為某種罕見的癌症病逝。在她的口中，他是個活蹦亂跳、古靈精怪的男孩，年紀小小就交到了許多朋友。坐在我面前的珍，無力直視我的雙眼，輕聲細語地說：「孩子走了之後，我和丈夫離婚了。現在我孤伶伶一個人。這哪裡有半點意義？湯米（Tommy）死的時候才兩歲，這種事怎麼可能有任何意義？」

「絕對比妳所能想像的還要更多的，」我說，「你的孩子湯米本身就是一個意義。現在我知道湯米是誰了。他從此將會永遠活在我心中，而這只是一個開始。任何一個曾在這個星球上佔據空間的人，我們都能從他的生命之中、或某個人的心中找到意義。它就在那裡，等著妳去找到它。」

我詢問珍，能否向她分享我朋友琳達（Linda）的故事。

琳達九歲的時候，母親因爲癌症過世了。她感到自己原本正常的生活從此被剝奪，因此看到班上其他父母健在、擁有美滿家庭的同學時，心中總是充滿了嫉妒。十二歲那年的暑假期間，她跟著出差的爸爸一起去了麻薩諸塞州。到的第一天晚上，晚餐過後，父女倆決定去散散步。他們溜達著穿過迷人的舊城區時，看到大街旁有一座小墓園，於是決定進去逛一逛。

不久，琳達經過一塊墓碑，碑石上刻著死者的姓名和生卒年：「威廉·柏克萊（William Berkley），一八〇二年三月十五日—一八〇二年三月十八日。」琳達看了，對爸爸說：「這個寶寶才活三天就死了。這麼短，才三天！」

爸爸告訴她，在那個年代，嬰兒的死亡率比今天還要高上許多。直到這一秒之前，琳達從來沒有考慮過別人的喪親之慟，因爲她一心只糾結著自己的。「我從來沒想過，我擁有媽媽的時間也有可能更短。」生命中第一次，她爲自己有幸和媽媽共處的幾年時光，浮現了短暫的感激之情。可惜的是，這份感激稍縱即逝，轉眼就被一股腦兒湧上的恐懼取代。

「要是你也死了怎麼辦？」她問爸爸。

「寶貝，讓我們祈禱這件事很久很久以後才會發生。」

她告訴爸爸，她在電視上看過一個廣告，廣告裡的人說：「如果你的親人過世了，你卻沒有錢可以安葬他，該怎麼辦？」廣告最後提供了一個每月只要花費一美金的終身壽險方案，她希望爸爸可以去買這個保險。因爲之前爸爸和朋友聊天時，她不小心偷聽到，爸爸得跟人借錢，才能幫媽媽舉辦葬禮。

「琳達，我會盡其所能確保到我死了的那一天，所有的費用都能夠被支付。」他望著她苦惱的小臉蛋：「如果我去買一份那個每月一美金的保險，妳會覺得比較安心嗎？」

「會啊，」她回答，「可是你不許死掉喔！」

爸爸親親她的額頭，說：「我保證我不會死，至少不會很快就死掉。我會爲了妳去買那份保險。」

那是他們倆第一次如此眞誠地討論和生死有關的話題，當然，那並不是最後的一次。幸運的是，琳達的父親活得十分長壽，後來的幾十年，父女兩人的關係越來越親密。直到父親八十四歲過世時，琳達已經有了自己的家，生了兩個孩子，也在電視圈裡擁有一份成功的媒體事業。她爲父親舉辦了一場隆重的喪禮，並將他安葬在和母親相同的墓園。

大約六週之後的某個傍晚，琳達急忙從辦公室提早回家，準備前往她的電視台贊助的一場爲癌友募款的慈善拍賣會。她抓出信箱裡的郵件，發現其中一封信的寄件人是「自由互助人壽保險」。打開之後，看見信封裡躺著一張面額六百美金的支票。她馬上就明白到，這是在他們看到了那個寶寶的墓碑之後，爸爸爲她買的保險。她沒有遺忘這張支票所凸顯的鮮明對比。只是她早就不需要這筆錢了，她也不知道該怎麼花這筆錢。不過她希望自己能找到某個運用它的方法，藉此向父親致敬。

那天晚上，琳達和丈夫在慈善募款餐會上，一起觀賞她的電視台爲基金會曾經做過的善舉所拍攝的影片。基金會的執行長向大家宣佈，當天的晚宴是他們整個募款活動的高潮，他們期待能夠在當晚達成五十萬美金的募款目標，因爲有某位捐贈人承諾，只要他們能達到這個目標，他將會比照同等金額，捐出另一個五十萬美元。

晚宴接近尾聲時，琳達和丈夫決定偷偷提前離席。她們向親近的朋友道別，穿出人群正準備離開時，琳達聽見台上的主持人正談論著今晚的募款目標。根據計算，截至目前爲止，他們已經募到了四十九萬九千四百美金，只差最後的六百美金，他們就能達標了。

琳達全身像是觸電一般。她想都不用想，就知道這是運用爸爸的保險金的最佳方法。她閃電般舉起手，大喊：「六百美金在這裡！」

晚會的主持人轉向她，說出：「達標！我們完成了今晚的目標。非常感謝妳。妳幫助了我們達成賭注，讓募款金額得到翻倍的機會。現在我們總共募到了一百萬美金！」

回首那一刻，令琳達感到驚奇的是，一八〇二年，一個只活了三天的嬰孩，不僅僅是對十二歲的她造成了重大的影響，幫助她認知到自己能夠和母親一起生活過九年，已經是一件幸運的事，而許久之後，他帶來的影響力，還將繼續散播到無數人身上。她從此深信，不論長短，沒有任何一個生命會是毫無意義的。

「很精彩的故事。」珍說。

我輕輕握住了珍的手。「記不記得我對妳說過，只要妳曾經在這個地球上佔據過空間，妳的存在就有意義？試著去沉思這個故事裡所有的意義。那個一八〇二年過世的寶寶，對他的父母而言，是有意義的。接著，將近兩個世紀之後，他對一個還在受到喪母之慟折磨的十二歲女孩產生了意義。直到現在，在他死後兩百一十四年，仍然有更多的意義，可以從他短短三天的人生中被挖掘出來。琳達和爸爸在那個寶寶墓碑旁的一番對話，演變成琳達的捐款，促成了一百萬美金的善款，天曉得還有多少生命將會被那一百萬美金的捐款影響？」

「我猜，我大概是只看見孩子活著才有意義。」珍說，「我從來沒想過他的死也是有意義的。」

「意義無所不在。」我說，「只不過我們需要睜開眼睛觀察才能發現它們。」

像珍一樣，許多人以爲損失是毫無意義可言的。確實，有些時候我們得經過一番漫長且艱苦的搜索，甚至需要別人的幫助，才能夠找到意義。但是，只要我們尋找，就一定能找到。我們每個人都不免有破碎的時刻。重要的是，我們如何重新站起來，拾起這些碎片，將它們組合在一起，讓自己重生。

第二章

哀慟必須被看見

「為了死者，也為了生者，
我們必須勇敢見證。」

——艾利．魏瑟爾（Elie Wiesel）

每個人的哀慟就如同他的指紋，是獨一無二的。然而每個人的哀慟也有共通之處，意即無論他的哀慟過程是什麼模樣，他們都需要自己的哀慟被看見。這並不意味著他們需要某個人來讓他們的哀慟減輕一些，或是爲他們改寫整件事的定義。而是他們需要有某個人，能夠全心全意地感知到這份哀慟的重要性，卻不畫蛇添足地試著去說些美化事實的話語。

由於我們是透過情感與他人連結在一起，因此這種需求根深蒂固地烙印於我們內在，而這些情感連結，是我們存活下去的關鍵。打從我們呱呱墜地的那一刻起，我們就明白到，我們並非孤單一人的存在。我們的大腦裡配備了許多鏡像神經元，這就是為什麼當媽媽微笑時，寶寶也會跟著微笑。這現象會持續伴隨著我們，直到成年。記得某天我走在街上，迎面而來的一位男士對我說了聲：「早安！」通常我並不習慣這樣跟人打招呼，但我本能地也回了他一聲：「早安！」這不只是在模仿對方的表達方式，這也和這種表達方式底下潛藏的情感有關。鏡像神經元讓母親和嬰兒能夠擷取彼此的情感表達。

愛德華．特羅尼克博士（Dr. Edward Tronick），所屬的心理學研究團隊曾經拍攝過一支短片，記錄了當嬰兒的情緒沒有被周遭的人辨識並反照回他身上時，會產生什麼反應。影片的開頭，一個十個月大的嬰兒坐在一張高椅子上，眼睛睜得大大的，愉快地瞅著媽媽微笑的臉龐。如同我先前談到過的，媽媽和孩子兩人的微笑就像鏡中的倒影，彼此呼應。當寶寶開始微笑，媽媽也跟著微笑，當嬰兒手指到某個方向，媽媽就會順著嬰兒手指的方向張望。接著，在研究員的指示下，媽媽將臉別開，當她再次把臉轉向寶寶時，她臉上的表情變得一片空白。此時困惑的嬰兒試著做出各種動作刺激媽媽，希望能得到她的回應。最後嬰兒沮喪地又哭又尖叫。這是內建的本能反應，因為在潛意識的層面，嬰兒知道，他需要仰賴他人才能存活。如果他所仰賴的對象對他心不在焉，他的日子就不會好過。

這個現象也存在於成人身上。當一個成人處在哀慟中時，他需要有個旁人能夠認出並且反照他的哀慟。可惜在當前這個極度繁忙的世界裡，哀慟已然被灑上了消毒藥水，或是經過了極簡處理。在摯愛離開人世之後，你放了三天假，然後每個人就期待你像什麼事都沒發生過一樣，盡快向前走。身邊的人見證你的痛苦的機會越來越稀少，這相當令人感到孤單。

有次我到澳洲巡迴演講，遇到一位研究員，她的研究內容是澳洲北部原住民部落的生活方式。她說，她的一個研究對象告訴她，在部落裡，每當有人過世，當天晚上部落裡的每一個人都會從自己家裡搬出一件傢俱或物品，放到院子裡。這麼一來，當隔天早上喪親的家屬醒來之後，他們往屋外看時，會看見在他們的家人過世後，**一切都跟著改變了**——不只是對他們而言，而是對所有的人而言。這是這個群體見證與反照哀慟的方式。他們用一種非常實質的方式，來彰顯某個人的死亡的重要性。他的空缺成為可見的。

在我們的國家裡也是。曾經有一度，我們習慣集體相聚在一起，見證親友死亡帶來的哀慟。然而當前的文化中，創造出來的氛圍卻是，僅管喪親者覺得自己的世界破碎了，其他人的世界卻繼續運轉，彷彿**不曾**發生過任何事。用來表示悼念的儀式太少，分配給它的時間也微乎其微。

哀慟理應讓人們團結起來。它是一種每個人都會遇到的經驗。假如今天我交談的對象正在承受某種身體上的病痛，我能夠傾聽並且同情對方，但我也許永遠都不會遭遇到跟他一樣的問題。然而，當我陪伴著某個痛失所愛的人時，我知道，總有一天，我會面臨到跟他同樣的處境，而我會試著去理解對方的感受。不是爲了去改變對方的感受——而是全然地認可那份感受的存在。每當有人將他的痛苦與哀慟與我分享時，我總感到自己何其有幸。若我們能用不帶批判的眼光見證他人的脆弱，通常有助於支持對方走出孤立狀態。

身爲局外人，就算自認爲好心，我們總是太常去告誡喪親者：「是時候該往前走了」、「放下傷痛，擁抱你的生命吧」。但是哀慟應該被歸屬於「零評斷」的區塊裡。眞正理解你的遭遇的人，永遠不會去論斷你的哀慟是否「不成比例」或是「拖得太久」。哀慟是發生在我們內在的體驗，而服喪則是我們展現在外部的行爲。處理哀慟，是一場內在的過程，是一段旅程。它沒有固定的處方，也沒有特定的效期。

每次有人問我，「我的哀慟還會持續多久？」，我總是這麼回應：「你的愛人會維持在死亡狀態多久，你的哀慟就會持續多久。倒不是說你永遠都會覺得痛苦。我的意思是，你永遠不會忘記那個人，你永遠無法塡滿你的心因爲那個人所留下來的，獨一無二的缺口。有一個普遍流傳的想法，我稱之爲『一年的迷思』——很多人以爲，花上一年的時間哀慟，應該就差不多解決了。事實遠非如此。在你喪親的第一年，你的哀慟可能會很強烈，無法停止思念對方。在那之後，你的哀慟也許會開始鬆動一些。它看起來似乎減輕了一點點，接著又有些事情觸發它，然後你發現自己整個人又掉進了痛苦之中。隨著時間過去，它終究會慢慢變得不那麼痛，但是它會永遠存在。」

這大概是我所能給出的最具體的答覆。即便我盡量留下了空間，但這個答覆仍然無法涵蓋所有的可能性。鑽研哀慟這個主題這麼多年，我早已漸漸明白，如果我今天見證了**某一個人**的哀慟，那麼我看到的，就是**這一個人**的哀慟。我不能將這個人的哀慟與另一個人的哀慟拿來相比較，就算這兩個人來自同一個家庭也一樣。可能姊姊終日以淚洗面，妹妹卻完全不哭泣。可能哥哥脆弱不堪飽受折磨，而弟弟卻一心想要繼續前進。某些人不斷地向人傾訴自己的痛苦，另一些人卻可能掩藏起自己的感受。有些人內心波濤洶湧，有些人也許平靜無波。有些具備著「繫好安全帶、我們繼續向前吧」精神的人，會用務實又具有建設性的方式來面對哀慟。對於這類不明顯展現出痛苦徵狀的人群，我們很可能會錯誤地認定，他們應該去參加一些互助團體，才能夠讓他們有機會觸碰和分享自己的感受。但如果這本來就不是他們經營生活的風格，當然也不會是他們面對哀慟時會採取的形式。他們必然有自己一套經歷哀慟的方式。把風格不符的建議硬塞給他們，通常不會帶來幫助。

哀慟的光亮與陰暗

在現代社會裡，哀慟經常以披露在網路上的方式被見證。每當我摘錄某些與哀慟有關的名言錦句發佈到社群媒體上時，我留意到，不同的群體會有不同的反應。假如我張貼的是充滿希望、樂觀、帶來療癒的句子時，它會激勵許多人的信心，但也會有一群人不怎麼買單。還深陷在黑暗裡的人們，尚未準備好接收任何希望，常常是因爲他們還處在哀慟最初始的階段，他們的哀慟還過於銳利，不容許他們產生其他的感受。他們只希望人們能夠看見並認可他們心底的陰暗。眼淚是愛的證據，證明了逝者對他們而言有多麼重要。如果我發佈類似這樣的句子：「這份痛苦似乎永遠沒有終結的一天」，或是「哀慟像是一片烏雲，遮蔽了整個天空」，這些人就會被打動。因爲這樣的句子反照並且認可了他們的痛楚，比起試圖在悲慘的局面裡找出某些正面的元素，更能夠爲他們帶來撫慰。

經歷哀慟時，有些人沉浸在黑暗裡，有些人尋找光明面，有些人兩者皆是，這取決於他們正處於哀慟週期的哪一個階段。認定某種方式必定比另一種方式優越，或是某種特定的方式才是「正確的」哀慟，是一種錯誤的想法。經歷哀慟就是有各種不同的方式，這份失落就是會激起各種不同類型的情感。我們跟希望之間的關係也是如此。對於某些哀慟的人來說，希望就好像氧氣。但是對於另一些人，尤其是正處在哀慟初期的人來說，你跟他談希望，他可能只會覺得你認爲他的哀慟沒有價值。「我現在悲傷得要命，你怎麼可以叫我往好的方面想……要怎麼往好的方面想？還是你這麼說只是爲了要讓**你自己**覺得比較舒服一點？」

希望與意義，這兩者之間的關係非常接近。意義會改變，希望也會，而且兩者改變的方式很相似。有時候我與一些受困於哀慟的人進行諮商時，我會說：「聽起來你人生的希望都跟著那個人一起埋葬了。好像一切都消失了。」

他們會驚訝地抬起頭，說：「對，就是這樣。」

那一刻，他們覺得自己被看見了。通常我會說：「死亡是永久的，這讓人心碎。不過我相信，失去希望對你來說只是暫時的。直到你重新把希望找回來之前，我會先幫你保管它。我對你有希望。我不想要讓你的感受失去原樣，不過我也不想爲死亡賦予過多的權力。死亡能夠終結生命，但它無法讓我們的關係和愛或是希望終結。」

有的時候我會聽到來自哀慟者的一些抱怨，說他們的家人或朋友對他們說了一些糟糕的話——通常就是一些「時間會療癒一切」或「你的愛人現在終於可以平靜地休息了，你要開心」之類的話。這類的話語，很可能會讓喪親者覺得自己的感受沒有被看見。我們大多數人都會想說點什麼有用的話，但是我們可能不會意識到，這些話出口的時機不佳。如果哀慟者此刻還需要更多一點時間沉浸在黑暗裡，那麼刻意去說打氣的話反而會很傷人。對於我們想要安慰的對象，我們必須眞正地**看見**他們。當哀慟被他人的眼睛反照出來、而且是準確地反照時，它會變得更有意義，也更容易承受。

必須要記住的另一點是，我們個人對於死者的想法，跟哀慟者無關。也許我們認爲朋友去世的母親是個差勁的人，所以她犯不著那麼傷心。或是我們知道妹妹的丈夫曾經對她不忠，就認爲妹妹沒必要因爲丈夫過世就哭哭啼啼的。我們的想法和哀慟者的情感，這兩者之間一點關係都沒有。聽見我們對死者的批評，表示「他不值得你這麼傷心」這類的評價，對哀慟者來說，不會有任何安慰的效果。

思念著過世的寵物的人們，常常會提到，幾乎沒有人能夠理解他們的哀慟。我兒子過世後的頭幾個月，我一位親近的好友，也失去了他養了十六年的狗。我主動聯絡他，表達我的慰問，他對我的關心大感驚訝。「你正在承受的打擊可比我的要嚴重多了。」他這麼說。我卻一丁點都不覺得他的眼淚、他的損失和痛苦就該比我的輕微，或更不具意義。每一次的喪失都有其意義，所有的失落都應該被哀悼——以及見證。對於寵物的離世，我有一套自己的看法。「如果愛是眞實的，那麼哀慟就是眞實的。」失去之後的哀慟，讓我們體認到自己的愛有多深，而愛，有非常多種形式。

我的伴侶保羅．丹尼斯頓，是一位專門教授哀慟瑜珈（Grief yoga）的導師。有時候他會讓班上的學員練習一種互動，讓見證的過程融入身體的經驗。他會邀請兩位喪親者面對面站著，雙手放在自己的心口上，凝視著對方的雙眼，然後說：「我看見你的哀慟。我看見你的療癒。」這種見證彼此脆弱面的練習，有時候非常具有療癒性。學員們常常會說，這是他們在課堂上印象最深、覺得最有幫助的時刻。

不被看見的哀慟

有時候人們覺得自己不知道該如何陪伴在喪親者的身邊。可能是害怕自己找不到適當的話語，或是覺得自己的出現會給對方帶來太多壓力。在我兒子大衛過世之後，有個朋友堅持打電話給我，連續好幾週都在我的答錄機裡留下訊息，直到最後我終於接起電話。瑪莉雅（Maria）告訴我，她一直爲自己沒有出席喪禮感到十分歉疚。她跟我和大衛都很熟。

「我就是沒辦法去，」她說，「我很怕去了現場，痛苦的感覺會太強烈，覺得自己沒辦法面對你。可是這些日子以來，我腦海裡不停想著你和大衛，心裡充滿了罪惡感。」

我內在和事佬的那一面很想對她說：「別想太多。沒什麼的。」好分攤一點她的罪惡感。但這不是我心底的眞話。最後我只說了：「我很想念妳。」

後來我把她的話細細地琢磨了一陣，不只是從哀慟的角度去思考，而是從整個生命的角度去沉思。有時候，當我們努力逃避傷心和哀慟時，有些東西就會偏掉。假如喪禮當天瑪莉雅有來，她確實可能會感受到極度的悲傷與哀慟。然而這也可能是深具意義的。當她讓自己隨著生命的韻律移動，也許就有機會體驗到一份眞實。流過她心中的悲傷，或許會輕輕地融化她的靈魂。相反地，她現在有的，卻是一條罪惡感的長河，在她心裡四處奔流。

生命爲我們帶來痛苦。我們的任務是，當它把痛苦捎來我們跟前時，好好地體驗它一番。迴避損失是有代價的。讓自己的痛苦被看見，也去看見他人的痛苦，對身體和靈魂來說，都是一帖良藥。

某一次在我的課堂上，有位諮商師發言說：「我有一個案主完全無法參加喪禮，她覺得那太令人傷心了。有什麼醫學術語可以形容這種現象？」

我回答：「自私。自我中心。」我不禁好奇，什麼時候人們開始因爲「太傷心」這種理由而無法參加喪禮了？生命有高峰也有低谷，全然擁抱這兩者，是身而爲人的責任。

瑪莉雅沒有辦法出席喪禮，讓我感到受傷。另外一種傷人的情況，是人們一番好意，卻不知道如何恰當地陪伴。倘若有個人一再重複自己的故事，把他的哀慟說了又說，那表示他的哀慟從來沒有以一種健康的方式被見證。可能是他的孩子對他說：「爸，夠了啦，我們全都知道媽媽是怎麼死的了。不要再沉溺在往事裡了。」或是他的另一個孩子可能想要這麼安慰他：「別難過，媽媽活得很長壽了，而且至少她現在不用再受苦了。」爲什麼他就是不能往前看？重複講述自己的故事，往往是喪親者潛意識裡試著吸引更多關注的方法。

把一個人的哀慟拿去跟另一個人的哀慟比較，是哀慟不被看見的另一種現象。「我丈夫才剛過世，瑪莎（Martha）卻對我抱怨她的狗死掉的事，眞不可思議！」比較是在展現一種被看見的需求。它其實是在說：「聽我的，別聽瑪莎的。我的痛苦更嚴重。我要你注意到我的痛苦。」

這種情況下，提供支持的方法是，讓喪親者知道，你的注意力**真的**在她身上，你**真的**有在聽她說話，你很歡迎她對你傾訴自己的感受。「我知道妳有多麼難過，」你可以這麼說，「我知道妳的老公眞的是一個很棒的人。妳記不記得有一次，我們一起去……」這一類的開場白也許能幫助她找到一些談論她的哀慟的方法。

務實的哀慟者

我曾經在澳洲與琳蒂．張伯倫（Lindy Chamberlain）有過短暫的會面。當時她的案件早已結束，她也早已被釋放。我只有非常短的時間可以爲了她所蒙受的損失表達慰問。她喪女之後的表現受到大眾的強烈批判，基於這點，我想她很可能是世界上最知名的「務實的哀慟者」。一九八〇年，全家人露營期間，她的孩子被野狗叼走，眞相未明時，全澳洲的輿論批評她是孩子的謀殺者，她因此在國際間聲名狼藉。她的悲劇被翻拍成電影，梅莉．史翠普（Meryl Streep）在片中非常傳神地演繹出了她的尖叫聲：「野狗叼走了我的孩子。」大多數民眾認爲她有罪。爲什麼？因爲琳蒂是一位信仰堅定的女士，她沒有在大眾面前哭泣。法院判定她犯了謀殺罪，終身監禁不得假釋。歷經多年纏訟，加上DNA鑑定技術的進步，她才被改判無罪。直到二〇一二年，她終於在大眾面前洗刷了冤屈。

某些哀慟者並不會談論自己的損失，也不會以淚洗面。就像琳蒂一樣，他們會儘可能用最快的速度回到「正常狀態」。他們這一類型的人看起來「太堅強了」。說不定他們是冷血之人。畢竟人前人後都不曾看過他們掉一滴眼淚，或是對親朋好友訴苦。這一類型的人很容易被誤解。人們誤以爲，他們不哭、不訴苦，就代表他們不愛死去的人。這種想法眞是一個天大的誤會。這一類人可能會被歸類爲「延遲性哀慟者」（delayed grief）。有些人認爲，直到有天，當他們再也承受不住否認情感所累積的壓抑之後，哀慟將會排山倒海湧現。而我漸漸發現，這當中的某些人，也許該稱之爲「務實的哀慟者」（practical grievers）。假設你問他們爲什麼沒有哭，他們很可能說出「哭能讓人復活嗎？如果可以的話，那我就哭。」這一類的回覆。

我們必須如實地見證哀慟本來的樣貌。務實的哀慟者常常抱怨的一點是，別人總是想要改變他們或「修復」他們。他們不需要被修復。他們需要的是，周遭的人能看見並且敬重他們處理自己境遇的方式。

羅伯特（Robert）和瓊安（Joan）結婚二十五年了。某天，羅伯特接到一通電話，得知他的弟弟柯瑞（Corey）因爲嚴重心臟病發而身亡。他知道他的爸媽和弟媳傷心欲絕，沒有心力處理弟弟的後事，所以他立刻進入了「該辦什麼就立刻著手辦理」的模式。弟弟過世後的一切事務都是他負責打點。直到今天，羅伯特的弟媳回想起這段往事，都還是會說，如果沒有羅伯特，她無法想像自己該如何撐過這段難熬的日子。

喪禮上，賓客們之間交換著耳語，談論羅伯特的堅忍承擔，可是，有人看過他掉一滴眼淚嗎？沒人見到過。親戚悄悄地接近瓊安，私下問她：「羅伯特在妳面前的時候哭過嗎？」

瓊安也沒看過。這下她不禁擔心了起來。接下來的幾週，她總會時不時地關心一下羅伯特的情況。「你想念柯瑞嗎？」

「我當然很想他啊。」他回答。

「只是想讓你知道，你可以儘管傷心，那沒問題的。」

「我知道我很傷心。」

大約六週之後，瓊安建議羅伯特去看心理醫生。羅伯特對她的提議感到吃驚，問她：「怎麼回事？有哪裡不對勁嗎？」

「嗯，柯瑞過世了，我有點擔心你對這件事沒有感覺。」

「我有感覺啊。我不像妳一樣會哭，但是我有感覺。我不知道有什麼話好說的。他已經不在了。這很讓人傷感。我永遠都會想念他。但是無論我說什麼，都不能讓他重新回到人間。」

九個月後，是他們的年度家族聚會。每一年，家族裡大多數的男士會相約到附近的一座湖畔一起釣魚，共度週末。瓊安對於這場即將到來的聚會感到興奮。她知道今年聚會的氣氛會因爲羅伯特弟弟不在而深受影響，因爲過往的每一年，羅伯特的弟弟從來沒有缺席過這個聚會。她相信聚會上男士們將會談論他的死亡，而這能給羅伯特帶來一次處理他的情感的機會。當聚會結束，羅伯特回到家之後，她說：「這對你們每個人來說，一定都是一個很好的機會，讓大家可以一起談談柯瑞的死。」

「我們沒有提起這件事。」

「怎麼可能？」瓊安問，「去年柯瑞也有參加聚會，以往他每一年都會參加，今年他卻不在了。你們怎麼可能都不談起這件事？」

瓊安來找我諮詢，因爲她認爲，羅伯特心裡可能有些阻礙。我向她說明，也許對她而言，對人侃侃而談自己的哀慟，是一種很自然的表達方式，不過羅伯特可能是個務實的哀慟者，說不定他有他自己面對失落感的方法。我邀請瓊安試著去想像，如果身旁有個人對著她叨唸：「別難過了」、「妳傷心太久了」，她會是什麼感受？然後向她解釋，如果這些話語會干擾她自然表達哀慟的過程，那麼同樣的道理，不斷去要求羅伯特顯露自己的情感，就是不尊重羅伯特的哀悼方式。

瓊安這才明白到，她必須學習去認可羅伯特個人化的哀慟方式，比起流下一公升的眼淚，羅伯特的哀悼方式，在本質上是同樣正當合理的。

光譜的兩端：極度公開與極度私密

席夢（Simone）的職業是專門爲某個晚間電視節目安排上通告的名人或藝人。她是業內最頂尖的好手之一，總是詳細掌握明星的各種新作動態，或是某某醜聞即將爆發之類的各線消息。她的工作就是在藝人或名流人氣最旺的時候敲到他們來上通告。

圈子裡每個人都認識席夢，但是除了她已婚、有一個孩子已經成年之外，極少人瞭解她的私生活。她很少談論自己的私事，向來小心翼翼地保持著公私領域之間的距離。

有一天，開會的中途，席夢的助理將她拉到會議室外，去接一通緊急電話。電話是席夢的女兒打來的，說席夢的丈夫剛才因爲心臟病發過世。

「我能怎麼幫妳？」席夢的助理問她：「我應該跟其他人怎麼說？」

「就告訴他們我的丈夫剛剛走了，我會請假兩個星期。這樣就好。」

兩週後，席夢重返工作崗位，迎接她的是滿滿的慰問訊息和鮮花。她優雅地收下所有的弔唁，不過當同事們問起事情的細節時，她會表示自己寧可不談，只是擺出一副「趕緊回去工作吧」的態度。可是六個月後，她卻遞出了辭呈。雖然說她的主管知道有其他電視台正力邀她跳槽，但其實，席夢辭職的理由要比這個更加複雜。

沒有人知道席夢的丈夫患有躁鬱症。她花了好幾年的心力努力維持丈夫的健康，讓他定期就醫服藥，用盡一切積極的手段幫助他。由於社會對於躁鬱症患者充滿污名化的眼光，所以席夢向來不喜歡談論丈夫的情況，加上天生謹慎保守的性格，更是強化了她保護丈夫隱私的渴望。她用工作來逃避家中困難的局面，只要一頭栽進工作裡，她就可以不去想丈夫的問題。只是丈夫死後，她發現自己沒有辦法繼續用原來的方式生活下去。

我和她是在她辭職不久之後認識的。她告訴我，多年來費心照顧和保護丈夫的生活，給她留下了陰影。突然間，工作對她來說也變得沒有意義了。回想起過去那段生活，她感到社會上能夠支持她丈夫這種人的資源十分匱乏，她也想要改變自己，試著成爲一個對世界更有貢獻的人。我們聊到，也許她可以重新去上學，將來可以投入諮商或社工師的工作。但這些提議都引不起她的興趣。不過，她至少還有些財務基礎讓她可以休息一陣子，她決定運用這段時間好好思考下一步該怎麼走。

大約一年後，我接到她的來電。她邀請我到一個離她原本居住地很遠的一個城市，爲某個組織的年會演講。

「妳這段時間都在忙些什麼？」我問她。

「等我一下，」她說，「我現在在辦公室裡，先讓我把門關上。」

她告訴我，丈夫死後，她知道自己沒辦法改變過去活在無助感裡的那二十五年。不過她希望自己的下一份工作可以幫助她克服那種浪費人生的感受。最後，她在一個全國性的演講者組織裡找到一份工作。現在的她，不再是忙著敲藝人或名流的通告，而是忙著為國內精神醫學方面最重量級的專家們安排演講。「我想要為人們做點事，幫助他們解決困難，」她說，「我非常樂意獻身於精神醫學領域的工作。」

「眞是太棒了，」我說，「妳的同事們知道妳為什麼要做出這麼大的轉變嗎？」

「大衛，你又不是不瞭解我。我不會跟人談些私事的。我只跟他們說了，我想要換換環境，就從洛杉磯搬走了。」

一貫的席夢風範——什麼事都保密到家。話雖如此，嚴密地保持隱私，並不代表她的哀慟就不深刻。也不妨礙她去採取行動，做一些有意義的事，來紀念他的丈夫。

而在光譜的另一端，哀慟可能是非常開誠布公的。某天我的電話響起，話筒另一端傳來一個女性的聲音：「副總統拜登想要與您談話。」轉接音響完後，我聽到副總統本人的聲音：「嗨，大衛，我是喬。我想要向你的文章表達謝意。」

喬．拜登（Joe Biden）不是第一次面對喪親之痛了。多年前，他首度當選參議員，在即將就職前不久，一場車禍帶走了他的妻子內莉亞（Neilia）和女兒奈歐蜜（Naomi）。而且在他到任之後兩天，他就必須處理一場大規模槍擊案。沒錯，就是我小時候遇到的那一場槍擊案。我們簡短地聊到，我們的生命和哀慟是如何在那許多年前巧合地交織在一起。不過拜登副總統打來這通電話的目的，主要想談到的是更近期的一件憾事——前不久，他的兒子博（Beau）因為腦癌過世了。

我對他說，他面對兒子去世的方式很令人敬佩。他總是很坦率又感性地談論自己的感受，甚至數次在公眾面前落淚。有一次他在電視上接受歐普拉（Oprah Winfrey）訪問時，他描述了在博臨終的前一刻，他和另一個兒子杭特（Hunter）在病房裡，一起握著博的手的親密場景。

如果說席夢一貫的風格是將感受保留給自己，那麼拜登的風格就是將它們攤開在群眾面前。不過就算在博死後，拜登已十分動人地在一些場合上流露過自己的情感，但這種重感情的性格，也為當時的他帶來了一些挑戰。「身為副總統，」他對我說，「一部份的工作就是去參加喪禮、演說悼詞，扮演好一個代表政府的角色。」在他的兒子過世之後，他依然持續著這份工作。他甚至在博過世後不到一個月，就有力氣前去南卡羅萊納州的查爾斯頓市（Charleston），慰問伊曼紐非裔衛理公會教堂（Emmanuel African Methodist Episcopal Church）大規模槍擊案的倖存者。他在自傳《老爸，答應我：痛苦、堅強和充滿希望的一年》（*Promise Me Dad, A Year of Hope, Hardship and Purpose*）中寫道：「向他人獻上我的慰問，總是能讓我感到好過一些，而當時的我饑渴地希望能讓自己感覺好一點。」可是在那天的電話裡，他告訴我，自己深陷在哀慟裡，現在的他覺得要繼續去參加別人的喪禮，已經變成了一件困難的事。這些場合經常一再把他推回自己的失落感中。

我對他說，我能想像這種處境有多麼艱難，不過我試著讓他知道，他自己兒子的死，會讓他對別人的痛苦變得格外敏感。而展現出感同身受的表現，他也會讓對方知道他們的痛苦很重要。此外，這也可能會成爲他爲兒子的死找到意義的方法之一。但願我的話對他有幫助，正如同他自己經常對哀慟的人說的那句話：「總有一天，當回憶翩然降臨時，它會在讓你的雙眼濡濕之前，先令你的嘴唇綻放出微笑。」事情就是如此。痛苦先至，意義隨後才到。

另外一位在公眾面前遭遇喪親之痛的人物，相當刻意地選擇了一種非常公開的方式，讓世人目睹她的遭遇。一九六三年，當甘迺迪總統在達拉斯遇刺時，他的夫人賈桂琳·甘迺迪（Jacqueline Kennedy），拒絕換下沾上了總統腦漿和血跡的粉紅色套裝。「讓那些人看清楚自己做了什麼事。」她這麼說。她不希望這份暴力轉眼就被抹除。她要自己恐怖的遭遇完整地被看見。讓自己的哀慟被見證，才能夠讓失去變得具有眞實性。

失去丈夫的賈桂琳·甘迺迪、失去兒子的拜登副總統，都是原本就具有公眾人物身份的人。然而對於大部份的其他人，則多是由於自己喪親的悲劇才進入了公眾的目光。曼哈頓一對年輕夫妻的情況就是如此。傑森·葛林（Jayson）和史黛西·葛林（Stacy Greene），他們倆曾經一起到麻州的史塔克布里吉鎮上（Stockbrige）的克里帕盧靜修中心（Kripalu Retreat Center）參加我的工作坊。某天早晨，他們兩歲的女兒葛瑞塔（Greta）和祖母一起坐在上西城的一張長凳上，突然間，一片石磚從八層樓高落下來，擊中了葛瑞塔。葛瑞塔緊急被送往醫院，馬上接受了腦部手術，但是她再也沒有醒來，就這麼離開人世。

當地媒體報導了這個事件，消息很快傳開，接著也登上了《紐約時報》，還有許多其他的新聞媒體。《紐約每日新聞日報》從葛瑞塔媽媽的 Facebook 頁面下載了一張照片，刊登在他們的頭版。一夕之間，葛瑞塔的雙親成爲家喻戶曉的人物，無論他們走到哪裡，總是會有許多好意的陌生人跟他們交談、安慰他們，或是問他們問題。對於正身處在哀慟迷霧中的傑森和史黛西來說，其實這些陌生人的舉動，讓他們覺得倍受打擾。他們根本都還沒有回過神來，這麼多的關注令他們難以招架，彷彿全世界的人都在盯著他們的哀慟。

工作坊期間，我請學員朗讀我在前一晚交代他們書寫的家書。坐在後排的傑森怯怯地舉起手。他用顫抖的聲音朗讀出寫給女兒的信，整個教室裡的人們都被他們的故事觸動了。我知道每個人都產生了共鳴。我邀請傑森和史黛西來到教室前方，讓他們知道他們可以將心中所有的負面感受都表達出來。我說：「對於失去孩子的夫妻來說，如果你們對幸福美滿的家庭感到嫉妒，其實是一種常見的情況。在哀慟中感到憤怒，也是正常的。這無可避免，也是人之常情。在哀慟的演進歷程中，憤怒本身就是其中一個階段。盡情釋放吧。」

爲了鼓勵他們夫妻倆，我盡可能地把他們的故事當成我自己的故事，然後開始捶打事先準備在教室裡讓學員們釋放憤怒用的抱枕。此刻，他們的痛苦被釋放到教室這個空間裡了。我替他們尖叫，讓他們看見，因爲他們女兒的死，我有多麼生氣和難過。看著我在全班同學面前如此激動，他們有些震驚，但這番情景最終讓他們感受到了，讓自己的情緒爆發出來，是被允許的。傑森開始讓自己內在的憤怒浮現，我陪著他一起。我知道自己只是觸發他的催化劑。

「我痛恨快樂的家庭！」

他的拳頭捶打在抱枕上時，整個房間都隨之震動。史黛西站在傑森背後看著他，握緊了雙拳。但是她不知所措。我幾乎沒有意識到自己與她的哀慟和憤怒的連結，我轉向她，像是一個教練在一場重要比賽的最後關頭般喊話：「史黛西，讓妳生氣的是什麼？」

我看得出她感覺得到憤怒，但同時也在壓抑著它。

「我不知道。」她說。

「我們是生活在什麼世界啊。」我對上帝和整個教室的人喊道，「竟然讓妳的女兒就這樣死掉？」

傑森轉向我，擺出丈夫保護妻子和她的傷心的語氣，說：「不要對她大聲。」

史黛西說：「那棟大樓是養老院，現在，只要經過那裡，我就覺得……只要經過那些老人，我心裡就覺得不舒服。」她深吸一口氣。「我看到他們就覺得生氣，但是我又能怎麼樣？走過去然後說：『我討厭老人』這樣嗎？」

「當然啊！」我說，「這裡的每個人都知道那句話是什麼意思，也知道妳不是真的討厭老人。妳恨的是他們可以活那麼大把的時間。妳恨的是他們擁有完整的生命，而葛瑞塔卻只有短短的兩年。」

史黛西露出爲難的表情，看上去她還是覺得很難說出口，尤其是教室裡還坐著幾個頭髮都白了的同學。我環視整個教室，然後說：「好，現在我們全班一起說，一……二……三：**我討厭老人**！」

班上學員都非常認眞看待她的憤怒，不把它視爲某種對個人的冒犯，而是明白這是對於時間的不公平而產生的不滿。

我們感受它，釋放它，然後從中得到自由。這是一次深刻的體驗，不只是對他們夫妻倆而言。它感染了整個教室裡見證了這份哀慟的成員。我知道這會是他們療癒的起點。

幾個月後，傑森打電話給我：「我不知道你還記不記得我。」

我告訴他，我永遠不會忘記他和葛瑞塔，我竟然還記得他們，讓他覺得很感動。他說，參加我的工作坊那個週末，對他們來說是個轉捩點。在那之前，他們一直有種被悲劇選中的孤絕感。然而有機會和許多同樣承受痛苦和失落打擊的人們共處一室，讓他們不再覺得自己那麼像是個受害者。我想這就是這樣的工作坊想要實現的目的之一吧——讓受苦的人們有機會見證和反照彼此的痛苦。

共同哀悼

喪禮和告別式很重要。當他人聆聽、看見，並且認可我們的哀慟時，會帶來某些深遠的作用。追思的儀式是我們向外界表達哀慟的方式。反過來說，如果哀慟一直沒有被看見，就會產生某些問題。這就是爲什麼我會認爲，當有人決定不辦喪禮時，他們其實錯過了某種很重要的東西。喪禮讓人們有機會以家人、共同體的形式團聚在一起，一起見證哀慟。喪禮是關於死亡最爲人所熟知的儀式，這種儀式爲逝者的生命經驗創造出意義，也爲我們的哀慟經驗創造出意義。

人們會在告別式上談論逝者對他們而言的意義。方式可能是令人黯然神傷的悼詞，或是一個搞笑的故事。它會伴隨著笑聲，或是眼淚——或者兩者皆具。無論形式如何，講述一些逝者生前的故事，可以幫助追思的人們更容易接受逝者已矣的現實，也能支持人們穿越哀慟的歷程。我們需要從他人的口中聽聞一些故事，好讓我們得到不同的視角，而我們自己本身，也有著訴說故事的渴望。

查爾斯・史賓賽（Charles Spencer）當著前來爲黛安娜王妃致哀的賓客們面前，朗讀了他爲姊姊所寫的悼詞：「今天是一個像妳致謝的機會，謝謝妳爲我們的生命帶來了光亮，儘管上帝只給了妳一半的生命。祂那麼早就把妳帶走，讓我們永遠留下了受騙的感覺，但同時，我們也必須學會心存感激，謝謝祂曾經把妳帶來我們身邊。只有在妳已經離去了的今天，我們才眞正學會欣賞，我們已然失去的事物，希望妳知道，沒有妳的生活，非常、非常難熬。」

這便是療癒——以及創造意義的起點。

我們往往認爲，不告訴孩子實情，就能避免讓他們感到痛苦。事實卻是截然相反。孩童就和我們成年人一樣，會因爲失去心愛的人而痛苦，然而，粉飾太平並不會對他們有幫助。參加喪禮會帶來幫助，因爲他們的痛苦也需要被看見，他們也需要感受到自己的哀慟，在周遭的人的情感中得到反照。

當我需要對孩童解釋什麼是喪禮時，我會採取類似這樣的說法：「你記得去年去爺爺家參加慶生會的事嗎？大家會一起唱：『祝你生日快樂。』這是對爺爺說我愛你的方法。現在爺爺過世了，我們會爲他舉辦一場喪禮，讓大家有個最後的機會齊聚一堂，跟他說聲再見。再見是另外一種對爺爺說我愛你的方法。」

喪禮是見證哀慟的重要儀式，畢竟在喪禮之後，我們的餘生裡，多半只能獨自面對哀慟。喪禮是我們集體正式追思的最後機會。在喪禮上，一種最廣爲流傳的說法是，死者不會想要看到我們因爲他而難過的。但我總是想，如果我們在喪禮上不能感到傷心，那什麼時候才可以傷心？喪禮的設計，不就是透過音樂、故事、詩歌和祈禱這些形式，來讓眾人集體見證彼此的哀慟嗎？

人們常常問我：「告別式和歡送會（a celebration of life），哪一種比較好？」（譯註：Celebrations-of-life 是美國近年來因爲社會風氣轉變而出現的一種較新型態的喪禮，形式上免除傳統喪禮的一些特定儀節，改採比較活潑的形式，專注在讓參加的親友們一起回憶逝者生前的成就、趣事，慶祝這個人獨特的存在，是一種比較彈性的儀式，目前中文世界尚未有固定的中文譯法。）我的回答是：沒有哪一種是比較好的。它們都是有助於我們見證哀慟的方法。在告別式上，我們紀念死者的一生，也見證失去死者的哀傷。而歡送會則是明確地把焦點放在讚頌死者生前對我們而言的意義。我總是會提醒人們，就算你參加的是歡送會，你還是可以哭。

六歲的艾倫（Ellen）和她的大姑姑露絲（Ruth）感情特別要好，兩人幾乎形影不離。在露絲診斷出腦癌之後，她被送往安養機構調養。艾倫非常思念她，老是不斷問著姑姑在哪裡。媽媽告訴艾倫：「她在別的地方休息。」

每天放學回家之後，艾倫就一定要再問一次媽媽。媽媽總是回答：「很快就回來了。」

幾個星期之後，媽媽告訴艾倫，露絲姑姑過世了。艾倫爬到媽媽的大腿上哭了起來，可是沒多久之後，媽媽就站起來，回到樓上的房間裡，關上了房門。喪禮到來的那天，艾倫的爸媽要出門去給露絲送行。哭泣的艾倫哀求著讓她一起去，爸媽卻對她說，喪禮是給大人參加的。

演講的時候，我常會問台下的聽眾們：「艾倫的爸媽該不該帶她一起去喪禮？」無論是在小型團體，或大型的演講，人們總是一致給出肯定的答覆！

接著我會問：「你們之中有哪些人，是因為大人帶你去參加喪禮，結果心裡留下了問題或創傷的？」偶爾，課堂上會有一、兩個人舉起手。我繼續往下問：「那麼，你們之中有多少人，是因為大人不准你去參加喪禮，結果造成了問題或創傷的？」教室裡大約百分之十五的人會舉起手。

我們以為跳過痛苦是為孩子好，但事實並非如此。孩童跟大人沒有什麼兩樣，他們的痛苦也需要被看見，喪禮對他們而言同等重要。當我還小的時候和家人出去，有時候會因為開到了靈車後面而不得不跟著減速慢行的情況。那時我們都很習慣看到這種黑色廂型車出入醫院或家屬的住家，接送遺體。如今，黑色的靈車只會用在教堂和墓地之間的這一小段路上。死亡成為了一件消毒過的事物，死者的軀體承裝在沒有標誌的白色廂型車裡，在城市裡移動。下回如果你在街上看到沒有窗戶的白色廂型車，很有可能那就是一輛靈車。

很多人曾經對我說，他們受困在哀慟裡，無法自拔。早年，我們只有傳統喪禮和土葬儀式。那時候選擇不多。現在有了火葬，我們因此多了不少其他的選擇。我們可以個人化自己下葬的方式，也可以選擇喪禮的日期和做法。我們不只可以選擇延遲火化儀式，還可以選擇延遲下葬的儀式。這些新出現的選擇，也讓我們拖延的機率增加了。

我常常會問人們打算怎麼舉辦親友的告別式或歡送會。但是，我越來越常從那些卡在哀慟中走不出來的人得到這樣的答案：「我們沒有辦。那太不實際了。」或是他們會說：「大家都很忙。我們打算等六個月之後再辦，讓大家有時間安排。」或是：「現在已經拖了太久了」或是：「前一個都還沒辦，就又有別的家人過世了。」

當有人卡在自己的哀慟中困苦掙扎時，要是我問到他們要怎麼處理家人的骨灰，得到的答覆往往是，現在暫時擱在衣櫃裡，等他們決定好怎麼處理時再說。

藉由儀式來紀念離世的親友，不該只是務實的、簡便的、或是時機完美的。心愛的人甫去逝的時刻，是哀慟最容易被觸及的時刻，也是最需要被看見的時刻。當然哀慟並沒有所謂的終點或圓滿完結的一刻，但是一場告別的儀式，就像是一片書擋，標誌了生命最後一個篇章已經完結。如果沒有一個這樣的儀式來作爲親友死亡的標誌，那死亡似乎就會變得沒完沒了，綿延不盡。

服喪的期間，我們都會需要一種共同體的感受，畢竟沒有人該是哀慟的孤島。真相是，療癒是發生在群體的連結裡的。對於一個哀慟的人來說，你能夠送給他的最大禮物，就是陪他聊聊過世的愛人，然後眞心地聆聽。當我們的哀慟透過另一個人的雙眼映照出來時，我們會知道，自己的哀慟是有其意義的。在這個片刻，也許是慟失親友以來的第一次，我們得到了一個靈光乍現的瞬間，看見自己將會從哀慟中存活下來，而未來，依然是具有可能性的。

第三章

死亡的意義

「若是缺少了受苦與死亡，人類的生命是不完整的。」

——維克多・法蘭可（Viktor Frankl）

要談論哀慟，就不能不談論造成哀慟的事物：死亡。爲什麼要在一本以哀慟爲主題的書裡談論死亡？那是因爲**死亡形塑了哀慟**。假如我們的親友是以一種我們認爲有意義的方式離世，那麼失去他的哀慟就有可能顯得不那麼折磨人。如果是比較複雜麻煩的死亡方式，那麼也會帶來比較複雜的哀慟。在親友離世的過程中，透過努力，我們可以爲他也爲自己帶來更多意義。當然，某些死亡無可避免地要比其他的死亡來得更複雜，比方說自殺、夭折、突發性的死亡、某個我們深愛卻疏遠的人的死亡等等。

在我的哀慟工作坊上，我們經常會做的一個練習是，請學員們回溯親友的死，以及他臨死前的那段時間。這個人非死不可嗎？這場死亡能夠被避免嗎？我能夠阻止它發生嗎？還是有別人能夠阻止它發生嗎？他死去時體驗到的過程是怎麼樣的？當時我是否能做些什麼，好讓整個過程平順一點？死亡和臨終的意義到底是什麼？

貝蒂（Betty）是安妮（Annie）最要好的朋友，她在四十多歲的時候罹患了癌症。貝蒂有一位疼愛她的丈夫和兩個小孩。他們決心採取積極的治療方式，所以接下來幾年間，貝蒂接受了一連串化療和放射線治療的療程，以延緩癌症的進展。貝蒂和丈夫都感覺到，一起面對這些挑戰，加深了兩人的的關係，也增進了全家人對彼此的感激。時不時地會突然有某些片刻，貝蒂心中會湧現一股特別的感動，令她蹲下身子親吻孩子，告訴孩子她有多麼感激自己能擁有他們。

然而貝蒂的朋友安妮卻一點都不能感同身受貝蒂體驗到的美好。她會重複不斷地抱怨，貝蒂得到癌症是多麼糟糕、多麼不公平的一件事。「真的是太淒慘了，」她會這麼對貝蒂說，「妳的時間都被醫生和化療和癌症病友團體佔滿了。」

貝蒂的反應是：「是沒錯，可是我在病友團體裡面遇到了很多很棒的人。現在我也很珍惜跟先生和孩子們一起共渡的時光，如果不是意識到自己也許活不長了，我可能不會這樣和他們相處。」

「但是妳一天到晚都這麼病懨懨的。」安妮說。

貝蒂牽起她的手：「可是我也每一天都覺得自己很被愛啊。」

同樣一個故事，不同的兩個人，可能會賦予完全不同的意義，上述就是一個實例。當然這不是說貝蒂就很享受化療或癌症。她說當身體疼起來的時候，那種痛是撕心裂肺的，而且想到死亡、還有要離開丈夫孩子這些念頭時，感覺非常糟糕。然而貝蒂覺得自己和家人共處的時光變得非常有意義。她也很享受在病友支持團體裡結交到的新朋友。她說：「這些人是我認識過的最勇敢的一群人。」

安妮一心只覺得好友生病是一件不公平的事。她有一個觀點是，壞事不應該發生在好人身上，除此之外，她完全無法用任何其他視角來看待貝蒂的遭遇。她成長的方式與她過往面對失去親友的經歷，也許形塑了她看待生命和疾病的看法。

透過故事創造意義

我常常告訴學員：關於哀慟這件事，**痛苦**（pain）**是無可避免的，但受苦**（suffering）**只是一種選擇**。我會在課堂上刻意提出這兩者的區隔，是由於大多數的人都認爲，痛苦與受苦是可以互相取代的同義詞。它們不是同義詞。痛苦純粹是指心愛的人死去時我們會有的情緒感受。這份痛苦是愛的一部份。受苦則是我們的頭腦圍繞著這份損失產生的雜音，是出於它無法接受死亡的隨機性而製造出來的虛假故事。死亡怎麼能就這樣發生呢？一定要有個理由，一定要找出某個錯誤。頭腦搜尋著可以怪罪的對象，可能是怪罪我們自己，也可能是怪罪別人。一定是因爲護理師給他打了止痛的嗎啡，我心愛的人才會死去，不是因爲癌症。一定是因爲我們把他放到了安養院，他才會死去，不是因爲他已經走到了疾病的末期。

我們把親人的死怪罪在他人頭上，而不是怪罪在一個已經糾纏了她兩年的疾病上。這些由我們自己編寫出來的故事版本——我們用來說服自己的說法——也許會幫助我們療癒，但也有可能讓我們困在受苦的泥濘之中。

就某種意義上來說，故事是意義的**開始**，也是**結束**。說故事是人類一種很原始的需求。當我們為親友的死亡說出了自己版本的故事，是意義的開始。每個人的內在都積攢著許多故事，用來說明我是誰、我如何思考、我的夢想是什麼、恐懼是什麼、家人對我而言的意義是什麼，以及我擁有哪些成就。

擁有這些可供訴說的故事，是身而為人的一部份。我們隨時都在對家人說故事、對朋友說故事，也對陌生人說故事。然而，我們也會對自己說故事，而當我們這麼做的時候，我們的敘事方法就具備了改變我們感受的力量。在我的工作坊和僻靜營上，我經常會請參加的學員書寫他們親友的死亡。這個練習的靈感一部份得之於德州大學的社會心理學家詹姆斯·彭尼貝克（James Pennebaker）。他知道遭遇過創傷經驗的人比起沒有類似經驗的人，通常更消沉、情緒較不穩定，並且不令他意外的是，這類人死於癌症或心臟病的機率也比較高。令他比較意外的一點是，將創傷當成祕密隱藏起來的人，比起曾經向人談論過創傷的人，死亡率要高上許多。這令他開始思考，如果人們可以把祕密說出來，是否能夠促進健康？最後他發現，人們甚至不需要把祕密告訴別人，只要把祕密寫下來，就能夠得到正面的效應。他的研究結果顯示，他們去看醫生的頻率變少、血壓降低，心律表現也更好（更慢），同時也更少感到焦慮或憂鬱。

書寫具有療癒效果，表現在三個方面：

(1) **檢視成因與後果**：他們的陳述中會更常出現「瞭解」、「體悟」、「由於」、「處理和面對」這類的詞彙。

(2) **轉換視角**：陳述句的主詞會從「我」，轉換成「他」或「她」。他們跳脫了自己主觀的視角，開始採取他人的角度看事情。

(3) **在創傷經驗裡找到某種正面的意義**：這個意義並不會抵銷「壞事」，但他們認知到，就算是最糟糕的事件，也能從中找到點正面的東西。

我可以從個人的親身經歷來證明書寫確實很有幫助。我常常在演講和工作坊裡提到，我就是運用了說故事這個方法，帶著自己慢慢走出了失去母親的哀慟。由於許多懸而未決的憤怒和傷痛夾纏不清地混入我的哀慟之中，她的死亡給我造成的痛苦持續了非常多年。我把母親死亡的故事重複地述說了非常多次，結果卻只是不斷地增強我屹立不搖的受害感。最終，我決定將它寫下來，但是改用故事中另外兩個核心角色的視角來書寫——那兩個核心角色，便是我的父母。

一開始我用父親的角度來寫。長時間以來，我一直對他沒有好好照顧我的哀傷而對他抱有強烈的批判。母親過世不久後的一天深夜，我離開床鋪，走進爸爸的房間。「爸，」我問：「你覺得媽媽還存在嗎？她會不會還在我們身邊？」

「很晚了，」他說，「快回去睡。」

我不知道該怎麼看待他這種反應。可能他不像我這麼傷心。可能他根本沒有愛過媽媽。也有可能我根本問錯問題了。我不能理解爲什麼爸爸不跟我聊媽媽的事。不過我們以前也從來沒有聊過。所以，我被孤伶伶地遺留在哀慟裡。如今我瞭解到父親不是一個擅長在情感的世界裡活動的人。我從來沒有聽過他談論自己的、或任何別人的哀慟。他擅長的是解決問題，永遠都在思考下一步該怎麼做。然而哀慟這檔事，在他眼中不是一個值得關注的問題。

多年後，當我決定用他的視角寫故事，我才第一次嘗試從他的角度去想像，失去妻子，突然變成帶著十三歲兒子的單親爸爸，對他而言是一種什麼樣的經驗。以前所有家事都是媽媽一手包辦，爸爸則是我們的經濟支柱。現在他除了原本的工作外，還多了一個全新的角色。可以想見這對他而言必定是個十分沉重的局面。我想像他帶著深深的哀慟，工作忙了一整天之後，睡到半夜還要被自己的兒子叫醒，問一堆他不知道該如何回答的假設性問題。這讓我對他產生了同情，而不再是譴責。

接著我用母親的視角來書寫。她大半輩子都花在進出醫院，經常住進加護病房。爸媽很少告訴我實際的情況，我對她去住院的印象就像是她偶爾會離家幾天。從我的角度來看，差不多就像是媽媽因為工作出差去了那樣。而現在，我能夠想像的只有那肯定是一件很沉重的經驗。我以前從未想過，如果從她的角度看，那是多麼可怕的一件事。

每次她回家後，我都沒有過問她去了哪裡，她也不會主動提起。當她知道自己即將死去、即將要與丈夫和孩子分離時，對她來說會是什麼樣的感受？我這才明白，她勢必承受了極大的痛苦。透過轉換視角，我才第一次認知到，我的母親並沒有拋棄我。母親過世了，但是「被母親拋棄」是我兒時的頭腦所做出的詮釋。這個我說給自己聽的故事成為了一座牢籠，囚禁了我許多年。當我以父母的角度重新敘述這則故事之後，我才體認到，母親的疾病和死亡，對他們來說有多麼艱難，而他們對我的愛，有多麼深切，他們費了許多力氣保護我，避免我傷心。這讓我感到自由。也對他們深深感激。

我們用來描述經驗的文字是很有力量的。在女兒葛瑞塔過世後，曾經帶著妻子史黛西一起來參加我工作坊的傑森，後來寫了一本回憶錄《在沒有你的星球，學會呼吸》（*Once More We Saw Stars*）。他在書中寫下慟失愛女的遭遇，與隨後他們如何走向療癒的旅程。書出版之後他打電話給我，告訴我這個消息，還告訴我史黛西在工作坊結束之後不久又懷孕了，最近剛剛生下兒子。我告訴他，寫下一本書和生下一個寶寶，這兩件事聽起來都是在悲劇發生之後，找到意義的好方法。他認同了我的說法。

在一篇訪問中他曾經解釋：「我是一個文字型的人。文字是我用來處理一切事物的工具。寫作是一條途徑，讓我不被哀慟蒙蔽，並且幫助我跟葛瑞塔保持連結……我誠心相信是寫作讓我繼續活了下來。」

他相信，是透過寫作所發掘到的意義，幫助了他走出困境。「葛瑞塔已經過世了，」他說，「但是她依然與我們同在。我希望這本書能給人們帶來對生命的肯定和希望，因為我活著，才能寫出這本書。我認為這一點很重要。」

傑森的書將會是他用來紀念女兒的方法，這也將會為他的兒子留下一個典範。此外，它還會為那些慟失親友的人們提供安慰，讓他們知道，他們並不孤單，他們終究也會為自己的受苦找到意義。

「死神，你莫驕傲……」

「死神，你莫驕傲」是十七世紀詩人鄧約翰（John Donne）的十四行詩名作開頭第一句。幾世紀以來，這個句子常常被用來安慰喪親者，因爲它傳達了死亡不過是抵達永生的一個入口這樣的旨意。這種觀點，允許我們不把死亡看成某種戰勝我們的東西。不過，我們不必需要相信有來世，也不必給死亡重新下定義，也能把死亡看成是一個通往意義的入口。

在我寫作第一本書《臨終者的需求》（*The Needs of the Dying*）時，學到最重要的功課是，我們看待死亡的角度，反映了我們看待生命的角度。倘若死亡只是一個終將擊敗我們的敵人，是大自然用以戰勝我們的可怕伎倆，那麼，我們的生命便會顯得毫無意義。我們用來形容死亡的詞彙，太常地強化了這種觀點。在現代社會中，死亡常常被說成是一種失敗，彷彿我們有選擇的餘地，只要努力反抗就能擊退它——偏偏事實是，每個人的死亡機率都是百分之百。醫師不能在死亡證明書上寫下「年邁」作爲死亡的原因。一定得要有個什麼理由，而不幸地的是，這個理由都會被定義成某種「失敗」（failure）。一位活了一百歲的耆老，度過了豐富圓滿的一生，某個夜晚入睡之後就沒有再醒來，在死亡證明書上也必須註記成「心臟**衰竭**」（cardiac failure）或「呼吸器官**衰竭**」（respiratory failure）。

疾病也被視爲一種「失敗」。在生病的時候，我們大多不是韓森太太（Mrs. Hanson），可以在車禍帶走老公之後去上了夜間大學、自己做起生意，還獨力養大三個小孩，最後把他們都送進大學裡。相反的，我們只是某個「腎臟衰竭」的人，或是「三〇二房裡心臟衰竭的病人」。

失敗主義的氛圍——以及語言——瀰漫在我們人生的最終章。看看我們在訃聞裡是如何談論和書寫死亡的：**她屈服於疾病的腳下。他不敵癌症的摧折。或是，爸爸沒有成功熬過來。**

顯然地，無論我們活著的時候人生多麼美好，最後還是註定會以失敗收場。但其實我們不是一定要用這樣的觀點來理解生命或死亡。

主演電視劇《護士當家》（*Nurse Jackie*）、以及在《黑道家族》（*The Sopranos*）中飾演卡梅拉（Carmela）的女影星艾迪．法柯（Edie Falco），曾經在一篇報導中談及自己罹患乳癌的經歷。記者在報導中對她說：「所以妳贏了！妳戰勝了癌症。」

她回答：「我不是贏了。我只是非常幸運。我得的是可以被治癒的乳癌。不是每個人的癌症都可以被治癒。我也不想展現出一副贏家的樣子，因為這樣就表示有人是輸家，但事實上我們都在為同樣的事情奮鬥。」

她對於人生的終局既沒有輸家也沒有贏家的洞見，啓發了我的思考。我在洛杉磯加州大學（UCLA）與癌友支持社團（the Cancer Support Community）裡都有開設一堂為癌症病友團體設計的課程，叫作「衣櫃裡的妖怪」（Bogey Man in the Closet），我們用它來處理對於癌症復發的恐懼，而那事實上是對於死亡的恐懼。「衣櫃裡的妖怪」這名字的靈感來自於爸媽們對付孩子房間衣櫃裡的妖怪的作法。他們會點亮電燈、把衣櫃們打開，讓孩子看清楚裡面根本沒有什麼可怕的東西。恐懼只是頭腦的想像。我用這個方法讓病友團體裡的人看見這件事。我會提醒他們，恐懼不能阻止死亡來臨，但是它會阻止我們享受生命，而這是不必要的。假如我們允許自己帶著對死亡的覺知去生活，會更加地豐富我們的生命，因爲死亡能讓我們意識到，生命有多麼可貴。我們出生，成長，茁壯，等時候到了，我們就死去，不避諱地面對這個現實，我們就能從一個有意義的基礎上去生活，也會以一種有意義的方式步向死亡。

往往，當家屬從醫生口中聽到親友病危的消息時，他們會向醫生哀求：「你不能讓他們死掉。他們不可以死。」但同樣地，我們也看到，如果家屬問的是另一個問題：「我們可以做些什麼讓他最後剩下的這點時間過得最有意義？」那他們就是在問一個，可以讓親友的臨終過程走得更順利、他們自己也能得到更好的哀慟經驗的問題。

我們總是想要忽視死亡，忘掉它，或是否認它。但它終究會找上門來。無論我們想不想要，這項改變遲早會發生。假如我們接受死亡無可迴避這個面向，迎面而上，將能爲生命帶來新的意義。

我看過一齣桑頓．懷爾德（Thornton Wilder）的舞台劇作品《小城風光》（*Our Town*），在劇中，由海倫．杭特（Helen Hunt）飾演的愛蜜莉（Emily）因爲難產死去，死後的她被允許回到她生前生活的地方，但只能停留一天。本來她想選擇生命中最重要的一天，例如結婚典禮那天，但是別的亡魂勸告她：「選一個最不重要的日子吧，那也夠重要的了。」最後她選了十二歲生日那天，那是在她平凡無奇的小鎮上，與她平凡無奇的家人們一起度過的平凡無奇的一天——唯一特別的地方是，當她自死亡中重新回到那一天之後，她才明白到，所有一切都是非凡無比的。即便是地球上最不起眼的一個日子，都美得如此無與倫比，她深受震撼地說道：「生命消逝得太快了。我們甚至沒有時間好好看看彼此……我以前都沒有意識到。有那麼多美妙的事情在發生著，我們卻從來不曾察覺。」

意識到自己所丟失的一切之後，愛蜜莉極度苦惱，決定提早結束這曾經被她視爲理所當然的一天，回到墳墓裡。離開之前，她回頭望了最後一眼：「再見，再見，世界。再見了。再見了葛洛佛科納鎮……再見媽媽、爸爸，和媽媽的向日葵。再見食物和咖啡。再見新熨好的洋裝和熱水澡……還有上床睡覺和睡醒的時刻。噢，地球，妳太美妙了，人們卻都不瞭解妳。」接著她轉向舞台監督（譯註：是劇中的一個角色），問他，有沒有任何人是在還活著的時候就明白這一切。他回答：「沒有……也許只有聖者或詩人吧……」

當懷爾德在劇中提起詩人的智慧時，他腦中聯想到的也許是像狄倫．湯瑪士（Dylan Thomas）的〈不要如此溫馴地走進離別的夜晚〉（Do Not Go Gentle Into That Good Night）這一類的詩作（不過事實上《小城風光》比湯瑪士的詩還要早十年寫成）。當湯瑪士在詩中呼喊著：「盛怒吧，用盛怒阻擋光芒的消殞」時，我們聽見了他因爲生命必然終結而發出的哀慟嚎叫。但我們同時也聽見了一道邀請，邀我們去目睹並歡慶那每天爲我們拂曉的「光芒」。

聖者和詩人們也許都知曉該如何去欣賞平凡生活中蘊藏的禮物，大多數的人則不然。當我們和心愛之人共享的日子走到終點時，我們哀慟欲絕。我們總算學會如何欣賞那些時光時，卻已爲時太遲。儘管這教人哀傷，然若我們可以把死亡視作一道提醒，好讓我們珍惜每一個吉光片羽，那麼我們便能在新的途徑上，找到意義。

死亡彰顯生命的價值

我一個前同事珍妮佛（Jennifer），曾經收到醫師宣判的死刑，但她將它轉化成生命的邀請函。她告訴我：

一九八五那年，我二十九歲，被診斷出惡性淋巴瘤的時候，我才剛離婚不久。那時候我想，「我不知道我身體裡長了什麼東西，不過不管它是什麼，它都不能改變我是誰、我的本質、我的精神和我的靈魂。」我從來沒有問過：「爲什麼是我？」這種問題。相反地，我說：「好啊，那我們現在要做什麼？」我接受了醫生建議的療程，過程還算順利。那時候我體認到，原來我們不是永遠都有明天。

我不是特別積極進取的人，除非那是我眞的、眞的很想做的事，所以我通常不會做什麼很大的改變。原先我一直很想去讀研究所，可是一直沒有付諸行動。現在我生病了，我就對自己說：「我快死了。如果現在不做，什麼時候才做？生命是有限的，這趟旅程遲早會結束。」死亡會創造急迫感。我知道死神就在路的盡頭等我。

我檢視了自己的生命，思考著：「我眞的已經盡全力了嗎？」我腦海中想像著雲霄飛車高低起伏的畫面。我低頭看著我的人生。對我而言，意義在於，完整地走完這趟旅程。

我開始想像，這趟旅程的下一站會是什麼？我開始去圖書館查學校目錄，申請研究所。確定錄取的時候我還在接受治療，身體非常不舒服，不過距離開學還有好幾個月。而且我想，就算最後一秒逼不得已要退出，死亡會是個足堪接受的理由。只不過我沒有死。

最後我念完研究所，拿到了社工碩士學位。這件事主要的意義在於，拜我在學校受到的訓練、還有我個人的經驗所賜，我知道如何在人們經歷困境的時候陪伴他們。我不會假裝自己知道所有的解答，可是因爲我瞭解他們的感受，我確實能夠展現更多的同理心，也知道如何激起希望。在我上班的癌症機構裡，我會告訴那些陷入絕望的人們，我是癌症倖存者。通常人們的反應多半是：「妳擊敗了癌症！」我會說：「不是。我是對死亡和生命臣服了。我向整個旅程臣服了。」

珍妮佛心知肚明，即便她不能控制病情明天的發展，但有一件事她可以控制：她回應的方式。這就是珍妮佛找到意義的方式，也是維克多．法蘭可說過的，每個人都能用來找到意義的方式。

預期死亡即將來臨所創造出的急迫感，也是法拉．佛西（Farrah Fawcett）用以面對她的疾病的其中一項元素。多數人對於法拉．佛西的印象，是穿著泳裝、被印在巨幅海報上的少女偶像明星。有些人深愛她在七〇年代的電視劇《霹靂嬌娃》（*Charlie's Angels*）中所扮演的角色吉兒．夢露（Jill Monroe）。《電視指南》（*TV Guide*）雜誌將她列爲史上最偉大的五十位電視明星之一。她接著將觸角延伸向其他領域，證明了她演技上的實力，出演了舞台劇版本及電影版本的《以牙還牙》（*Extremities*），與電影《燃燒的房間》（*The Burning Bed*）。她還演出了許多其他的角色。但有一個角色，是她從未料想到自己會演出的，就是抗癌鬥士這個角色。

確診之後的她沒有去質疑：「爲什麼是我？」反而選擇了清楚表態，自己沒有打算成爲一名受害者。她不只決心克服癌症，還拍攝了一部抗癌過程的紀錄片，激勵其他人，並且成立基金會，用以幫助和她面臨類似困境的人們。她最要好的朋友愛蓮娜·史都華（Alana Stewart）協助拍攝了她接受治療的歷程。在紀錄片中，法拉說道：「就某方面來說，我幾乎慶幸自己得了癌症。現在，我能夠藉這個機會爲社會創造一點改變。」另一段裡，她提出質問：「爲什麼我們對某些種類的癌症沒有投入更多研究？爲什麼我們的醫療系統要排斥某些在其他國家已經證明有效的另類療法？」她期許她的基金會可以協助回答與這些疑惑有關的問題。

紀錄片的尾聲，法拉用這樣的方式作結。有人問她：「妳**好**嗎？」她答道：「現在的我有病在身，不過從另外一個角度來看，我還活著！所以……現在的我，很好！只要我還活著一天，我的奮鬥就會持續一天。那你呢？你好嗎？你正在爲什麼事情奮鬥？」

法拉如今已離開人世。然而她的善行將會延續下去。她在生前就很清楚地表明，她不希望自己的肖像被濫用，而是希望可以運用在具有正面意義的地方。所以她將自己的遺產和肖像權——這大概是她最具價值的資產，直到今天都還能不斷創造收益——全都留給了她的基金會。即使在她過世十年之後，她的基金會依然在爲許多關於癌症的最先進的研究、療法和預防方式提供資金。

我沒有見過法拉本人。她爲我們示範了什麼是創造意義。目前的我，在法拉佛西基金會裡志願擔任理事會成員，協助判斷如何能夠讓她的遺愛——她的資金和肖像權——可以在克服癌症的宗旨下發揮最大的效益。法拉．佛希臨走之前，她動身尋找意義，她不只找到，還具體實踐了她的意義。死後，她所找到的意義，成爲了她流傳給後世的遺產，她的夢想是幫助罹患癌症的人群，而我則在協助她完成夢想的過程中，找到我自己的意義。

什麼才叫做「有意義」？

基金會、電影，一些可以傳給後人的美好事物，這些都很有意義。不過意義也能在微小如舔一口冰淇淋聖代這樣的時刻滲進我們的生活裡。露伊絲（Lois）跟我分享了這個故事：

我的箴言就是「怎麼樣才是有意義的？」我總是問這個問題。它會指引我。我是專科護理師，工作內容是照顧腎臟和肝臟的器官移植病患。是我的爸媽讓我體會什麼是意義和死亡。每次我要出門旅行的前一晚，我都會打電話給他們。有一天晚上我和媽媽講完電話，我問她爸爸在不在旁邊。隔天就是他七十歲生日，我想提前跟他說聲生日快樂。

「他剛上床睡了。」她說。

「那沒關係。明天我到了加州再打電話。」直到現在我都還很後悔。我應該要媽媽把電話拿給他的。隔天我一下飛機，就接到弟弟的電話，通知我爸爸的死訊。平常他是個很健康活躍的人，我們都以爲他會活得更久，但是他卻一睡不醒。如果那天能和他說上幾句話，對我來說意義會很重大。可是我卻錯過了最後一次和他說話的機會。現在我都會不斷提醒自己「最有意義的地方是什麼？」

我試著不要再錯過任何向人說我愛你、或是讓他們知道他們對我而的重要性的機會。三年後，我媽媽得了癌症，直到病情嚴重到無法治療時，醫生建議，改用疼痛控制的方式來支持她，不要再積極延長她的生命。我讓她搬來跟我住。我知道這對我們兩人都將會非常有意義。她在我家接受緩和治療和安寧照護。她的床就放在我家客廳，好讓她能看得到花園，還有跟我的狗玩。

那時候還發生了另一件事，就是我得了闌尾炎，做了切除手術。這次生病把我的有薪假都用光了。各種擔憂和顧慮在我的腦袋裡攪和成一團，直到我想起要問自己這個問題：「眼前這個情況裡，最有意義的地方是什麼？」我才意識到，這是一份禮物，因爲這次休假，可以讓我整整兩個星期都陪在母親身邊。沒有人可以從我和媽媽身上拿走這份經驗。我們每天晚上都吃冰淇淋聖代當晚餐，白天的時候就大聊特聊，聊了很多其他時候不曾有機會聊到的話題。眞的是太棒了。很多人說我眞是屋漏偏逢連夜雨。我會回他們：「其實還挺不錯的，我能趁機在家陪媽媽。」

六週後，媽媽的病況惡化。某個星期天晚上九點半，她說：「我需要見妳的兄弟們。現在。」

「好，」我說。不知道她的用意是什麼。可能她知道某些我不知道的事。所以我打電話要求兄弟們都過來一趟，就算那時候已經是深夜了。我其中一個弟弟說：「妳在開玩笑嗎？」

因爲記得自己曾經錯過最後一次跟爸爸說話的機會，我不讓他們有機會拒絕我。「她說她想見你們。我覺得你不應該輕忽這個要求。照她想要的做吧。」我這樣說。

每個人都來了。我們總共八、九個人聚在一起，媽媽問我：「家裏有沒有洋芋片和沾醬？」

那是星期天晚上十點，我想，「她眞的想吃洋芋片沾醬嗎？好吧。」我下定了決心，「洋芋片沾醬就洋芋片沾醬吧。」最後我們全部的人圍在一起，吃著洋芋片和沾醬。大概五天後，媽媽就過世了。那一晚是她走之前最後一次，我們全家人團聚在一起。」

我非常喜愛露伊絲的作法。僅僅藉由「怎麼樣才是有意義的？」這樣一個問題，就改變了我們體驗即將到來的死亡的方式。正如同它改變了露依絲的生命，它也能改變許多其他人的生命。然而對太多人而言，人生的最終章並非最有趣的一個章節，也不是最重要的一個章節。我們幾乎把它視爲無意義的、「可拋棄」的一個篇章。我們用一連串有待克服的醫療問題、或是當治癒已然不可能時，仍瘋狂地尋找解藥這些事項來塞滿這最後一個篇章，卻遺忘了利用這段寶貴的時間去圓滿我們的關係、或表達愛意。我們不知道如何守望親友平靜地走向落幕。我們需要捫心自問：該做些什麼，才能讓這最後一頁變得有意義？

法蘭（Fran）的媽媽非常嚴肅拘謹。她從不輕易流露情感。長大成人之後，法蘭告訴媽媽：「媽，我愛妳。我們從來不把這句話說出口，不過我希望妳知道我愛妳。」媽媽一臉困惑地望著法蘭。法蘭說：「難道妳不會也想對我說聲『我也愛妳』嗎？」

「噢，親愛的，何必搞這一套。我們是母女。我們當然愛彼此啊。」

許多年後，法蘭的媽媽九十六歲，住在法蘭家，由看護照顧。有天晚上法蘭坐在病榻一旁，那時媽媽的意識時而清楚時而模糊。看護對法蘭說：「我猜她會喜歡妳幫她按摩按摩手腳的。」

法蘭說：「不，妳不瞭解我媽。我連擁抱她都不行。」

看護說：「人們往往會在臨終前改變看法。在生命的開端和盡頭，我們都需要額外的一點溫柔。」

法蘭怔了半晌，聽進了這句話。她輕輕地把手伸向媽媽，開始輕撫她的手。令人驚訝的是，媽媽臉上浮現了一抹多年未見的甜美微笑。她繼續溫柔地摩挲著媽媽的手，一邊轉向看護：「我的天哪！她以前從來不許我對她做這類的事。能夠摸摸她感覺眞的很好。」

媽媽過世之後，法蘭告訴我，在床邊幫媽媽按摩的那些時光，是她們倆多年來一起共度的最有意義的時光。有時候，我們可以在最微小的事物上，意想不到地找到意義。

有些時候的情況是，當親友死亡的時刻，我們無法在場。布蘭達（Brenda）的丈夫外派到伊拉克，所以她在朋友和鄰居的協助下，一個人照顧三歲的女兒珍妮（Jenny）。從事顧問工作的她可以在家工作。

布蘭達需要進市區裡幾個小時，去見一位客戶。她把珍妮託給一個經常當保姆的鄰居。鄰居在鋤草的時候，珍妮就在她身邊不遠處自己玩球。一輛車經過，駕駛剛好癲癇發作，失控地闖進前院，撞倒珍妮，珍妮的身體彈飛到街上。附近巡邏的警察馬上開過來，在馬路中央阻止了這輛車，並且保護珍妮不再次被車撞到。通報完救護車之後，警察抱起珍妮，將她抱在懷裡。就在救護人員趕到的那一刻，珍妮停止了呼吸。他們從警察手中接過珍妮，開始緊急搶救。

醫院急忙地想要找到珍妮的媽媽，通知她女兒發生意外的消息。媽媽跟客戶做完簡報之後，她打電話聯繫鄰居，才知道出了什麼事，便趕忙開車前去醫院。趕到醫院以後，醫生告訴她，他們沒能挽救她的女兒。從意外發生到現在已經過了四個小時，護理師、社工師、牧師全都擠在小房間裡安慰著她，告訴她一切能夠採取的措施，他們全都試過了。

家人朋友們紛紛趕來了，他們需要把這個傷心欲絕的母親移動到一個更大的房間裡。她穿過急診室時，事發當下第一個趕到的警察就在那裡。警察走向她，對她說：「只是想讓妳知道，妳女兒走的時候不是孤單的。」

隨後的幾個月，在布蘭達和她丈夫的認知裡，唯一有意義的事，是知道當女兒斷氣前的時刻，有人擁抱著她。即使那個人是個陌生人。

繼續活下去的愛

一切有生命的東西都會死。然而就算生命有終點，愛卻沒有。當心愛的人臨終之日如夕陽落下，我們可能真的會想要「用盛怒阻擋光芒的消殞」。不過值得思考的一點是，雖然我們將夕陽看作是太陽「西沉」，但那只是因爲地球會自轉，我們轉離了面向太陽的地方。很快地，我們又會轉回原來的地方，另一天的旅程會再度開始。而這個觀點，也能用在過世的親友身上嗎？

你的宗教信仰或靈性觀點也許會決定你的答案。假如你相信有來世，那麼你就會相信過世的親友會繼續新的生命。而就算你沒有這樣的信仰，無法用這個觀點安慰自己，也不意味著你和親友之間的關係，會隨著他的死亡而結束，因爲你對他的愛會延續下去。正如同我與母親之間的關係，在她過世之後近半個世紀都仍持續不斷地進展，每個人也都具備同樣的潛能，不只是緊抓著一份固定的愛，而是持續地滋養它，讓它成長。

當我在協助家中有臨終患者的家庭時，我通常會把家屬帶到一旁，問他們：「你曾經在他睡著的時候，進去他房間裡嗎？」

典型的答案是：「當然會。」

我會問，那他們在房間裡的時候都做些什麼？答案也是如出一轍：「就只是坐在那裡看著他。」

「下次你趁他睡著的時候進去他房間時，」我建議，「拿張椅子，背對他坐著。」

我會向他們解釋，家人間的關係有情感的連結、有物質身體的連結，此外也有靈性的連結。在日常生活裡，我們多半仰賴有形的物質身體連結。我們知道心愛的人在身旁，是因爲能看得見、聽得到、觸碰得到他們。但是就如同失去某項感官能力的人，會發現其他的感官能力會增強——例如失明之後，聽覺突然變得更加敏銳——當我們物質身體上的連結逐漸靠近尾聲時，我們能夠去創造出更強的情感上和靈性上的連結。我的建議就是要讓家屬坐在椅子上背對著親人、不能依賴視覺的情況下，試著去運用其他的感知方式，全然地感受他們親人的臨在。

死亡會帶來終極的改變，最終的句點。它是一種我們以爲我們無法理解的改變，也是一種我們覺得自己熬不過去的結局。無論我們想不想要，這種改變都會發生，然而我們可以在接納它、認知到它是另一道風景的序曲這樣的意識之中找到自由。

很多人去到安養中心或老人之家時，會很困惑為什麼牆上總是畫著蝴蝶。第二次世界大戰結束後不久，伊麗莎白．庫伯勒—羅斯參訪了很多個不同的集中營，而不管是哪個集中營，她都看到牆上刻著蝴蝶的圖案。垂死的人們竟不約而同地畫下了蝴蝶的圖像，這令她感到非常奇怪。她說，要等到很多年以後，她開始和臨終前的兒童一起工作，看到他們也會畫出蝴蝶的圖案，她才終於弄懂為什麼。她意識到，對垂死的人們而言，蝴蝶代表的不是死亡，而是一種蛻變的象徵，無論如何，生命都會延續下去。即便你和親友的關係會因為死亡而改變，但無論如何，這份關係會繼續下去。真正的挑戰在於，如何讓這份關係變成一份有意義的關係。

第四章

找到意義的第一步

「直至冬日深處，我終於知道，我的體內藏著一個無可匹敵的夏天。」

——卡繆

接受，是哀慟的第五個階段，也是找到意義的第一步。我們都不喜歡失去。我們永遠都不會覺得沒關係，卻必須得接受，即使它是如此殘酷，而承認現實只是遲早的事。

接受不是一瞬間就完成的事。當你在葬儀社爲親人安排喪禮的時候，你會接受**一部份**的現實。但這個接受不是完整的。死亡此刻對你而言並不眞實。你會在哀慟的幾個不同階段之間來回往復，可能在某個階段流連數月，在另一個階段短暫停留。「接受」緩慢地在我們內在滋長。

我兒子死後頭一個月，我站在他的墓前，吶喊著：「我的餘生都得像現在這樣嗎？只能站在你的墳前？」我望向天空，尋找著上帝，質問祂：「爲什麼祢要讓這種事情發生？」我極度受傷，深受哀慟的打擊，內心滿是憤怒。

我將腦海裡的畫面快轉至幾年後，想像自己永遠卡在眼前這一刻，我的兒子大衛依然不在身邊，而我的痛苦沒有止期。我凝望著天堂的方向，來回踱步，喃喃自語：「這是眞的嗎，大衛？這是眞的嗎，上帝？就這樣了嗎？」

最早期的我，所能做到的「接受」看起來差不多就這個樣。我去到大衛的墳前，接受他已經死了這個事實。我能夠達到這種有限度的接受，僅僅是因爲我親眼看過他的身體被埋葬。否則，我根本不能相信他已經走了。那個時期的接受之中，其實還混雜了憤怒，而憤怒的我以爲，我的痛苦永遠都會如此龐大。

三年後，場景大大地轉變了。我安靜地躺在大衛的墓旁，看著地上的草皮也看向天空，說：「就是這樣了，大衛。這就是我們的人生。」對我而言，這是一個深度接納的時刻。經過許多的幫助和支持之後，我走出了憤怒，找到了些許平靜。

爲了得到這份平靜，我們不能跳過接納這個階段會出現的各種挑戰。在我的經驗裡，在哀慟初期就貿然地想要跳級到意義這個階段，這種人並不少見。他們感覺到一種暫時性的衝動的使命感。可能他們會開始談論起某個對逝者而言很重要的目標，或是想要成立基金會。或是想要激起大眾對於導致逝者死亡的成因的重視。通常，大約一年後，在這些人已經進行過數場演講、啓動了基金會的計畫之後，他們會發現自己被新的一波哀慟感擊倒。他們內心的自白，泰半聽起來就像是最初我在大衛墓碑旁的吶喊。「我的人生以後都是這樣了嗎？到處演講，努力維持基金會運作？就這樣？」

他們需要重新爬梳自己的哀慟。我會告訴他們：「我很樂意見到你可以那麼快開始往前走，爲這件事找到了很多意義，但也許你需要回頭去檢視一些早期的階段，比如說接受和憤怒，或者這兩者都看看。」

對我們大多數人而言，要爲哀慟創造出意義，第一步是要先完整地經歷哀慟的所有階段，這表示我們要先深入地去感受每個階段的痛苦，讓自己有足夠的時間在那樣的狀態裡生活一陣子。當我們眞正活過那樣痛苦的現實時，才能開始漸漸找到一個容許「接受」存在的空間，此時意義才能開始眞正地扎根。否則，我們雖然會慢慢地接受，但是卻很難擺脫痛苦的時刻。

在工作坊裡，我會請學員寫下關於親友的死，他們已經接受的是哪些部份、還不能接受的是哪些部份。這個練習會帶著他們去看見，在他們的哀慟裡，還有哪些區塊尚未被排解，也讓他們有機會觸碰到，某些還等著被表達的情感。那些情感，才是蘊含著他們的療癒的關鍵之處。

有一個我很喜歡的句子寫道：「如果我的人生可以重來，我會設法更早一點遇見你，好讓我可以愛你更久一點。」無論作者是誰，他都是寫自於深刻地接納，那是一種對死亡的必然性的理解。

一位寡婦向我傾訴，失去丈夫的生活有多麼難熬。我耐心聆聽，認可她當下的感受，也在她的話語中尋找著其他的蛛絲馬跡。她眼角噙著淚水，對我說：「這種痛苦永遠不會結束。」每當我聽見哀慟者口中說出這句話時，我就會知道爲什麼她的受苦那麼深。

「妳的痛苦不會永遠是現在這個模樣。」我告訴她：「它會慢慢改變。」這是哀慟者需要聽見的訊息，每次我說出這句話時，我經常可以觀察到某種轉變。對方會抬起頭看著我，說：「眞的會嗎？」那瞬間，他們變得輕盈了一點。

每當這類的對話是在觀眾的面前進行時，觀眾們通常會驚訝於改變是這麼明顯。他們想要知道我到底做了什麼，帶來了這樣的轉變。這就得回頭再提一次那個概念：讓哀慟者明白，喪親的痛苦無可避免，但受苦只是一種選擇。我會告訴對方：「我無法拿走你的痛苦。那不是我有資格做的事。你的痛苦是屬於你的。那是你關於愛的一部份感受。而我能做的，是讓你知道，如果你開始尋找這其中的意義，你的痛苦會轉化，你的受苦會結束。」

當一個人腦海中重複呢喃著，他們現在感覺到的痛苦會永遠這麼痛時，我可以提供一個解脫的可能性、一個可能的未來，來打斷那些聲音——透過意義。

在哀慟裡，我們的頭腦有時是十分殘酷的。集中營的倖存者常會說起他們曾經歷的恐怖遭遇。肉體的凌虐殘暴不堪。他們也會談到，當他們無法想像未來的畫面時，內在所承受的煎熬。不知道什麼時候才能出去，或到底能不能出去，這種不安的陰影比起其他的酷刑都還要難熬。想到也許永遠不會有被釋放的一天，這個念頭奪走了他們求生的意志，將他們囚禁在眼前這個恐怖的地獄裡。然而，只要你還活著，你就擁有未來，也有可能從眼前的痛苦中解脫。

爲了具體實現這個概念，我通常會在僻靜營的第一天要求學員們寫一封信，給過去的自己。信裡常見的內容會是，親友還在世時的生活多麼美好，沒有了他們之後，人生變得多麼糟糕。學員們會寫下過去所失去的、昨日的可怕傷痛，和他們所有的失落感。

隔天，我會請他們再寫一封信，給未來的自己。他們會寫出充滿憐憫的信件，比方說，我很遺憾你還是那麼痛苦。接著我們會談到，他們的未來實際上也許會跟他們所想像的很不一樣。眼前或許很難理解，但是他們的未來不必——也很可能不會——跟他們現在的想像一致。

僻靜營的最後一天，我會請學員寫下第三封信，內容是他們對自己的未來的展望。我要求每個人在信的開頭都用大寫字母寫下：「我的未來」四個大字。接著我就坐下。他們尷尬地等待下一步的指示。我保持沉默，直到有人終於忍不住問我：「你會給我們一些提示嗎？要寫什麼？有沒有一些方向？」

「當然，」我會回應：「看看你的信紙。你看到了什麼？」

有人高聲回答：「一張空白的紙。」

「**沒錯**。**那**就是你的未來。」我說。「空白的。還沒有被寫出來。作者是你。不是你的過去，不是你失去的人事物，不是死亡。你才是。你是你的未來的創造者。不要被頭腦裡的聲音欺騙了。此刻你的未來還是一片空白。正如同俗話說的：**不要讓你的過去主宰你的未來**。」

思考的意義

我們的頭腦如何創造了我們的未來？你的思考方式在這裡扮演了什麼樣的角色？失去親友後，你能掌控任何事，更別說你的頭腦了？你能做任何事，去形塑你附加在事件上的意義嗎？

答案是肯定的，控制權確實在你手上。你的思考方式創造出意義。而意義會引導你腦中故事的走向，無論是你告訴自己的故事，或是告訴他人的故事。我得到療癒了的版本，或是我卡住了的版本。我的人生從此黯淡無光的版本，或是我會用自己接下來的生命榮耀我的愛人的版本。

大衛死後幾個月，我去了趟紐約，見了一個朋友。去年我的手臂在澳洲受傷之後，我又碰見他一次。他說：「我們每次見面，你都是受傷狀態。上一次是情感受傷，這次是身體受傷。」

我說：「不，我們每次見面，我都是在療癒中的狀態。」

你對自己重複述說的故事，就會成爲你的意義。正如同那個我對自己說了好幾年的故事——關於我母親的死亡——曾經把我監禁在痛苦的牢籠裡，而當我開始從不同觀點述說這個故事之後，我便得到了自由。因此，你對自己所說的關於未來的故事，也一樣能夠幫助你從當前感受到的痛苦中解脫。

當你留意到自己對故事正在進行詮釋時，關注你的語調，關注你對過去和未來的觀點。思考你正在爲它們賦予什麼樣的意義：

原來的意義	新的意義
親友的死亡事件發生在我身上	死亡事件發生了
我是受害者	我是走出這份失落感的勝利者
死亡是一種懲罰	死亡通常沒有規則
爲什麼這件事發生在我身上？	人的一生中總是會遭遇某些事
它的發生一定是因爲某個特定理由	不管當時我做了什麼，都不會改變結果
我的遭遇是全天下最悲慘的故事	我的遭遇裡，有某些部份很令人傷感

除了檢查我們的觀點和陳述的語調之外，我還會請人們將絕不和永遠這兩個詞，從他們的字典裡移除。當人們說：「我絕不可能再快樂起來。」我會告訴他們，也許是，但

研究顯示，不必然要往這個方向發展。通常他們會回我：「除非這件事情沒有發生在我身上。」那麼我就會告訴他們一個幾年前刊登在《性格與社會心理學期刊》（*The Journal of Personality and Social Psychology*）上的一篇研究，內容比較了大樂透得主和在意外中不幸癱瘓的人，結果顯示，人們的快樂指數似乎有一個內在的基調。長期看來，贏得大樂透所增加的快樂並不比想像中的多，而悲劇性的意外造成的不快樂也低於預期。你的人生確實因此變得不同，但是再度感到快樂，仍是其中的可能性。不會再感到快樂，是一則關於未來的宣言。但沒有人可以預測未來。人們眞的能夠確定的，只有今天的不快樂。你可以說：「今天我不快樂。」然後接受現狀就是這樣，這種態度是有正面助益的。

某一次在我帶領的團體中，我與一名幾年前意外喪子的女士對話。她說，在停屍間裡看到兒子屍體的畫面，讓她深陷在哀愁裡。由於我們主要工作的重點在於哀慟，而非創傷，我告訴她，這些念頭會不斷讓她回想起那個可怕的片刻，說不定她可以試試看改變自己的想法。

「我做不到。」她說。

「在面對哀慟的時候，我們必須去質疑這個的概念。」我說，「妳眞的無法改變自己的想法嗎？每一天我們都選擇了自己的想法。但社會上的人們似乎對此不太有覺知。人們普遍相信，我們無法控制腦袋裡的想法，可是我們必須學著改變這種信念。」

她打斷我：「大衛，那個畫面就是會自己跳進我腦中，讓我覺得很傷心。」

「我相信是這樣的。這也令我心碎。但讓我們來試試別的。可以請大家一起閉上眼睛嗎一會兒嗎？現在，請你們想像一隻紫色的大象。如果你的腦海中出現了這個畫面，請舉起你的手。」

不到幾秒鐘，全班都舉手了。他們張開眼睛之後，我對他們說：「我剛剛改變了你們所有人的想法。我讓教室裡每一個人都想出了紫色的大象。這證明我們**真的**擁有改變想法的力量。就算是這麼簡單的練習，也提醒了我們，我們確實擁有控制權。想像你的思想就像花園裡的植物。你在哪一個念頭上澆水，那個念頭就會成長。當你的頭腦裡有一個可怕的想法，如果你不斷地關注它，並且說自己停不下來，那個畫面就會變得越來越強烈。」

「相反的，每一次那個畫面浮現時，妳可以對自己說：『噢天哪，兒子躺在停屍間的畫面又浮現了，不過我也可以去想一想他五歲生日那天高興和興奮的樣子。』」

「當妳看到正面的畫面時，讓自己在那個場景裡流連一段時間，重播它，增添一些細節，讓它變得更鮮活，或者用當時拍的照片來增加自己的記憶，跟著妳也會開始看到他生命裡其他美好的時光。若妳去滋養這些念頭，它們就會增長。妳擁有把注意力轉移到對妳而言最有意義的時刻的力量。」

我也提醒大家不要誤解我的意思。誠實地去看待自己的故事是很重要的，不要刻意去打壓負面的想法。初期，他們必須重述自己的故事，以便去理解它、處理它。而當他們這麼做了之後，便能把痛苦的回憶置放到一個更大的脈絡裡，而不是把它從整體裡獨立出來，並且無止盡地兀自重播這個片段。離世的親友的生命中所包含的，遠遠不止那最糟糕的一刻。受苦於創傷性哀慟的人們常常會困惑，爲什麼腦中會一再重播那些故事，我會向他們解釋，那是因爲他們的頭腦還沒有爲那些場景找到安放的地方。我們的頭腦就像電腦一樣，那些故事還沒有被放進資料夾裡。所以它們會四處漂流、不斷重複，直到我們把它們整合進我們的心靈裡爲止。

外面的世界

有時候，在我們全然體驗過痛苦，抵達了「接受」的階段之後，我們會需要走出去，從另外一個角度來觀看它——去看看別人是如何爲自己的哀慟尋找意義的。明白到原來不是只有自己一個人身處於痛苦之中，這個發現會帶來助益。

珍（Jan）的父親過世幾個月後，我看得出來她開始進入鑽牛角尖的狀態了，需要振作一番。我們對話時，她如數家珍地列出了自己的種種痛苦，當作一種接納它們而非否定它們的努力，可是她說，她覺得很累，不想要再想它們了。

「也許是時候放下鏡子，改拿起望遠鏡了。」我提出建議。

她的雙眼閃現一道光芒。我提醒她，她曾經告訴我，父親過世最令她傷心的部份是，這個世界上還有許多她的父親想去看看的事物。我進一步解釋，她父親想要探索的世界依然在這裡，說不定她也會想去探究一番。

「我不知道該怎麼做。」她說。

「何不打通電話給朋友，約個日子，一起做點特別的事？」我問。

「我不行。」她很快回道：「我需要獨處。」

我接著想到，雖然她還不想跟別人有接觸，也許她可以運用舞台劇或電影來幫助她慢慢跟人群接軌，用這個方式向世界邁進一小步。她似乎蠻喜歡這個主意的。

一個月之後，我問候她的情況。她已經去看過了幾部舞台劇和電影，這把她帶出了自溺，她說看完戲和電影之後感覺好多了。不過，當其他有同樣處境的人可能會選擇讓自己大笑一番時，她卻刻意決定不看喜劇。相反地，她選擇了劇中人物都會受苦的悲劇。「去體驗他人的痛苦，其實蠻有幫助的。」她說。「我坐在劇場裡，讓別人的愛和哀愁沖刷我。藝術深深地觸動了我。」

「在劇場裡，我看見生命是如何交織成一片風景的。它幫助我體會到，我是一齣偉大的人類劇碼裡的其中一個角色。我的哀慟讓我心如刀割，不過我能看見別人的哀慟也一樣令他們痛苦。我開始關心劇情裡的角色，對發生在他們身上的事情感興趣。我感受到愛，感受到仁慈。我發現自己在逗趣的片段捧腹大笑。剛才笑出聲的人是我嗎？我可以這樣嗎？如果哭泣是人生的一部份，那麼笑聲也是。我開始可以用更有連結的角度來看待自己的生命。我覺得自己慢慢在生活中站起來了。跟自己連結很重要，不過跟外面的世界連結也很重要。

「我的外在世界開始擴展。我有意識地選擇往來的對象，因爲當我和他們相處時，我會整個人投入、全然地用心。」

對珍而言，這是她的哀慟開始得到療癒的方式。不過我還是希望提醒各位留心：這個往外探索的選擇，是珍按照自己的步調、用自己的方式達成的。對於許多仍處在哀慟初期的人而言，他們需要的是完全地轉向內在。那是他們的需求，無論他人如何催促，要求他們重新與世界連結，都不能改變這個需求。然而在開始重新探索外在世界的過程中，有一次珍對我說：「在全然地體驗痛苦和拿刀子捅自己傷口這兩件事情之間，有一條很微妙的分界線。我向內看，感受那份痛苦，深入地挖掘它。我對它沒有一絲一毫的迴避。事實上，我覺得自己開始沉溺在其中。我的痛苦變成一件特別的事物。我知道這聽起來有點奇怪，不過它開始吸走我全部的注意力。我的痛苦逐漸膨脹加劇，我知道自己得做點不一樣的事。我必須看看外面的世界。」

改變意義

對於生命中遭受過重大打擊的人們，追尋意義如何能夠幫助到這些人呢？他們該對自己講述什麼樣的故事，才會既是符合他們真實的經驗，又能帶來療癒效果的呢？

我的一位同行杜安（Duane）專門協助經歷過重大傷害事件、通常攜帶著創傷性哀慟的人們。我向他討教，他如何幫助人們從這樣的經驗中找到意義？「我會檢視他們賦予這個事件的意義，」他說，「接著我協助他們改變意義，不是改變事件。事件本身不會有任何改變，但是意義可以被改變，而這個方法可以幫助他們處理哀慟。」

要改變我們賦予某個事件的意義並非易事，往往，我們很難靠自己一個人的力量做到。有時候朋友能幫得上忙，有時候則需要由諮商師或治療師來介入。

我請杜安跟我分享一個案例。他說：

我記得一個很悲慘的故事。一位女士的女兒失蹤了二十年，連屍體都沒有找到。鎮上的傳言說，是住在郊外的一個農夫和他兩個兒子殺了她女兒，把她的屍體拿去餵豬了。這位女士是很虔誠的基督徒。她四處尋求協助，但沒有人幫得了她。她不確定女兒是不是眞的不在人世，但是她相信女兒已經死了，也相信鎮上的傳言是眞的。她無法擺脫這個可怕的想法。而當我們談到她腦海裡這個恐怖畫面時，我說：「當妳的女兒看著發生在自己屍體上的事時，不知道她的想法會是什麼？」

那位女士瞪著我，彷彿我是個瘋子。「你在鬼扯什麼啊？」她問我。

「如果傳言是眞的，妳的女兒在被分屍之前就已經死了。那時候的她應該已經到天堂裡了，所以我好奇當時的她會怎麼想。」

這對話完全改變了那位女士的認知，因爲她長期一直在重演女兒被折磨的場景，這令她錐心刺骨。就算她是如此虔誠的教徒，她也從未想到過那個片刻女兒有可能不是痛苦的，有可能女兒已經離開了身體，去到別的地方了。一旦她改變了腦海中那個可怕場景的意義，它對她就不再有控制力。

這個例子聽起來也許有些極端，但許多哀慟者對這樣的故事都會感到共鳴。有些人曾對我說，他們擔憂冰冷的天氣、大雪或大雨會讓過世親友的身體受苦。或是他們會說，過世親友有幽閉恐懼症，他一定很痛恨自己要被埋在墳墓裡。這些想法增添了痛苦的情節，讓哀慟變得更加複雜。引導他們將身體和靈魂分開來思考會有很大的幫助。

沒有兩個人會對同一個事件有一模一樣的反應。你的反應方式取決於你賦予它的意義。而就跟所有我們對意義的認知一樣的是，你的意義不光只會受到事件本身的影響，也會受到你的文化背景、家庭、宗教、個人特質、生命經歷所影響。意義來自於一切構成你是誰的背景和條件。

有一個我和杜安都常拿來問創傷性哀慟者的問題是：「你過世的親友**現在**在哪裡？」這個問題剛開始可能會顯得荒謬，他們會聽不懂我們在問什麼，但是在回答的過程中，會讓他們慢慢認知到，他們的親友早已不存在在事發那一刻了。若是他們相信有來世，他們就能想像親友已經安全地活在天堂或其他地方。又即便他們不相信死後的世界，他們也能從親友已經脫離受苦這樣的想法中找到安慰。

時間這個元素，對理解死者的狀態有用，對哀慟者也一樣有用。在我的工作坊裡，我會對前來受訓的治療師們說，我們花費了很大比例的注意力，在觀察一個人在哀慟中**會如何**。如果我們也問：「哪個時間點？」這個問題呢？

爲了將這個概念說明得更清楚，我會告訴學員們，我要來編造一個故事。接著我會假裝用一種平靜的語氣說，五年前我就在這個會議中心裡面被襲擊，現在重遊舊地，感覺好奇特。我說：「哇，那件事感覺就像昨天才發生。那時候我好擔心自己的安危。我還以爲我會死掉。」

接著我問大家：「現在我在哪個時間點？」

他們回我：「你在現在。」

「是的。沒錯，我在現在，回想著五年前的事。可是如果我現在衝進教室裡，大喊大叫呢？『這間教室很不安全。我五年前在這裡被攻擊過。注意出入口的動靜。可能會有陌生人闖進來攻擊我們！』」我說得繪聲繪影，顫抖的身體張牙舞爪地揮動著。

「現在我在哪個時間點？」我又問了一次。

他們回答：「五年前。」

「沒錯，正是如此。我正在感受著五年前今天的感受。這就是創傷後壓力（post-traumatic stress）。」接著我對一屋子的治療師提出問題：「你們會做些什麼，好讓我冷靜下來？」

「我會請你做幾次深呼吸。」有人說。

「很棒。爲什麼？」

「幫助你扎根。」

深呼吸可以幫助我扎根在身體裡，並且把我帶回當下這一刻。

另外一位治療師說：「我會請你說出房間裡五件物品的名稱。」

「很好！」我說，「我看到地上有一張咖啡色的花紋地毯。我看到很多坐在椅子上的人。我看到天花板的燈泡、兩邊的大窗戶，還有教室後面那扇門。五樣東西了。爲什麼你要我這麼做？」

大家七嘴八舌，說這麼做可以幫助我回到現在、回到當下。他們幫助我從五年前回到今天。

這就是我在工作時試圖爲案主做的事。我想要知道，你是否還流連在親友臨終前的病榻旁呢？你是否還重複聽著那道噩耗呢？你是否還活在喪禮那天呢？你現在在哪裡？你正活在哪個時間點上呢？

我想要幫助哀慟者們重新造訪他們的故事，卻不卡在那裡、無止盡地在今天感覺著昨天的感覺。

在哀慟中，我們總是把過去、現在和未來糾纏在一起。然而我們必須立足當下，才能藉由當下獲取意義，而非從過去獲取意義。這確確實實能夠改變我們的思考方式，允許我們認知到，去世的親友早已不是瀕死時的痛苦狀態了。他們受的苦已經過去了。而他們的生命全貌，遠比死前那幾天受的苦還要大上許多許多。

我會協助案主去思考，他們正處在哪個時間點上。他們已經不在那個躺著臨終親友的房間裡了。我幫助他們走出過去、走進現在，直到最終可以走向未來。我也會問案主，親友死亡之後，他們會發生什麼事？當然，這個問題我也沒有答案，但我希望案主們可以思考這個問題。過世的親友現在在哪裡了？他們在做些什麼？跟杜安一樣，我想要案主們能夠明白，他們和過世的親友在過了那個可怕的時刻之後，都還有未來。人們會告訴我，他們的親友現在在天堂裡，和上帝在一起，或是正看著他們，或是他們正在學習或幫助其他進入死後的世界的人們。

創傷專家吉妮娜．費雪（Janina Fisher）會告訴她的病患：「你將會有很長一段時間感覺不到希望——要等到我們開始感覺好一點、安全一點之後，希望才會出現。」哀慟中的人們若是會不斷地在腦海中重播負面的回憶，代表他們已經受困其中，因此，找到對未來的一線希望，對他們而言是很重要的事。

儘管悲慘，但是比起下定決心好好地活在一個沒有已逝親友的世界裡，讓自己沉溺在過去，有時似乎顯得更容易、更舒服。這種負面的生活可能會形成一個舒適圈，畢竟做出拋開過去的決定會令人畏縮，因爲這就好像你將會失去心愛的人不止一次，而是兩次。此外，要朝向未知前進，走進一個沒有那個人存在的不同生活，也會令人感到害怕。我們身邊多少都會認識一、兩個喪親之後抗拒新生活的人。他們可能會緊緊守著親友的遺物、把過世家人的房間變成永遠不能改動的聖地、嚴格恪守著所有的舊習慣。另一種極端則是把所有過世親友曾經存在過的痕跡全數抹除。這兩者都不健康。親友死亡之後，我們有必要緩步朝向未知的生活邁進。潛藏在對重新去愛、重新生活的抗拒底下的，其實是恐懼。痛苦似乎比較安全。這讓我聯想到約翰．謝德（John A. Shedd）的一句名言：「停在港灣裡的船隻是安全的，但這不是船隻最初被建造出來的目的。」

哀慟的時候，我們想要停泊在港灣裡。在這裡待上一段時間是很好的。這段時間我們可以重新充電、重新整修、重新建造。不過正如同船隻的目的是航行，我們終究也該離開安全的港灣，承擔起再愛一次的風險，去尋找新的冒險，去活出一個喪親之後的新生活，甚至，試著開始幫助別人。

長湯匙的寓言

我會告訴那些感覺自己卡在哀慟裡的人，走出哀慟的方法就是去幫助另外一個哀慟的人。佛說，如果你為他人點亮一盞燈，它也會照亮你的路途。那些卡住的人會說：「等等，我自己都難受得要命了，你還要我去幫別人？」或是，「別人的哀慟不算什麼。我的哀慟才是眞的哀慟。」

我不是在建議他們採取什麼非常激進的行動。可能只是在網路上給剛喪親不久的人發幾句貼心的話，或是煮一鍋燉菜送去給某個哀慟的家庭，或是在災害發生之後，捐點錢給慈善機構。幫助別人療癒的時候，其實不只是為了他們，也是為了我們自己。

瑪莉安．威廉森描述了當身體裡的細胞不正常運作時會產生的情況。她說：「當一個細胞脫離了整體，開始自行其是，忘記自己天生的功用是要與其他健康的細胞共同合作、一起為整體服務時，這就是癌症，就是身體或頭腦裡的惡性組織。」

我們的DNA裡，天生就攜帶著「共同合作以創造更大利益」的編碼。假如你已經處在哀慟的狀態中一年，知道了最可怕的痛苦是什麼，那麼你必然也知道一句貼心的話語、或一個溫暖的舉動能帶來什麼樣的感受。要是你能發自內在地將這份溫暖傳遞給另一個人，那麼你會幫助到兩個人——那個接收到你的善意的人，以及你自己。這甚至可能會在不知不覺間，幫助你走出泥沼。

《長湯匙的寓言》（*The Parable of the Long Spoons*）生動地描繪出了這個意象。有個人被領著穿過了地獄的大門，他很驚訝地發現，地獄的大門是由黃金鍛造而成的，做工繁複精美。走進大門之後，迎面而來的是蒼翠繁茂的一片綠地。他不可置信地看著領路的使者：「這裡眞是太美了。」他說，「這片山巒和原野的風景，鳥兒在樹梢唱著歌，還有整片花海撲鼻的香氣。這裡怎麼可能是地獄。」

接著一陣誘人的香味吸引了他的注意力，他走進一間寬敞的餐室。餐室裡排放著好幾長排的餐桌，桌上全擺滿了一盤又一盤奢侈的珍饈美食，可是圍繞著餐桌的食客們卻一個個都蒼白消瘦，飢餓地哀號著。他湊上前去，看見每個人手中都握著一把長湯匙，湯匙柄太長了，沒有人能夠把食物從湯匙中放進嘴裡。餐室裡每個人都哭嚎著，飢餓令他們苦不堪言。

後來他去了天堂，天堂的風景和他在地獄見到的一樣美麗，他在那裡也看見了一樣的餐室，裡面的人也都握著一把長湯匙，不同的地方是，在天堂餐室裡用餐的人們會運用手中的長湯匙，將食物餵給對面的人，整個餐室裡的人們都愉快地談天說笑、享用著佳餚。

天堂和地獄，都提供了同樣的環境和條件。唯一的差別只在於裡面的人們如何對待彼此。選擇善良，會創造出一種現實。選擇自我中心，則會創造出另一種現實。

第五章

選擇

「萬物最終都會消亡，但都太短促了，不是嗎？
告訴我，你打算如何運用你這一個尚未開墾的、珍貴的生命？」

——瑪麗・奧立佛（Mary Oliver）

如何從哀慟中走出來，是我們每一個人都必須進行的選擇。在你做選擇之前，必須要先瞭解到的是，不做選擇也**是**一種選擇。保持中立，不是一個療癒的選項。它是一種主動而非被動的過程。我們每一個人都必須決定，我們要不要重新啓動自己的人生。這個決定看似微小，卻具有強大的力量。生活和生存是不同的兩件事。哀慟之後我們也許還存活著，但還沒有眞正投入生活。

我很幸運地在德蕾莎修女過世前一年，在她創辦於印度的「垂死者之家」（Home for the Dying Destitute）裡與她共處過一小段時間。即使當時的她已年邁瘦弱，但她看起來就像是我所遇過最快樂的人。她告訴我：「生命本身就是成就。」之後每當我把這句話轉述給正感到無助的人，他們便會開始明白，他們可以藉由有意識地選擇繼續好好活下去，來找到力量與意義。當有人來到我的哀慟支持團體時，我會告訴他們，我會幫助他們深入哀慟，也會幫助他們活出自己的生命。我感激他們的到來，也告訴他們，我知道光是要走進教室的這扇門，就得花上多大的勇氣。當他們說：「我好難過，人生好艱難。」時，我會提醒他們，找到意義，可以幫助他們面對痛苦，而且意義無所不在。

在痛苦面前，我們其實擁有決定自己要如何繼續活下去的自由。維克多·法蘭可曾經描寫過，他目睹了和他一起被囚禁在集中營裡的人，用不同的方式回應他們所身處的惡劣環境。在當時那種恐怖的條件下，整個環境似乎不允許他們擁有任何選擇的自由，當然也不可能有任何的喜悅。但那樣的一幕卻出現了。他記錄了一趟他和夥伴們從一個集中營被移送至另一個集中營的旅程，他寫道：「從奧斯威辛（Auschwitz）被移送到比克瑙（Birkenau）的路途上，我們注視著薩爾斯堡（Salzburg）的群山，它們的山峰被夕陽餘暉照耀得閃閃發亮，如果當時有人透過車廂上被鐵柵封住的那一小片窗戶，看見了我們臉上的表情，他斷然不會相信，這是早已放棄了所有對生命和自由的希望的人會有的臉龐。儘管當前的處境如此——也許正因爲處境如此——我們都被大自然的美麗所迷醉。」

選擇全然地活出生命，是指專注在當下地生活，無論眼前的情況有多麼困難。這關乎於你內在的品質，而非發生在你身上的事件。

在我兒子大衛死後，我知道自己必須做出這個決定——勇敢選擇繼續自己的人生。要往這個方向走，可以採取的方法很多，在他死後幾個月就重回職場，算是試探性的一步。從我跨出第一步起，我身邊就有許多人陪伴著我。某一天，我在 Facebook 上隨意發了一張自己的照片，告訴大家我已經重新回到工作崗位，人們紛紛回應，看到我沒事讓他們如釋重負。

兒子大衛死後六個月，我心愛的寵物狗安琪（Angel）也過世了。我們的世界變得空空蕩蕩。安琪死後一年，我們決定再養一隻小狗。我非常清楚，自己選擇了再對一隻可愛的狗付出自己的愛，而很有可能，十五年後我要再面對一次死別。我的兒子大衛，我的狗安妮，在不得不與他們分離的痛苦之中，我依然選擇了再一次付出感情，就算我明知道結局也會是失去。我可以避開這個選擇的。我沒有必要再養一隻新的狗。可是我刻意地做出了這個選擇，把愛帶進我的家門。在遭遇了那麼多減法之後，我想是時候運用一點加法了。失去也是一種選擇，眞是不可思議。不過如果我要的是一個什麼都不會失去的人生，那麼我會得到的是一個沒有愛、沒有伴侶或配偶、沒有小孩、沒有朋友、沒有寵物的人生。迴避失去的痛苦，同時也意味著迴避生命的喜悅。C．S．路易斯（C.S. Lewis）在他的作品《痛苦的奧祕》（*The Problem of Pain*）裡說道：「自然的法則與自由意志的存在性中也包含了受苦的可能性，因此，如果你試圖排除受苦的可能性，你也排除了生命的本身。」

大衛死後的每一天，我看見生活流經我的身邊——也流過我的內在。我的頭髮繼續增長，我的手指甲和腳趾甲也長長了，我的心臟依然噗通跳著。而我決定，生活不該如此漫無目的，那麼，我就必須有意識地做出選擇，好好地投入生活，而不僅僅是存活著。如今，當我在工作坊裡聽到有人說他不知道自己爲什麼還活著時，我會輕輕托起他的手，去感覺他的脈搏。嗯，你還活著呢，我說。好，那接下來呢？要不要繼續活下去？大多數的人會明白到，這是一個不能不回答的問題。

這本書的寫作，也是我重新啓動生命這個決定的一部份。已經有過好幾次，我在心裡對自己說，我一定要找到方法讓自己重新投入生活，大多數時候是爲了讓自己的生命變得完整，同時也是爲了讓這本書變得完整。

很多人會認爲：「太遲了。我早就錯過了重新振作起來的時間點。」中國有一句諺語裡問道：「最好的種樹時機是什麼時候？」答案是二十年前。那麼第二好的時機呢？答案是，現在。人們說：「我會試試看。」我則會告訴他們：「沒有所謂試試看這種事。重新投入生活是一個決定，同時也是一項宣言。你的意圖會決定你的行動和結果。」

在沒有人知道方法之前，甘迺迪總統已經說出我們將會登上月球這項宣言。露易絲・賀也提到過，我們的話語對於創造行動的重要性。你不能每天早上起床看心情才決定今天是不是要採取行動。《星際大戰》裡尤達大師說得很對：「只有做或不做，沒有試試看這回事。」就算是很微小的決定，也會造成改變。

習得性無助

然而有時候幫助似乎很難取得。在我的 Facebook 頁面上，一位女士留言說她的兒子過世了。四年來她過得相當痛苦，也找不到幫助。「我的人生總是這樣，」她補充了一句：「從我年輕的時候起，每次有壞事發生，都不會有人來幫我。」

我不太確定她只是在分享自己的經驗，或者她正在尋求幫助，所以我向她確認。

她回應我：「這份痛苦太不堪了，什麼都沒有用的。」

「妳住在哪一個城市？」我有點擔心，也許她住在一個沒有資源的小城市。不過她說她住在一個主要的大城市裡。我發了一個連結給她，對她說：「這是 Grief.com 網站，妳可以從上面找到一些鄰近妳居住地的免費支持團體。」

她回應我：「我不喜歡參加團體。」

「原來如此。」我說，「那這個連結裡面有一些妳那一區的諮商師的資料。」

「我沒辦法出門。」

「妳身體不方便嗎？」我問。

「沒有，我只是難過到不想出門。」

「妳從來沒有出門過？」

「只有出門工作、採買日用品的時候。偶爾會去星巴克。」

「我也有線上的工作坊和團體，也許對妳會有幫助。」我告訴她，「我們用私訊討論細節。」

私訊中，她告訴我：「如果要錢的話，我負擔不起。」

「如果妳負擔不了的話，我很樂意免費送妳。」

她同意了，我請她告訴我她的電子郵件地址，讓她可以加入我的線上工作坊和團體。

「我從來不給人我的電子郵件地址。我不喜歡把跟身份有關的資訊告訴別人。」

我說：「電子郵件的目的不就是這樣嗎？有了電子郵件我們就不用給出我們的身份資訊不是嗎？」

「我都不給的。」

這時我明白到，我已經提供一切我所能給出的幫助了，現在一切只能交由她決定。我無法把幫助強加在任何人身上。

我從來不眞正知道究竟是什麼原因導致了這樣的情況，不過可以看得見的是，過去的傷口會阻止現在的我們求助。它們以無助感的形式儲存在我們的內在。當我把這個概念分享給哀慟者們，讓他們看見我對此所抱有的同情時，他們的態度會軟化。很多時候，他們會想要弄清楚他們的過去，是如何導致了他們卡在哀慟裡的情況。

爲了更加瞭解這個現象，讓我們來看看六〇年代一個針對**習得的無助感**（learned helplessness）這個現象所進行的實驗。身爲愛好動物人士，我不贊同這類的實驗，也希望不會再有人用這種方式進行實驗。儘管如此，這個實驗揭露了過去的傷痛會如何持續產生影響力。心理學家在實驗中將狗分成三組：

・**第一組**：狗狗遭受電擊，而且無法躲避電擊。

・**第二組**：狗狗遭受電擊，但是只要用鼻子按壓一個按鈕，就可以躲避電擊。

・**第三組**：狗狗不遭受電擊。

進行完第一階段的實驗操作之後，實驗人員一次一隻地，將狗放進一個大籠子裡。籠子中央有一道很矮的圍籬，把籠子隔成兩半。每一隻被放進籠子裡的狗都會遭到電擊。第一組的狗遭到電擊時，毫無反抗地承受了電擊，從來沒有嘗試跳到籠子的另一邊去躲避電擊。牠們已經被制約成慣性的無助，忍耐著電擊。第二組和第三組的狗都會跳過圍籬躲避電擊。他們沒有學到自己必須被動地承受痛苦。

在大象的訓練過程中，也能看見這個現象。當大象還很幼小的時候，訓練員會用繩索綁住大象寶寶的一條腿，拴在一根柱子上。象寶寶會掙扎好幾個小時，有時甚至會掙扎上好幾天，試著掙脫這條繩索。直到最終，象寶寶放棄掙扎，接受了自己有限的活動範圍。牠學會了，掙扎是沒有用的，因此當牠長大以後，就算牠已經強壯得足以扯斷繩索，牠也不會再試著逃脫。

很多人在惡劣的環境之下長大，長大的過程中得不到所需要的幫助。痛苦的童年經歷逐漸變成了充滿挑戰的成年生活。他們被迫相信，當打擊降臨時，他們永遠不會有能力倖存。

事實上，永遠都有一些什麼事情可做。研究人員要如何幫助第一組的狗移動到不會遭受電擊的區域？牠們需要一點推力才能學會。一次一小步。舉例來說，我聽過類似這樣的抱怨：姊姊抱怨著喪夫的妹妹：「已經兩年了。她連家門都沒出過。她就是不肯出門。她說不管做什麼都對她沒有幫助。」

我會問：「妳都要她做些什麼事？」

「去找工作啊、去當志工啊、或是去旅行啊！」

我說：「如果她連家門都沒有踏出一步，這些事情聽起來好像太龐大了。如果妳只是先試著每週帶一杯咖啡去她家裡坐坐呢？先這樣做個幾週看看，然後再試著問她，要不要一起出門喝杯咖啡？當人們受困於習得性無助時，會承受不起太大的動作。我們必須要用很小的步驟、慢慢遞增的方式來幫助他們。」

身爲一個哀慟者，在「發生了這種事之後，天底下還有什麼事情是有意義的」這樣的念頭裡打轉了數個月、甚至可能是數年之後，你或許會漸漸開始發現，你正在一小步一小步地開始選擇重新投入生活。它也許是用某種隱微的方式展現。你不會突然就開始跟新的對象約會或是去參加派對，但你會訝異地發現，自己還是很享受一杯好喝的濃縮咖啡帶來的滋味，或是你會想要跟最要好的朋友一起在公園散步大半天。一點一滴地，或大事、或小事，你重新開始在乎起身邊的事物。

很重要的一點是，對於某些人來說，決定可能發生在短短一瞬間，但是對大多數人來說，它是一個漸進的過程。假設我在喪親者還在等待解剖報告時就問他：你決定好要重新投入生活了嗎？那是操之過急了。不過漸漸地，他們早晚會開始思考這個問題。

五十多歲的諾瑪（Norma）和丈夫一起做晚餐時，丈夫急性心臟病發。他倒在地板上，諾瑪叫了救護車，卻已回天乏術。接下來的一年，她震驚又悲戚，不確定自己還有沒有繼續活下去的渴望。我們面談過幾次，她與我分享了自己所感受到的深沉痛楚。她說：「我不知道下一步該怎麼辦。」

「妳決定好要繼續活下去了嗎？」我問她。

「我還沒有決定。」她對我說。

我鼓勵她去留意自己的身體、行爲舉止和週遭的世界。我請她去留意，事情是否依然在前進。

「哪些事情？」她問。

「每一件事情。妳的消化系統。馬路上的汽車。吹過的風。」

不久之後她打電話給我：「大衛，我懂了。每一件事情都在活著、移動著，除了我。我可以繼續停滯不前直到身上掛滿蜘蛛網，或者我也可以順著流前進。重新活躍起來並不會抵銷丈夫死亡的事實，也不代表我會從此忘記他。不過我不想再抵抗生命的流動了。」

諾瑪明白到，對她而言，不做出決定，感覺就像是在抵擋自然的秩序。因此她決定，不再與它對抗了。

不忠

諾瑪的宣示中提到，重新拾起生活不代表她會忘記自己的丈夫，這帶出了另一個主題——一個在已婚人士或是有長期交往對象的哀慟者身上常見的議題。他們會擔憂，一旦自己開始做些什麼事、跟新的人約會，就會被解釋成是對過世的愛人不忠。這裡有一個不被言明的信念是，在親密的人死後，繼續享受自己的生活等於不愛那個人。

我相信這份束縛感有一部份是來自於，對於我們大多數人而言，服喪沒有一個明確的期限。早年，我們會穿上黑色的喪服一年，穿上時心裡便會知道，一年過去之後，你對親人的喪期就完成了，這時你就可以拋開你的「寡婦服」（譯註：widow's weeds，是指英國維多利亞時代，寡婦在服喪期間必須穿著的黑色服裝，這種穿衣禮俗嚴格地規範了寡婦的外表與行爲準則。）（或是其他意義相等的東西），獲准回到原本的生活裡。要說這就是對死者不忠，是毫無道理的。每次有人談到擔憂不忠的問題時，我會溫和地告訴他們，他們的結婚誓詞裡寫的是「直到死亡將我們分開」，所以一方過世之後，婚約也就結束了。到此爲止。沒有人的結婚誓詞是包含了來生的。

有些情況是過世的另一半預先爲他的愛人鋪設好了重返生活的道路。很多年前，我在安養院工作，那時一位名叫瑪裘莉（Marjorie）的女士坐在她丈夫路克（Luke）的病榻前，說：「你走了之後我不知道該怎麼辦才好。」她告訴他：「我不知道該怎麼活下去。」他對她說：「思念我，但重新愛人。」「我要怎麼重新去愛？我對你有那麼多的愛，我不知道拿它怎麼辦才好。」「把它散播出去。」他說，「散播給妳的朋友和家人。如果妳遇到了新的男人，把愛給他。我很榮幸能夠擁有妳的愛那麼久，我會把它的一部份帶走。」

我的姪子傑佛瑞（Jeffrey）是一名廣受歡迎的電視喜劇編劇。他和太太聯手寫出了成功的作品，像是《天才保姆》（*The Nanny*）和《歪星撞地球》（*Third Rock from the Sun*）。

他四十多歲時，被診斷出白血病。他運用他的機敏和智慧來面對自己的病情。當醫療團隊準備為他進行骨髓治療時，他因嚴重腦出血而身亡。罹病期間他的情況一向不錯，因此他的死令人感到出乎意料。即便如此，他其實早有準備。

他走了之後，太太整理遺物時發現他為了預防萬一，事先寫好的一封信。他知道遲早她會面臨這樣的問題，所以他想要確保她清楚他的想法。信中寫道：

親愛的，在這樣的情況下說這些話，也許會聽起來很瘋狂，但我希望妳為了自己的快樂，去做一切妳需要做的事。無論妳怎麼想，妳都值得擁有快樂的生活。如果將來妳遇到了新的對象，不管他是誰，只要他能讓妳開心，那都是我希望妳可以擁有的。在妳的眼前還有一整個大好的生命，盡全力去享受它。我已經享受過我的了。

永遠愛妳，

傑佛瑞

當然，不是所有失去摯愛的伴侶的人，都會認為自己獲得了這種許可。兩個人深愛彼此的時候，其中一方可能很難想像另一方和別人在一起的畫面。我有一個朋友，他的未婚妻在二十二歲時車禍喪生。那年他二十四歲，深深地哀慟著，他發誓自己絕對不會再愛上別人。接下來好幾年，他都活在對她的哀悼裡。

有天他找我一起午餐，他說：「我不曾像我愛夏儂（Shannon）那樣地愛過任何人。不過再過幾年我就要三十歲了。我最近常常在想，我真的準備好單身一輩子了嗎？」

我請他想像一下，夏儂會想要他怎麼做。

「她一定會很討厭我跟別人在一起。」

這不是我預期中的答案。過了一分鐘，我問：「你相信有來世嗎？」

「相信。」他說。

「你的哀慟已經讓你增長了很多智慧。我問你夏儂會想要什麼的時候，你想到的是那個甜美、天眞、二十二歲的女孩。我相信她的死讓你變得更成熟、更有智慧了。那麼我也必須相信，對她而言情況也是一樣的。死後的世界裡，一個更有智慧的夏儂會說出來的話可能和以前的夏儂截然不同。無論她現在在哪裡、在做些什麼，我相信你都會祝福她擁有愛。爲什麼你不認爲她也會這麼大方地對待你呢？」

另外一個拒絕重新投入生活的理由，是因爲我們不願意揮手道別。有時候我們需要別人的幫助，才能下定決心，在我們的生活中向至親道別，而在他們的死亡中，將他們安放進我們的心靈。

一位失去未婚夫的女士來參加我的僻靜營。她的未婚夫伊凡（Evan）在阿富汗的戰場上陣亡。她說，這天晚上恰好是她們的訂婚紀念日。

「今天早上，」蒂娜（Tina）說：「我去銀行的保險箱取出我的訂婚戒指。他已經過世九年了，不過有的時候，就好像今天，我還是會因爲他的死感到痛苦。有時候那種痛就像是被人用磚塊砸在身上一樣痛苦。」

我詢問她參加僻靜營的目標是什麼。

「找到平靜，完成我對伊凡的哀慟，然後我才可以前進。」

「妳希望能夠在現在的生活裡擁有哪些事物？」

「我想要愛，」她答道，「我想要重新談戀愛。我不知道問題出在哪裡。已經九年了。我似乎就是忘不了伊凡。」

「蒂娜，」我輕聲說，「妳不需要忘記伊凡，也能夠爲新的對象騰出空間。能不能忘記他不是問題所在。不過妳確實需要放下他。」

「你怎麼會覺得我還沒有放下他？」

「蒂娜，妳一邊說妳想要談戀愛，一邊又說妳今天去銀行保險箱拿訂婚戒指。這不就說明了妳還抓著過去不放嗎？」

蒂娜笑了出來，反駁道：「這跟我現在能不能談戀愛又有什麼關係？」

「妳不覺得那只戒指代表了一份連結，而它很可能會阻礙妳跟新的對象建立關係嗎？」

「我只是試戴了一下，又沒什麼。我不是一直戴著它。我有一整箱他的東西，像是他的制服、他的勳章、黃絲帶，還有一些他不在的時候我寫的日記。我把箱子放在閣樓裡，因爲我知道如果我要把新的男人帶回家的話，把它放在房間裡不會是個好主意。只有國旗還掛在客廳。」

「什麼國旗？」

「蓋棺的國旗。」她說，「我想要試著在記住伊凡和創造我的新生活之間找到某種平衡。」

「蒂娜，我非常敬重伊凡和他爲國家所做出的犧牲。我也完全明白妳想要好好紀念他的渴望。我媽媽是海岸防衛隊的成員，她過世的時候，也有國旗覆棺。那面旗子現在在我的衣櫃裡，我把它跟一些我覺得很重要的遺物放在一起。有關她的回憶佔據了我心裡的空間，但不佔據我客廳的空間，除了幾張照片以外。妳在客廳正中央創造了一個紀念伊凡的空間，這一點錯都沒有。但是如果有一天妳希望另一個男人可以進入這個空間，妳最好先考慮一下對方的感受。」

「那我該怎麼做才好？」

「倒不是說妳得丟掉那面國旗，不過妳可以把它移到一個比較不明顯的地方。一個讓妳的約會對象不會覺得自己好像闖入了一個戰亡士兵地盤的地方。或是妳可以把它收進箱子裡，跟其他有紀念性的遺物放在一起，偶爾在妳眞的很想念他的時候，才拿出來。」

她說：「這主意不錯。我會好好考慮。」

「還有一點，」我說，「假設今天角色對調，死的人是妳，伊凡把妳的旗子掛在客廳，當他要約女生回家吃晚餐的時候，妳會怎麼建議他？」

「我會說，給那個女孩一個機會！把國旗移開。國旗不是我。你不用每天看到我，也能記得我。」說完她垂下了視線，「好啦，好啦，可能我眞的還沒有完全放下吧。」

如同許多還在哀悼著的人們，蒂娜還要穿越許多不同的層次，才能完整地接受。假如她是在剛失去伊凡的頭一、兩年來找我，我絕對不會要求她把跟他有關的紀念品移到房間裡比較不明顯的地方。不過，當我們對話時，伊凡已經過世九年了，蒂娜也很清楚，自己想要找到新的戀愛對象。我不認爲伊凡會想要把蒂娜囚禁在終身的孤獨裡。雖然我很確定，他會希望自己被記住，就像我們每個人都希望被記住一樣，不過這不代表蒂娜不能讓自己的心——和她的家——裝進另一個男人。

無論你們曾經廝守多久，都不會是「夠久的」，然而你們共享過的愛不會消逝。它繼續存活在你心中，成爲你的一部份。你有過的愛的體驗，永遠不會被新的愛摧毀或改變。那份愛會以它自己的時間、自己的方式，恆久長存在你的心中。而如果你渴望，你可以得到更多的愛。在你的一生中，你的心可以有許多愛的體驗。一份新的愛可以在同一片土壤上滋長，而不會折損原來的愛。你仍然擁有你的生活。喪親也許不在你的計劃之內，它不是你要的生活，但是接下來的旅程依然值得你去探索。你的故事還沒寫完，它正等待著你繼續發掘。

但願你過去所有的生命經驗、一切你擁有過的愛，都成爲你新的故事的鋪路磚。也許你會在旅程上找到夥伴，或者你選擇單獨前行，全憑你決定。兩者都可以是美好又圓滿的。要是你和蒂娜一樣渴望新的伴侶，你就得決定要不要敞開自己，這麼一來，當機會出現時，你才會歡迎它的到來。

有時候，找到新戀情是我們的挑戰，另一些時候，開啓新生活是我們的挑戰。有一回在我演講結束之後，一位接近五十歲的男士對我說：「我的家人希望我可以跟你談一談。

五年前我太太走了以後，我就對生活變得漠不關心。」

我請他舉個例子說明。

「親戚的婚禮我都不想參加了。我也不在乎孩子跟孫子發生了什麼事。」

「你的太太會在乎孩子們和婚禮嗎？」

「噢，肯定會。」

「要是她知道你決定不再跟周遭的人往來、不再好好活下去了，她會怎麼想？」

這句話讓他頓了一頓。「不，我沒有做這樣的決定！」

我請他思考一下實際的情況，就某個層面上，他確實做出了這種決定。

我們經常沒有發覺，重新開啓生活是一個主動的選擇，需要我們的投入。確實會有一段時期，哀慟太難以承受，令我們無暇考慮生活。慢慢地，我們也會漸漸地滑進某個時間點，我們幾乎是在驚訝中發現，生活確實還在運行著。世界仍舊繼續運轉。到了這一刻時，我們就必須主動地抉擇，是否要下定決心重新投入生活。在這一生中，我們有能力承擔的愛，比我們想像中的還要多。

身爲一名喪子的家長，我也曾經在不忠這個議題上掙扎過。大衛死後，我只准自己在聽到跟他有關的趣事之後發笑。如果是跟他有關的事，一個微笑或是笑聲是無妨的，其他的情況就不可以。直到有一次，我不記得確切的時間點和原因，我笑了。我很詫異，因為這是第一次我為了和大衛無關的事情而笑，淚水瞬間湧進我的眼眶，自我譴責淹沒了我。哪一種父母會在喪子之後這樣大笑的？我不敢相信自己竟然做出這種舉動，我覺得這是錯誤的。

我和那樣的迷惘共處了一陣子。生活仍在我的周圍轉動著。把注意力放在別人身上讓我好過一點。我的另一個兒子理查依然值得綻放他的笑臉。親戚的小孩們做了好玩的事時，都還是會期待我的笑容。漸漸地，我不得不擺脫認為重新好好過日子就是不尊重死去的兒子這樣的信念。我必須把對大衛的忠誠，在心中重新塑造出一個新的樣貌。忠誠意味著完整的生活，不是遺忘，而是把他的愛，放進我整個存在裡，以及我所做的每一件事裡。

破碎的花瓶

任教於英國諾丁漢大學（the University of Nottingham）的心理學家史蒂芬・約瑟夫說了一個故事，他把它命名為〈破碎的花瓶〉（The Shattered Vase）。「如果你不小心摔碎了一個珍貴的花瓶，」他問，「你會怎麼辦？你可以把它拼回去，但它永遠不會是原來的樣子。另外一個選擇是，把這些美麗的小碎片搜集起來，做成另一件新的物品。可能是一塊心型的馬賽克拼貼作品。」

假如你原本熟悉的生活就好像這個花瓶一樣地粉碎了，你會怎麼選擇？你可以試著把生活照本來的樣子拼回去，可它依然會是脆弱的、滿是裂痕的。那些接受了破損，然後重新打造自己的人則會變得更有韌性、更敞開看待新的生活方式。我提醒人們，**斷掉的蠟筆還是可以畫出顏色**，就算我們的生活顯得破碎，我們仍舊保有在生命中創造美麗事物的潛能。

巴士底樂團（Bastille）有一首歌叫〈龐貝城〉（Pompeii），裡面的歌詞寫道：「對此，我要怎麼樂觀得起來？」大衛死後，我常常這麼想。這是個大哉問。

我不是要求你對發生在自己身上的事保持樂觀。也不是要求你去看到半滿的杯子。你親友的死不是一個半滿的杯子。我希望的是你可以樂觀地看待自己的未來，去期待自己依然可以創造出一個值得活下去的將來。假如你正在閱讀這本書，很可能你還沒有走出來。我開始寫作這本書的時候，也還沒有走出來。不過你**正在讀**這本書這個事實，已經是一則小小的希望宣言了。

大衛死後，我有種腳踩不到地面的感受。就好像我遠離了堅實的地表，一直一直向下墜落，落入一個不見底的痛苦深淵裡。然而，我從雙親的死亡、還有無數我有幸陪伴過的哀慟者身上學到過很多。我知道我遲早可以在那個深淵底部注入水泥，讓它成為我新生命的地基——一個我可以站立其上，展望未來的地基。我無法讓已經發生的事重來。我永遠不會覺得大衛的死是沒關係的，我也永遠不會遺忘大衛。絕不。然而我對自己能創造出什麼樣的未來充滿新望，這就是屬於我的樂觀。

第二部

哀慟中的挑戰

第六章

在為什麼之中找到意義

在腦海中縈繞不去的**為什麼**這個問題，有各種版本：爲什麼我的孩子死了？爲什麼我的親人會被謀殺？爲什麼才結婚典禮隔天，我的丈夫就被車撞死了？爲什麼這種悲劇會發生在我們身上？爲什麼是他？爲什麼是她？爲什麼是他們？一定有個理由。生命不可能這麼殘酷又隨機。

很多人花上好幾年的時間在問爲什麼，追尋著一個無解的答案。爲什麼你的愛人會劈腿？爲什麼要離婚？爲什麼會死？這些問題永遠不會有令人滿意的回答。不過找到意義仍然是可能的。你可以從你的親友爲什麼**活過**這一生裡尋找。活過這一生，你的親友得到了什麼？認識他或她，你得到了什麼？這份關係帶來了任何正面之處嗎？他的死亡帶來了任何正面之處嗎？

對於這些問題，人們的反應常常是不假思索的。他們堅稱親友的死不可能有任何正面之處。一定有的。可能是你變成了一個更慈悲的人了。可能是這場悲劇改變了你對待也受過同樣的苦的人的方式。也許你親友的死喚醒了公眾對於暴力議題、或是某種致命疾病的關注。就算是在最嚴重的慘劇裡，人們也常能意外地找出某些正面之處。

還有另一種問題是，**為什麼是我**？這個問題在我與哀慟者們工作的過程中經常聽到。答案也許令人難以接受。在我的工作坊裡，我會至少等到課程第二天才進入這個問題。因爲答案**真的**非常具有挑戰性。所以我會用非常和緩的方式，一步一步引導。首先我會請教室裡的每個人說出一件生命中發生過的壞事。不一定要是他們來報名上課的理由。可以是其他的事。教室裡會出現各種答案。有人說被霸凌、有人說被強暴。有人說小時候哥哥過世的事。另一個人說家裡剛發生過火災。有人說小時候被性騷擾。還有人說爸爸酗酒，或是媽媽躁鬱症。這一長串的失落和哀慟的清單不斷增加，從死亡到背叛，從流產到慢性病，無所不包。

當教室裡每個人都答過一輪之後，我說：「每個人都遇過壞事。我猜你們其中許多人遇過不止一件壞事。有人一件壞事都沒發生過的嗎？這裡有誰的人生是完美的嗎？沒有失去過什麼東西？沒有痛苦？」

沒有人舉手。

「所以，沒有人的過去是完美的。」我往下說，「有沒有人可以預見自己的未來一點痛苦和損失都不會有？」

還是沒有人舉手。

接著我問大家，聽到別人的故事之後，心得是什麼。會影響到心裡「**為什麼是我**？」這個疑惑嗎？有些人會給出類似這樣的回應：「我想眞正的問題應該改成：爲什麼不是我？我怎麼會覺得可以沒有半點悲傷、心痛和哀慟就把人生過完？」

這就是人生，有苦有甜。沒有人可以只遇到好事。

我們的責任是，和這些問題和平共處，並且從悲劇之中找到意義。第一章裡，我寫過母親死後，我很害怕自己會讓飛機失事。所以不令人意外地，在我長大之後，試著從那份恐懼中創造意義的方法，就是志願去參加紅十字會空難救援隊。我第一次的救援經驗發生在二〇〇〇年，當時一架新加坡航空波音七四七客機起飛時誤闖一條尚未興建完成的飛機跑道上，撞上了推土機，整架機身爆炸起火。近百名旅客葬身火窟。

在任何類型的飛機事故中，援助通常會出現在三個場所：

(1) 飛機起飛的地點
(2) 飛機預計降落的地點
(3) 失事的地點

我被分派到洛杉磯國際機場（LAX），那是飛機預計降落的地點，也是親友們等待接機的地點。最初的幾個小時，我們不確定生還者的名單，等待過程中的不確定性十分令人心慌。這種情況總是非常具有挑戰性，因爲電視新聞總是會不停地實況報導現場的進展，速度比航空公司發布的消息還快。唯一不會被播報出來的資訊只有飛機乘客的姓名。

一旦生還者名單確定了，我們的任務就是去協助得知自己親友罹難的家屬。在那種情況下，人們會尖叫、昏倒、雙腿癱軟，而我們的工作就是確保他們的安全。一個人的痛苦會像漣漪一樣地波及到那個區域所有的人。那是身爲第一線人員的我所能參與過最凸顯人性的場景。「喝杯水吧。我們先坐下來。」我一邊說，一邊盡可能讓他們冷靜下來。我會先溫和地告訴他們在這種事件中，他們可能會經歷的反應。下一步是連結。連結到當前可用的資源、連結他們認識的人。當他們準備好時，我們會問：「你需要打電話給誰？我們可以打電話給誰來支持你處理這個困難？」

同時我們也會與重新訂了機票飛來洛杉磯國際機場的生還者聯絡，提供他們支持。他們之中很多人都還處在劫後餘生的驚恐之中。我見了其中幾位那架飛機上的生還者。我對其中一位男士印象特別深刻。丹（Dan）是一位商務人士，我在登機口等他落地。他的車就停在機場，所以沒有人會來接機。我和他說了幾分鐘的話，向他描述當他最初的驚恐慢慢消退後，後續可能產生的反應，並且提供一些該如何處置的資源。我告訴他，他可以使用私人通道出關，好避開媒體。他不明白爲什麼媒體會對他有興趣。我對他解釋，全國的電視台一直在即時轉播事發的畫面，每個人都被那些可怕的場景、罹難者葬生火窟的故事震撼了。

「媒體對我有興趣是因爲我是目擊者？」他問。

「那是一部份的原因。」我說。

「那他們還會對什麼感興趣？」

「你還活著！」我說，「你是新聞是因爲你還活著。」

從災難中倖存，當然是一件不可思議的是，然而，單是活著這件事，也一樣的不可思議，也是一種「成就」，就好像德蕾莎修女對我說的那句話。每當我問人們，爲什麼每天早晨會醒來，他們會不懂爲什麼我要這麼問，不過還是會盡責地提出各種回覆，比如鬧鐘把他們叫醒、因爲陽光、或是因爲他們養的狗跳到了床上。接著我會提醒他們，即使今天早晨太陽升起，但很多人無法醒過來看見它。世界上儘管有許多人家的鬧鐘會響起，很多人不會聽見，因爲他們已經不在人世。有些狗狗跳到床上時，發現他們的主人已經死亡。我對他們說，你不是**碰巧**醒來的。你會醒來，是有理由的，而那個理由是，你是爲了找到**生命的意義**才醒來。

我們之中很少人會花時間去深究，我們能用自己的生命創造出什麼樣的意義。當然，如果你發明了小兒麻痺疫苗，那麼你生命的意義就很顯著。只是我們大多數的人都無法做出這種足以名留青史的貢獻。有一位男士就做到了，他是喬納斯．沙克（Jonas Salk），美國的病毒學家、醫療研究者，發明了可以預防小兒麻痺的脊髓灰白質疫苗。我年輕的時候，看過一則有關沙克的新聞影片，影片中，記者對他說：「等你申請完專利，你就會成爲世界上最富有的人了。」

「這不是屬於我個人的專利。」沙特回覆，「它是屬於全人類的。」

當時的我很震撼，他在取得了如此卓越的突破，卻選擇將它奉獻出去。多麼寬大又崇高啊。我暗自期望，某一天，也能有這般重大的機會降臨在我身上，好讓我證明自己也能像喬納斯．沙克一樣偉大。

二十年後，我在華盛頓特區，被邀請加入某個健康照護委員會。當時的我不知道委員會裡還有哪些成員。等到所有人都聚集到寬大的會議桌旁時，我瞥見了一位看起來很眼熟的男士。他面前擺放的名牌寫著：「喬納斯．沙克」。我簡直不敢相信。我迫不及待一睹這位偉大男士的工作風采。

會議期間，現場瀰漫一股焦頭爛額的氛圍，畢竟有那麼多醫療方面的問題亟待改善。我一心只想趕快把一些大的議題搞定。然而當我觀察這位令我景仰的男士時，我發現到他全神貫注地致力於將委員會針對每項大議題所提出的建議裡的小細節逐一解決。霎時間，我性格裡的某個缺陷硬生生地擊中了我。我向來都很嚮往大展身手的時刻，好讓我可以突顯自己。而相反的，他卻是事無大小地全然投入在每個細節。

當你思索如何爲生命找到意義時，或許你會認爲，只有重大的時刻才算數。但事實上，**每一個**瞬間都算數。無論你是爲某個崇高的理想捐出了一百萬美元，還是在超市對收銀人員說了一句溫暖的話，又或是在當地的公益廚房當志工、或單純只是體貼一個想要換車道所以開到你前面的駕駛，每一件你所做的事，都蘊藏了潛在的意義。

我和兒子大衛一起前往的一次會面，一直存放在我的記憶裡。當時大衛需要醫療保險，所以我安排了所有的計畫，雖然大衛興趣缺缺。他認爲買保險不是什麼重要的事。因爲他很抗拒去見保險業務員，所以在我的想像中，那應該會是一場令人緊張的會面，他八成會對業務員提出的每項建議翻白眼。然而結果卻超出了我的想像。

我不認識即將碰面的保險員——我只是從當地的業務員名單中隨便挑了一個名字——所以我壓根不知道會遇上什麼樣的人。結果出現的人跟我想像中的保險員形象截然不同。當塔莉（Tally）走進室內時，那模樣就像她一腳踏上了伸展台。一頭金色的短髮，摻雜著一綹粉紅色挑染，新潮到不像是賣保險的人。她很風趣、處處機鋒，又有點無厘頭。不過她沒有特別刻意，神態看起來就像是一次跟其他工作沒兩樣的會面，而我們也只是她眾多客戶中的兩個客戶，她只是在做自己而已。然而正因爲她是如此，加上她與大衛的互動方式，讓原本可能很高壓而不愉快的會面，平順地度過了。會面要結束時，大衛朝她伸出手，向她握手道謝，然後我們一起因爲他擁有了醫療保險，而愉快地走出大門。我和大衛彼此擁抱，向對方道別。那是我最後一次見到大衛。

塔莉永遠會是我生命中一個有意義的角色。她幫我創造了一份我會珍惜一生的回憶。她不知道這會是我和兒子最後一次碰面。她沒有試著創造一個重大的場面，可是，因爲她，一次例行公事的會面，卻成爲了一個永遠對我意義深重的場景。人生就是這麼巧妙。我們用意想不到的方式影響著別人，而往往，方法只是做自己而已。

倖存者的罪惡感

當一個人受困於倖存者的罪惡感時，他們也許會認定，喪生的人應該活著，而該死的人是自己才對——可能是因爲喪生的人做了某件活著的人原本要做的事。或是，活著的人認爲，他們本來可以採取某些行動避免死亡發生。也有可能是喪生的人還很年輕，而活下來的人年事已高，所以他們認爲按常理來說，先走的人應該是他們才對。不管理由是什麼，當罪惡感存在，人們就會渴求懲罰，因此倖存者們會懲罰自己，或是他們會吸引來替他們做這件事的人。

有一次我在加州北部的依沙蘭（Esalen）舉辦週末僻靜營，課堂中我邀請了一位女士到教室前方來接受療癒。她詢問是否能和丈夫同時進行。同時爲兩個哀慟的人進行療癒有時候可能會比較複雜，但直覺讓我覺得自己應該這麼做。

當喬（Joe）和珊卓拉（Sandra）坐在我身邊時，我問他們爲什麼來參加僻靜營。珊卓拉說，他們的兒子二十四歲，騎摩托車出門時，一位老先生誤把油門當煞車，把他撞死了。

我感受得到她的痛苦。看著她心碎和受苦的模樣，我問她，「在這場悲劇之中，妳最可怕的念頭是什麼？」

「都是我的錯。」她說。

「爲什麼？」我問。

「我一直想跟他說不要騎摩托車。那太危險了。我甚至已經跟喬說了我要去阻止兒子，可是喬說：『妳擋不住的。』我早就該那麼做了。我本來可以挽救他的。」

「後來肇事的駕駛怎麼了？」我問。

「被判緩刑，駕照吊銷。」

「對此妳的反應是什麼？」

「他八十幾歲了。我不能怪他。他只是一個犯了錯的老人。」

「你可以責怪他的。」我說。我轉向她的丈夫，問他：「你的想法呢？」

他說：「這眞的是場悲劇。我很難過，可是我不會怪他或我太太，也不會怪我自己。」

我回頭對珊卓拉說：「總得有人付出代價。」

她很快地看了我一眼，說：「對，一定要有人付出代價。」

「妳就是那個人？」我問。

「是的，就是我。是我的錯。」她帶著淚水說。

「所以妳把自己關進了監獄裡？」

她看著地上。「是的。」

「妳有多常這樣給自己定罪？」

「每天。」她回答。

「只是每天而已嗎？難道妳不是無時無刻在重播著這個劇碼嗎？」

「對，好吧，很多，有時候幾乎是每個小時。」她說。

我握住她的手。「讓我們從幾個不同的角度來看這件事。妳接受過審判嗎？」

「你說什麼？」

「妳接受過審判嗎？」

「我不懂你的意思。」

「妳有接受過審判，好確定妳是不是眞的有罪？還是妳只是自己走進了監獄，然後把鑰匙丟掉？」

「我自己把自己關起來的。我有罪。」

「我經常見到和妳一樣情況的人。」我說，「妳心裡的故事是，假如我不讓他騎摩托車，他現在一定還活著。可是妳眞的有辦法控制他嗎？他總是聽妳的話嗎？」

「沒有。」

「很有可能妳都說破嘴皮了，他還是騎車出門，不是嗎？」

她點點頭。

「我曾經見過確實有出手干涉，改變了情況的人，」我告訴她，「他們拿走了小孩的摩托車，結果妳猜發生什麼事？他們的兒子改搭公車，公車卻被另一輛車撞了。所以他們想的是，如果他們沒有插手，兒子就不會死了。」

我哽咽起來，把一隻手搭在珊卓拉背上，「我很難過妳的兒子過世了。」我對她說，「我見過每一件事情都安排得很完美的家長，他們的孩子還是死了。如今妳的兒子不在了。這是一個慘痛的現實。」眼淚滑下我的臉頰，教室裡很多人也哭了。

那時候，我的兒子還活著，所以這不是因爲我自己內在的痛苦被攪動。只是當我全心地去同理他人的痛苦時，它會變得很具體。它和我們就在同一個空間裡。

「我感受得到妳的哀慟。我眞的、眞的替妳兒子和你們倆感到難過。」我注視著她的雙眼，「可是這不是妳的錯。」

喬點著頭表示同意。

我轉頭，看著教室裡目睹這一切上演的幾百名學員。「這些人都是妳的陪審團。」我告訴她，「他們全都聽見了妳的故事。她有罪嗎？」我問大家。

大夥兒激昂地回應：「沒有。」

「妳聽見了嗎？」我問她。

「聽見了。」

「我們這些陪審團員們，全都審視過妳的案件了。」我說，「而我們發現妳是清白的。今天，我們宣佈當庭釋放。妳想要出獄嗎？」

「我想。可是我的治療師說，我可以一直待在裡面，直到我想出來爲止。」

「現在我們全都發現妳是無辜的了，妳還需要繼續待在裡面嗎？」

她看向每一個人。「不，我可以離開了。」

「那麼就走出這座監獄吧，如果妳願意。」我說。

她從凳子上站起來，倒進我的懷抱，哭了起來。她的丈夫走過來，溫柔地擁抱了她。

「你準備好把她從監獄帶回家了嗎？」我問喬。

「準備好了。」他說。

「你們永遠都和兒子有所連結。」我提醒他們，「但是你們不必透過痛苦來連結，你們可以透過愛來連結。」

她的丈夫帶著她走回座位。我察覺到，她重複對自己述說的這套劇碼已經深深地烙印在她腦中，因此，如果她不刻意抵抗的話，它有可能會捲土重來。它會如此頑強地植入在她腦中，一部份的原因是它被重複的頻率。當家人朋友們要求你停止批判自己，而你卻說自己做不到時，這句話很可能是真的。一九四九年，加拿大神經心裡學家唐納德・赫布（Donald Hebb）首度提出這個概念：「一起發射訊號的神經元，會連結在一起。」它們發射訊號的次數越頻繁，它們所傳遞的訊息就會變得更強。我很喜歡用這樣的比喻來解釋：我們大腦裡的路徑，就好像樹林裡的小路。我們越常走的路，就會變得越寬且越深、越容易被看見，我們也會對它感覺更熟悉。它會變成我們覺得最沒有阻力、最偏好，我們自然而然會跟隨的一條路徑。在哀慟的旅途上，我們太常走上跟珊卓拉同樣的一條道路：

「那是我的錯。」（或者「那是別人的錯」）。

另外一個讓我們走上這條道路的原因，是我之前談到過的——我們對生命中的每件事都渴求有一個合理的解釋。就生物學的角度而言，人類的設計就是會去辨識模式、連結、原因和結果——換句話說，我們會自己對自己說故事。人類就是這樣存活到今天的。如果我們沒有因果的概念，當獅子咬死我們的同伴時，我們就不會知道下次看到獅子應該避開。編織故事，能爲我們提供一種有別於偶然的感受。偶然令人難以接受。當類似喪親這類重大事件發生時，就一定需要有個理由，不能只是碰巧發生。我們在超越理解範圍的事件周圍編造出故事，好讓它變得合理——就算這些故事是傷人的，或具有自我毀滅傾向的。

扮演上帝

當我們不知道**為什麼**的時候，我們傾向於跳進去，開始扮演上帝。我們對自己說：「我原本可以避免他的死亡的。」或是，「該死的人是我。」這意味著，我們正在給自己賦予某種其實我們並不擁有的力量。誰生誰死，事實上我們無權決定。

大約一年前，亞齊（Archie）的太太史黛拉（Stella）因爲癌症病逝。我們碰面的時候他仍然十分哀慟，但他身上似乎沒有散發出任何苦澀或倖存者罪惡感的跡象。從他的口中我得知，他們倆剛開始相戀時，史黛拉已經跟前夫生了一個很乖巧的兒子傑克（Jake）。他們結婚後，亞齊和史黛拉生了另一個孩子尼克（Nick）。懷尼克的時候，史黛拉在胸部裡發現一個腫塊。醫生告訴她，懷孕期間乳房爲了準備哺乳而腺體腫大是常見的現象，聽完醫生的說明後，史黛拉放心了。雖然不在計劃之中，但是在尼克出生之後不久，史黛拉又懷孕了。這次懷孕期間，史黛拉又在胸部裡發現了一個腫塊，醫生也告訴她這屬於正常的範圍。後來泰勒（Tyler）出生了，一切都很安好。傑克很喜愛這兩個弟弟，這時亞齊和史黛拉覺得這個家庭已經圓滿了。

沒多久之後，史黛拉做了一次身體檢查，結果發現那個腫塊一直以來其實都是惡行腫瘤。癌症已經進展到第四期了。她和家人們虔誠地信仰著上帝，都相信最終她能得到療癒。然而多年下來，經歷好幾輪的化療之後，很顯然地她的生命正在漸漸消殞。某個晚上，當全家人都準備就寢之際，三歲的泰勒爬上床，和爸媽擠在一起。史黛拉輕柔地撫摸著泰勒的頭髮時，亞齊和她聊到，他有個同事說上帝這次眞的搞錯了。史黛拉抬起視線，看著亞齊說：「我們不能扮演上帝的角色。」

泰勒睡著後，亞齊說：「親愛的，要是我早點要妳去檢查，妳現在就不會生病成這樣了。」

史黛拉看著他：「我只知道如果當時我就發現它是癌症，接受了化療，我就沒有機會生下我們的孩子了。可愛的泰勒就不會在這裡了，尼克也不會。」

亞齊同意她的話，但是他仍希望自己早點讓她檢查就好了。史黛拉握住他的手，說：「親愛的，我一點都不後悔自己所做的事，因爲這讓我們擁有了這兩個小孩。我對你說這番話，是因爲我不希望以後的你有任何一絲的罪惡感。我也不希望你譴責上帝。我不知道上帝是怎麼決定誰活著、誰死去的。或者這一切都是偶然的，而上帝跟我們一起存在在這份偶然裡。我要你知道的是，如果我眞的要走了，對我最重要的事情是，我知道孩子們的這一生都會擁有彼此，而你擁有他們。」

史黛拉充滿智慧的話語，幫助亞齊免於倖存者罪惡感和對上帝的譴責。要開始走向療癒，你必須將權力交還給上帝、宇宙、命運，或是任何你所信仰的。這也許意味著，你開始承認自己對上帝的憤怒。我相信上帝的胸襟足夠寬廣，足以容得下你的怒火和瘋狂。也許你得去跟某個心靈導師談天、在車子裡尖叫、做一套哀慟瑜伽、捶打枕頭，找些不同的方法來釋放你的身體和情緒。等到你眞的釋放掉某部份的憤怒之後，也許你就會開始承認，如果你心愛的人死了，你卻還活著，那麼**該死的人**就不是你。你怎麼知道？因爲如果該死的人眞的是你的話，那麼你現在已經死了。既然你還活著，你就得思考你要用這個生命來做些什麼。你必須要回答的**為什麼**，不是你的親友爲什麼會死，而是你爲了什麼活著？爲什麼你在這裡？你可以爲你的餘生帶來什麼樣的意義？你可以在那些還活在世上的人身上，找到什麼樣的意義？

做什麼都不會改變結局……

我常常在手機上玩接龍遊戲。每當我輸了，我就想弄清楚爲什麼，所以我會按下「再玩一次」的按鈕，重玩一次一模一樣的牌局。如此一來我就可以檢視一些線索，看是否能找到其他的移動方式，得到更好的結果。不過有時候我發現，從我手上拿到的牌局來看，就算我每一步的計算都是正確的，我還是有可能會輸。我從中得到的訊息是，「做什麼都不會改變結局」。

這個訊息也許可以用來回應在哀慟時，我們心裡常常盤旋的那些「假如」。當我們發現自己糾結在「假如我當初採取別的做法，他現在還會活著」的想法裡時，「做什麼都不會改變結局」這句話就是一道提醒，上帝的骰子已經擲出，一直回顧只是徒勞。我們還能做的，是把我們從過去學習到的事物，帶進當下、帶向未來。要不要採取行動，將這些事物帶進意義之中，則全憑我們決定。

木已成舟，然而對活下來的人而言，未來還有無窮的可能性。當我和困在倖存者罪惡感裡的人工作時，通常我會從一些微小的片刻著手。若活下來的人說：「我才是該死的人。」我就把他們帶進這個片刻，告訴他們：「可是你看，現在的你還在這裡。我和你連結在一起、聊著你的痛苦的這一刻，是有意義的。分享你的痛苦永遠是一件有意義的事。」

死亡永遠是荒謬的，不過我能提供一點協助，幫助他們在**為什麼**這個問題裡，取得一些掌控感。

我會問他們這些問題：

- 你會用什麼樣的方式來紀念你心愛的人？
- 你如何創造一個不同的生活，將他們包含在其中？
- 你可以如何運用自己的經驗來幫助他人？

在每一天的生活裡找到意義，掌控權在你的手中。你依然可以去愛、去大笑、去成長、去祈禱、去微笑、去哭泣、去生活、去給予、去感恩、去活出當下。你也可以在低潮來臨的時候去經歷它們。那也可以是一種意義。到頭來，無論多麼艱難，如果我們允許自己花時間去追尋哀慟中的意義，答案必然會出現，而療癒將因此會發生。

可是，如果找不到意義，該怎麼辦呢？動人的百老匯音樂劇《漢彌爾頓》（*Hamilton*）其中有一首歌〈等到它出現〉（Wait for It），作曲家林—曼紐爾・米蘭達（Lin-Manuel Miranda）在歌詞中提醒我們，死亡會來到我們每一個人身上，但是在它來臨之前，我們必須繼續活著，而活著，必須要有個理由。「如果活著有一個理由／當所有愛我的人都死去／我願意等到它出現」。

也許我們不會知道，**為什麼**心愛的人死去了，我們卻還活著。現實就是如此。逝去的那條生命非常寶貴。而既然我們被賜予了更多時間，難道我們不該相信我們的生命也一樣寶貴？

第七章

自殺

「自殺並非任何人名字上的污點；它是一個悲劇。」

——凱・瑞菲爾德・傑米森（Kay Redfield Jamison）

自殺事件之後隨之而來的自我譴責，與種種「如果我當初」的想法所造成的痛苦，天底下沒有另一種痛苦比它們更加折磨人。即使自殺是一件已經影響我們私人領域的事件，我們也鮮少談論它。因爲它太痛苦、太禁忌、裝載著許多尚未消融的情緒，它太沉重。如果它眞的成爲了話題，通常我們會談的也不是自己生活裡的事件，而是從書本上讀到，或者從戲劇或電視節目上看到的情節——例如根據同名小說改編的連續劇《漢娜的遺言》（*13*

Reasons Why），劇情就是圍繞著一名高中女孩的自殺事件展開的故事。熱門百老匯音樂劇《致埃文．漢森》（*Dear Evan Hansen*）的內容也是關於一名高中學生的自殺事件。這兩個作品，主軸均著墨於自殺事件發生後，自殺者身旁的家人和朋友們所衍生的情感，這是一個素材豐富、值得探索的主題，因爲相關的情感總是非常複雜（有關閱讀本章時的重要提醒：本章內容聚焦在如何協助因親友自殺而經歷哀慟的人，而非爲有自殺意圖的人提供指導。）

如果我當初

當身邊有親友自殺時，哀慟者們幾乎無一倖免地，受困於「如果當初可以阻止這件事發生就好」的想法。在與無數親友自殺的哀慟者對談過後，我可以很肯定地說，我們的頭腦有時候眞的很殘酷。我們的念頭總是脫離我們的掌控、狠狠鞭笞我們。對這樣的人們，我會告訴他們的第一件事情是，如果有人刻意要傷害自己，我們旁人可能無力阻止它的發生。當然我們都該試著阻止，但如果事情眞的發生了，我們也不能責怪自己。自殺通常是一種衝動之舉，在某個絕望的片刻下採取了行動。就算接受過許多年的心理治療、抗憂鬱藥物、住院治療，甚至是休克療法（shock therapy），仍有可能發生。近期許多名人自殺的消息證明了這一點。

即便如此，我們的頭腦本能地還是會去思考**如果我當初……就好了**這種假設性的問題。我的朋友薇薇安（Vivian）最近打電話告訴我，她七十歲的父親自殺了。一個沒有接受過治療的酗酒者，長期用自殺威脅家人，最終以自殺了結，似乎是難以避免的事。可是薇薇安仍然克制不住地想：「如果那天我有去他家就好了。」「如果我有幫他換一個醫生就好了。」「如果我有介入他酗酒的習慣就好了。」這些想法都是罪惡感的產物，不過它們也是人的頭腦試圖在一件已經發生的失控事件上，試圖插入控制的方法。

自殺不是一種自私的行動，甚至不是一種自主的選擇。它是一個人在心智上需要協助的訊號。他是悲劇性的情境下產生的可怕後果。從不計其數自殺未遂的例子裡我們得知，他們不是眞的想尋死。他們只是無法繼續在那麼痛苦的狀態下生活。某些自殺是受到極端條件的逼迫——無法負荷的債務壓力、痛失最愛的人、嚴重的慢性疾病、官司纏身，或是上癮問題。然而還是有很多自殺者擁有理想中的美好生活——至少從外界的眼光來看是如此。他們擁有愛他們的親朋好友、豐厚的財務、美麗的房屋、成功的事業，但內心卻充滿痛苦。爲什麼？對於大多數沒有自殺傾向的人來說，大概幾乎不可能想像，想要自殺究竟眞正是什麼感覺。憂鬱症本身就是一種嚴重的疾病，它能夠導致自殺。

雖然疾病管制與預防中心（CDC）最近的研究顯示，自殺已經高居美國人死亡的重要原因之一，過去幾年來自殺率大幅上升，我們對於它的瞭解卻依然不深，尙無法眞正釐清導致它的因素。憂鬱症或其他的精神疾病確實在其中扮演了某部份的角色，但自殺很少是出於單一的原因。許多自殺者並沒有任何精神方面的病史，儘管這也可能只是因爲申報不足，或是診斷失誤。

正如同我們對自殺的成因所知不多，我們對於如何防治它的知識也十分有限。如果有人對我說：「不，不，你不懂。我救過他一次，我應該還能夠再救他一次的。」或是，「如果我早知道的話，我一定可以阻止他的。」我會讓他們知道以下的事實。

當前，最新的醫院在建造時，會聘請專門的建築師和設計公司，針對精神科的空間進行特殊設計。在打造這些設施的過程中，最關鍵的考量即是如何避免自殺發生。設計人員投入了數不清的巧思，深入思考每個物件的設計，從門扉到甚至是門的鉸鏈、浴室裡的設備、燈光、櫥櫃和抽屜，還有裝設了防爆玻璃的窗戶。等到醫院建成了，會安排受過自殺防治訓練的精神科醫生、精神科專科護理師、技術人員進駐。可是，就算有了這一切精密的硬體設計、配駐專門的工作人員、對每一項個人物品的檢查、甚至是奪走病患隱私的經常性監督，還是有人會在這樣的醫院中死於自殺。

為了解開纏繞在哀慟者腦海裡的種種「如果我當初」的想法，我會溫和地告訴他們：「也許事發當時你真的可以做點什麼，但是如果他們一心想死，如果他們的心裡真的那麼痛苦，那麼也許你要明白，他們總是會找到某個你不在場的時間的。」他們需要停止自我譴責——**也要**停止譴責過世的那個人。

自殺的污名

就自殺這個議題上，人們並沒有意識到，語言的力量。在英語中，當人們提及它時，最常見的用句是：「He/She committed suicide」（他／她自殺了）。然而，「committed」（犯行）這個動詞，通常是被使用在與犯罪有關的句型脈絡裡。一顆破碎的心是一場悲劇，不是犯罪。當我們說一個人「自殺成功」時，似乎也暗示著，因為自殺導致的死亡，也可以被視為是某種「成功」。在英語中，當我們要說一個人自殺了，也會用「He was a suicide」這樣的句型。然而「他／是／一個自殺」這樣的語法，等於是將一個人的死因等同於他的身份。我就從來不曾聽過有人說出：「She was a heart attack」（她／是／一個心臟病），或是「He was an end-stage cancer」（他／是／一個末期癌症）這樣的語句。吉姆不是「一個自殺」。吉姆是因爲自殺而死亡的吉姆。

就算大眾對自殺抱持同情心，附著在自殺上面的污名仍舊難以洗去。在一般日常的對話，以及主流的論域中，我們很難去談論這個話題。你去衛生局時很容易就能取得關於癌症或疾病成因的資料，但是關於自殺成因的資料卻少之又少。

親友自殺的人們常常會認爲這種事件不會發生在好的家庭、或好人身上。他們可能會覺得自殺是一樁罕見又羞恥的事，然後試著把它掩藏起來。然而只要他們願意敞開來談論這件事，他們一定會找到跟他們有同樣經歷的人，畢竟，自殺事實上是美國境內第十大死因。他們也許會很驚訝地發現，認識的人之中許多人都曾經有過親友自殺的經驗。

即便如此，污名仍在。研究指出，因爲親友自殺的哀慟者所能得到的幫助，遠少於親友因爲癌症過世的哀慟者。因爲是死者自己造成的，所以他的死亡更不值得哀悼，出於這樣的迷思，參加喪禮的人數較少，家屬接到的關心電話也比較少。死者的家屬自己有可能也會這樣認爲。這份哀慟蒙上了恥辱的陰影，有些人因此會捏造出其他的故事，假裝死因是心臟病發或中風或其他理由。

很多宗教信仰強化了對自殺的譴責，它們將自殺視爲一種罪，不過某些思想開明的宗教人士，已經開始改變他們對自殺的看法。在一場有關自殺的演講上，我提出了這個觀察，演講結束後，一位男士前來找我說話：「我希望你說的是眞的。」

「你有過認識的親友自殺的經驗嗎？」我問他。

他眼眶裡湧出淚水：「我的母親患有精神疾病。診斷結果是思覺失調症。最後她自殺了。神父跟我說，她會被拒絕進入天堂。」

我看著這位六十多歲的可憐男士，想到他可憐的母親被隔絕在天堂之外，註定永遠受苦的模樣，他老淚縱橫。然而我們從來不會譴責任何癌症末期的病患，或是想像這些人會因爲癌症而無法進入天堂。那躁鬱症末期的人呢？思覺失調症末期的人呢？他們就值得被譴責和排擠嗎？我們漸漸開始看見，社會對於精神疾病的相關信念有多麼僵固老舊。

我們應該做更多事來防治自殺嗎？當然。我們應該孜孜不倦地教育民眾有關自殺的知識嗎？是的。我們應該提升人們對精神疾病的意識，並且讓大眾知道，精神疾病會如何導致自毀的傾向嗎？毫無疑問，是的！事實上，如果你的親友是因爲自殺過世的，推動這項工作很可能是你追尋意義之旅的一部份。

解脫之路

在因爲自殺而造成的死亡中尋找意義，看起來似乎是難以達成之事。家屬們也許會被導致家人輕生的同樣一種無助感所淹沒。當我在與這類家屬進行諮商工作時，我會告訴他們，首先，他們必須將痛苦與受苦區別開來。痛苦是對於死亡的自然反應，無論是自殺或其他原因，然而受苦則是由頭腦給自己創造出來的折磨。這些話我不厭其煩地對許多哀慟者說過，但是對於這一類的案主而言，這件事格外重要，因爲對於親友爲什麼會自殺，他們腦中常常超量地製造出具有傷害性、自我譴責的故事。

從頭腦所創造出來的受苦中找到解脫之路，方法就是找到意義。

它並非一條輕鬆的坦途。自殺造成的死亡常常被視爲無意義的，我們卻不一定要這麼看待。一個因爲這種死亡而哀慟的人，或許會以自己的速度，找到屬於他們的意義。一條可能的路徑是，加入協助防治自殺的組織。實際上，大多數自殺防治組織的創辦人都是在自己經歷過親友的自殺後，希望透過這個行動來找到意義的人。

幾年前，我在一堂以自殺爲主題的專業人員訓練課程中演講。其中有另外一位講者是紀錄片導演麗莎·克雷恩（Lisa Klein）。麗莎在演講中談到，她的父親和哥哥都是因爲自殺過世，失去他們的痛苦引發了她對這個主題的興趣。在短短數月之間，父親和哥哥相繼自殺，而自殺的污名如此巨大，所以「自殺」這個字眼從來不曾出現在家人的口中。麗莎在課堂上分享了她拍攝的紀錄片《禁忌的字眼》（*The S Word*），內容記錄了一名自殺過後的生還者，轉變爲一個宣導大眾提高對自殺議題覺知的倡議者，他全新的使命就是去找到其他的自殺生還者，並且記錄下他們的故事。

麗莎先前還拍過一部以躁鬱症爲主題的紀錄片，靈感來源是一生都與躁鬱症糾葛不清的姊姊。那部片拍完後，麗莎原本心想，是時候離開精神疾病，朝向其他不那麼沉重的主題了，她才發現，原來自己的家庭裡還隱藏著更多的陰暗，需要面對。她在一篇訪問裡談道：「有那麼多的家庭承受著這樣的痛苦，爲了防止它再發生，拍片工作一點都不令人沮喪。保持沉默而不去把這部片拍出來，才眞的教人沮喪。」爲了從失去父親和哥哥的哀慟中找到意義，她拍攝了一部以自殺防治爲素材的電影，而這部電影將她帶入了一個興起中的社群，結識了在自殺倖存後，開始幫助他人的一群人。這些人述說了自己掙扎的旅程，故事中充滿了勇氣、洞見與幽默。

通往意義的道路有很多，只要動身尋找，最終你一定會找到它。某一次在團體課程中，一位名叫瓊安（Joanne）的女士談起了十多年前自殺的母親。瓊安看起來很脆弱，促使她開啓話題的那份悲傷如此鮮明，顯然在那麼多年過去後，時間並沒有帶走所有的痛苦。「要從這件事上找到意義，眞的很不容易，」她說，「因爲社會讓我們沒有辦法自在地談論它。過去兩年，我一直在問我自己，這個痛苦是爲了什麼？我還能怎麼做？我要怎麼樣在它上面創造意義？」

「媽媽成長的時代裡，沒有人會去談論性騷擾或是性侵害這個議題。」她說，「但是這件事發生在她身上了，而且她沒有辦法從中復原。它太沉重，就連我有時候都會猶豫要不要提起它。我的外公性侵了我的媽媽，而在那個年代，對於性侵案件所造成的創傷，是幾乎沒有治療方法的。」

在瓊安母親的故事裡聽見創傷的情節，並不令人感到意外。在許多的自殺案件中，我們都能發現一些混合了身體創傷、情緒創傷、精神疾病和上癮的痕跡。對瓊安母親而言，童年時期受虐經驗衍生出的後果持續影響了她的一生。

我的媽媽總是不停地問自己：「爲什麼我不能被愛？爲什麼爸爸要傷害我？」從五歲到十二歲，外公持續侵犯她，並且用槍威脅她，不准她告訴別人。她因此嚴重受創，從此不能開口說話，外公便將她送進精神病院。那個年代的醫生還不知道怎麼治療創傷。「創傷後壓力症候群」這個名詞甚至都還沒出現。

連續幾年進出精神病院後，醫生用很高強度的休克療法（shock therapy）治療她，而且建議她跟外公當面對質。她這麼做之後，外公的反應是：「妳瘋了。妳的腦袋被那個休克療法搞壞了，妳根本什麼都不記得。」

這就像是在媽媽的心上再捅了一刀。媽媽的情況變得更糟糕了。

最後媽媽在她當服務生的餐廳裡遇上爸爸。他們結婚一年之後生下了我。我一出生，爸爸就開始注意到她因爲自己新手媽媽的角色而變得非常緊張。他意識到她面臨著嚴重的精神問題。幸運的是，爸爸有很多家人都跳進來幫忙。媽媽一直以來在很多不同餐廳當過服務生，也在沃爾瑪商場（Walmart）當過接待員。人們總是說她很聰明，應該去當管理職。但是她沒有興趣，唯一試過的幾次結果也都很不好。有次我問她，爲什麼老是被這類型的工作吸引。她說她想要讓人覺得自己是受歡迎、被需要的。

媽媽晚年被診斷出思覺失調症和憂鬱症。缺乏資源幫助她面對性侵的傷害，與性侵對她生命造成的影響實在太慘痛了。長期下來，她終於再也無法承受。最後她是混了很多種不同的藥，服藥過量死的。她留下的遺書寫著：「我受不了了。」

瓊安不願意媽媽的故事以這樣的方式結束。她需要、也想要從母親悲劇性的人生之中找到意義。她接受自己幫助不了母親的事實，但是她希望可以找到某些方法，讓母親所受的苦創造出一些正面的影響。她希望將母親的痛苦化爲使命。最後，瓊安成爲一名訴訟律師，這讓她有機會透過自己的專業，來改變性侵案件被害人的命運。雖然花費了數年的時間，不過最初是一場非常知名的性侵訴訟案件吸引了瓊安的目光，激勵了她採取行動。

「吉安．高梅希（Jian Ghomeshi）那個案子，我觀察了整個案件的過程，」她說。「他是加拿大有名的廣播名嘴和音樂人，因爲被控性侵至少三名女性而接受審判。他獲判無罪，因爲辯方律師非常有技巧地將焦點導向被害女性證詞中一些不一致的小細節，以及在性侵發生後，被害人還是再度與高梅希發生關係（某些受虐案件的受害者會產生的行爲）的事實。法官認定，從辯方呈交的事實來看，證人的指控「受到謊言的污染」。可是，我知道辯方律師追著打的那些不一致的證詞細節，是遭受創傷的人會有的典型表現，她們無法清楚回憶起過程的細節。

「我和其他的訴訟律師聯合起來，著手推動加拿大修法，敦促法官接受與性侵害和創傷議題有關的教育。對我而言，讓司法系統中的人可以得到教育，更加認識曾經摧毀我母親的傷害，能夠做出這些必要而且正面的貢獻，減輕了我一部份的痛苦，也成爲了我爲母親創造一些正面遺產的方法。」

我常常問哀慟者，倘若他們有機會對過世的親友再說一次話，他們會說些什麼？對於親友死於自殺的哀慟者來說，他們的哀慟經常混雜了罪惡感與憤怒，所以思考這個問題的時候，尤其容易激起情緒。也許是因爲瓊安已經找到了方法，從她母親的遭遇之中創造出意義，所以她的感受不那麼複雜。她整個人充滿了愛。

「我希望媽媽不要覺得自己的人生是失敗的。」瓊安說，「她所面對的阻礙很巨大。她最後的遺言說：『我受不了了。』我會回她，我不怪她用這樣的方法離開。我會告訴她，我無條件地愛她。」

研究指出，七歲的孩童就會出現自殺的想法。人們並沒有意識到年輕人的自殺率有多麼高。這一類的死亡通常發生在分手後，或是因爲霸凌、創傷，或許多其他不同的因素。年輕人經常是非常衝動的。

傑夫（Jeff）是我某一場專門爲諮商師舉辦的工作坊裡的學員。他說了自己的故事：

十六歲那年我高二，認識十四歲、還是八年級生的提姆（Tim），他自殺了。他就住在我家附近。我幼稚園時期就認識他了。那時候學校只上半天課，因爲爸媽都在上班，所以下午下課之後我會去堤姆家，他的媽媽會照顧我。

我跟堤姆之間一直都還算友好，在那個年紀，差兩歲就是很大的差距了，不過在學校走廊遇見的時候，我們會互相打招呼。我並不是眞的跟他很熟。他死的時候，那是我第一次眞的遇到同年齡層的朋友自殺。我記得他的死轟動了整個學校。他在學校很受歡迎，而且一直看起來是個快樂的人。他雖然不是足球隊長那一類的人物，不過他臉上總是掛著微笑，品學兼優，待人友善。每個人都受到了震撼，因爲沒人看得出來他有什麼自殺的理由。

記得那時候我會想，我還有別的朋友跟他一樣其實很不快樂，但是都沒有表現出來的嗎？所以我開始讓自己跟朋友們多聊幾句，多去瞭解他們一點。「嘿，你今天過得好嗎？」我會這麼問。我想要確保朋友們知道，如果他們有什麼傷心的事，可以來跟我說。

高中一畢業，我就馬上加入教會的青年志願服務。我考到社工師執照，從那時候起我就一直從事諮商工作。我一直會借用堤姆的故事，來幫助心裡可能有困擾的孩子們，尤其是那些安靜地受苦、覺得不能把煩惱跟任何人說的人。我讓年輕人們都知道，他們可以得到幫助。我爲他們提供一個可以放心談論自己的空間。我會問些問題，仔細傾聽，協助他們度過困難的情況。

我辦公室的抽屜裡收著一張提姆的照片。有時候我會把它拿給我的案主看，讓他們知道：「這個年輕人是我的朋友，他吃了很多苦，自殺了」我希望我的案主知道，我很熟悉像他們這樣心裡藏著問題的年輕人，如果他們有自殺的想法，我不會批判他們。我告訴他們：「我想要確定你們會好起來。我會做這份工作，就是因爲想要幫助像你們這樣的孩子，讓你們不用自己默默地受苦。」

我也爲很多遇到身邊親友自殺的青少年做過諮商。我試著協助他們把破碎的心重新拼湊起來。幾年前，我有一個年輕的案主，他最要好的朋友自殺死了。他們倆同年，都還是中學生，我們對談的時候，他的朋友已經過世三年了。可是他的心情還是很低靡。我把提姆的照片拿給他看，告訴他一點我自己的經驗，還有我是怎麼走出來的。我感覺得到那一刻很重要，因爲他感覺到自己是在跟一個眞的能懂他的心境的人說話。這是他開始好轉的轉捩點。

幾年前，我在 Facebook 上發了一個訊息給提姆的媽媽（我幼稚園時期的保姆）。我掙扎要不要做這件事好多年了，不過最後我總算做了。我的訊息是：「嗨，雖然我無意打擾，讓妳回想起一些可能還會難過的事，但是我想告訴妳一些關於我的事。某些傷口永遠不會完全癒合，所以，我後來決定從事諮商工作，去幫助像提姆那樣的孩子，希望可以讓他們變好。」

傑夫說，她馬上就回了電話給他。「我很高興你發訊息給我。」她告訴他，「我還是很想念堤姆。我已經在失去他的痛苦裡掙扎了好多年了。」她在電話裡哭了幾分鐘，傑夫靜靜地聽著。「聽到堤姆的死讓你找到了目標，我覺得很安慰。」她說，「你幫助了很多有類似處境的孩子。」

有兩件傑夫做的事，安慰了堤姆的媽媽。首先，他見證了她的哀慟。即使已經過了那麼多年，知道自己兒子的生命和死亡，依然對這個世界有影響力，對她而言很重要。其次，他向她分享了自己是如何從堤姆的死上面找到意義，這也爲她帶來了意義。

大多數的人，都會感到非常難以理解，自殺者心裡眞正在想些什麼——這也許是因爲，我們是透過一個健康的心智、沒有憂鬱症或其他精神疾病的角度在思考。我有一封保存了很多年的遺書，我認爲它能夠讓人深入看見，可能導致一個人自殺的那種痛苦。「我就是不懂。」當失去親人的家屬這麼說的時候，這封信將有助於他們理解。

親愛的媽媽，爸爸，還有葛瑞高利（Gregory），如果這次我成功了，我想要你們知道，我眞的很抱歉，可是我心中一絲希望都沒有了。我感覺自己卡在一個深淵裡，動彈不得。我渴望從所有這一切我加諸在自己身上的不幸中解脫。我已經永遠地失去了我自己、我的靈魂，和生命的方向。我不知道什麼才是對的了。

每天困在負面的思緒裡，無力從這種折磨中脫困，我覺得自己被榨乾了。待在別人身邊讓我覺得好恐懼。我想過很多自殺的方法，但是每次也都會跟著想起你們，媽媽、爸爸和葛瑞高利，我已經竭盡我所有的一切來抵抗這個念頭了。有時候我會想，也許還是有希望的吧，接著我又會馬上開始質疑起自己。我知道這樣看起來超級懦弱，也或許我眞的就是超級懦弱吧。但我眞的覺得自己已經毀壞了，那不是誰的錯，是我自己的問題。很抱歉這麼做將會給你們造成很多麻煩，對你們很不公平，也不光彩，可是我很虛弱，我想我撐不下去了。只希望如果這次我眞的成功了，上帝能夠理解我。對我來說，最大的損失是我將會失去你們，我的家人們，可是我找不到更好的辦法了。所有的事情都讓我感到噁心，我改變不了腦袋裡這種想法。媽媽，對不起。我愛你們每一個人。是時候遠離這個星球，把我的靈魂從我曾經施加在自己和你們身上的苦難中解放出來了。眞希望我能夠向你們描述我內心所感受到的……憤怒、痛苦，與我的無能爲力，我不知道該怎麼跟這些感受連結，也不知道怎麼讓它們變好。

我想要的只是愛。至少這是我現在的感覺。然而我的內在卻一點愛都不剩了。沒有辦法成爲一個有愛的人，我感到自己面目可憎。這不是我。我甚至不認識我自己了。我盡力了。沒有人有錯，除了我。要是我可以向你們展示我究竟有多麼愛你們，我保證一定會的。只不過不是在我還活在這個身體裡時。我會從天上展示給你們看。希望上帝會照顧我，也祈禱祂可以懂我、原諒我。我會很想念你們，幾乎都讓我想要留下來努力把問題解決了。可是我做不到。我阻擋不了這股衝動，上帝一點幫助都沒有了。我卡住了。這一生什麼成就都沒有，我很難受。我覺得自己好無能。眞的很抱歉。我愛你們所有人。請你們原諒我。跟你們一點關係都沒有。全都是我自己一個人的問題。

愛你們的，

羅伯特（Robert）

寫完這封遺書之後，羅伯特自殺身亡了，他的書信呈現了那麼多種迫使他自殺的痛苦。他隱約知道自己想要成爲的樣子，可是他做不到。我們看見了他的掙扎和失敗感，還有人生無法照他希望的方式發展時所導致的失望。絕望的情緒貫穿了整封信，他也爲自己對他所深愛的人所做的事感到愧疚。在一天的時間裡，羅伯特心中要面對的惡魔，也許比我們多數人一整年要面對的惡魔都還要多。他渴望的只有一件事，就是結束他的痛苦。不過，對於被他遺留下來的人，他留下了一則清晰的訊息，表示那不是他們的錯。他的文字幫助他們理解，讓他尋死的，是他心裡的痛苦，而不是因爲他們做了什麼，或沒做什麼。

今天，由於他父母的無私分享，他的文字幫助了很多因爲自殺而失去所愛的哀慟者，讓他們明白到自己不需要受譴責。藉由這個方式，他留下了一份禮物，讓他的父母能從他們的喪子之慟中找到意義。

意義有時候也會透過最意想不到的方式來到。汪達（Wanda）跟我說了她養的貓薩曼莎（Samantha）的故事。薩曼莎生病了，醫生診斷牠得了鼻腔癌。

我們在教學醫院看了一個獸醫，有一陣子薩曼莎狀況不錯，可是牠的腫瘤是惡性的，後來擴散了。通常帶牠去看醫生的時候，我丈夫會跟我一起去，可是沒想到最後一次去時，我碰巧是一個人，醫生決定最好的做法是安樂死，我傷心透頂。

前前後後，包含幫助我做出這個非常困難的決定、到執行安樂死、以及之後的過程，克莉絲汀醫生（Dr. Christine）花了非常多時間陪著我，我覺得非常感動。她的溫柔給我帶來了很大的支持。不過薩曼莎死後一個月，我又跌入了失去牠的哀慟之中。當時，想起那位獸醫的溫柔，是我的慰藉之一，所以在社工系碩士畢業以後，我決定再考一張獸醫證書，去幫助我們的動物夥伴，還有照顧牠們的人。

兩年後，我很想告訴熱心又溫柔的克莉絲汀醫生她對我的啟發有多大，所以去了一趟她的辦公室。等我到的時候，櫃檯人員說，她已經不在那裡工作了。

「那她現在在哪裡？」我問，「我想要跟她聯絡。」

他們說，他們不能透露她的消息，不過說話的方式感覺有點不對勁。我把自己受她啟發的故事告訴了他們，他們開始泛起淚光。終於，有一個人說：「我們平常不會告訴別人，不過，克莉絲汀醫生一年前自殺過世了。」我很驚訝，可是他們對我說，自殺對獸醫而言，是很常見的事。

後來我做了一些調查，結果發現，美國大約一萬名執業獸醫師中，有六分之一考慮過自殺——男性比例約爲十四．四％，女性比例約爲十九．一％——這是美國全國平均水準的三倍，也近似於一般醫生的比率。無論是一般醫生或獸醫，要親眼目睹自己的病患受苦或死亡的場景，都是難以承受的壓力。

我決定做些事情來改善這個現象，所以我籌辦了一個開設給當地獸醫參加的支持團體。我會試著順道拜訪他們的辦公室，簡短聊聊天，鼓勵他們多跟其他的同行接觸，不要封閉自己。我會讓他們知道，他們的貢獻很重要。這就是我找到的意義，也是我獻給克莉絲汀醫生的禮物。

這是殘酷的事實：自殺身亡的人，不是因為我們做了什麼事、或沒做什麼事才死去的。他們死去，是由於他們壓抑的精神狀態，而他們受苦的頭腦告訴他們，自殺才是唯一能夠令他們從這種極度的痛苦中逃離的方法。

我們可以用一種榮耀他們生命的方式來生活，並且將希望帶進曾經令他們掙扎之事。每一個生命都有其意義，無論它用什麼方式劃下句點。

第八章

棘手的關係

「善待每一個正在與你所不瞭解的事物搏鬥的人。」

——佚名

在哀慟中，你會希望最要好的朋友與家人們敏感地覺知到你的感受、瞭解你的悲傷。他們大多數人會。但其中某些人似乎總是令你失望。你可以理直氣壯地挑剔他們，也可以單純地接受他們就是這樣。這是你必須做的選擇。我的觀點是，這兩者都是正當的。只不過，期待對方有所改變，往往只會招致更多的混亂。

每當我聽到有人對哀慟者說出不得體的話，或做出魯莽的舉動時，我總會問：「這是他們第一次這樣嗎？」答案通常是否定的。人的狀態是具有一致性的。自戀的母親會把你的哀慟都連結到她自己身上。好勝的朋友會認爲他的哀慟比你的嚴重。控制欲旺盛的兄弟姊妹會指導你該如何改善情況。在這些棘手的關係裡，我們一部份的責任是，去看到對方本來的樣子，然後從一個平靜抽離的位置，來決定要如何回應他們。

我的一位案主柔伊（Zoey），她因爲姊姊過世大感傷心時，一個朋友對她說了超級愚蠢的話。現在她們不再來往了。

「她說了什麼？」我問。

「我姊姊過世的時候，她說：『也好，至少妳從今以後不用活在她的陰影底下了。』」

這句話有點沒頭沒腦的，我不禁好奇是什麼樣的脈絡之下讓她說出這種話。我問：「妳們以前聊過妳覺得自己活在姊姊陰影底下這個話題嗎？」

「噢，有聊過，我跟我姊姊的關係一直都是這樣。」

「妳的朋友以前也會口不擇言嗎？」

「會，她常常講出很蠢的話。」

「妳會指望她說話的方式突然變聰明嗎？只是因爲有人過世了？」

「嗯，我會。有人過世的時候……」

「我們就突然都進化了，對吧？」

她笑了出來，我也是。她聽懂我的意思了。每個人都有自己本來的樣子，他們不會只是因爲我們有需要，就突然改變。假如他們對我們來說很重要，我們會忽視他們的不敏感，如果他們是不那麼重要的人，我們則可能會考慮放棄這段友誼。

當然，某些關係不是我們選擇的，比方說我們和孩子的關係。當我們在最艱難的時刻，期待他們有好的應對，他們卻令我們失望時，我們需要做的，是試著去瞭解他們怎麼了。我有一對夫妻案主，他們的小女兒在泛舟意外中不幸身亡，當時他們的大女兒布魯克（Brooke）還是個青少年。媽媽口中的大女兒是個情緒化的少女，在爸爸的眼中，她則是個徹頭徹尾的叛逆青年。當他們在葬儀社爲喪禮的細節做最後安排時，布魯克說她要去洗手間。三十分鐘之後，爸爸去找她，發現她在外面，一邊抽菸一邊用手機和朋友聊天。爸爸生氣極了。喪禮三天之後，她半夜溜出家門找朋友，隔天早上還說謊隱瞞。接下來一連好幾週，這種欺瞞的行爲持續發生，她的爸媽對她的行爲感到極度震驚。他們不敢相信妹妹的死對她而言似乎不痛不癢，她對他們的感受又是如此冷漠。

小女兒過世兩個月後，這對夫妻來參加我的支持團體，他們談到自己對布魯克的行爲十分不滿。我詢問他們，布魯克的行爲和小女兒過世之前是否一致。答案是肯定的，可是他們期望小女兒的死可以讓他們一家人更團結、也讓布魯克變得更溫順一點。

「你們希望小女兒的死，可以讓你們一家人突然變成聖誕卡上那種經典溫馨家庭，」我說，「這是一種很常見的妄想。」我們常常誤以爲死亡會成爲令人成長的催化劑，改善我們的性格，並且製造出某種緊密和團結的感覺。確實，死亡有時會帶來某種新的成熟。但很多時候，情緒的動盪只會放大我們的不成熟之處，這種現象在青少年身上尤其明顯。青少年和某些成人並不知道如何安頓自己的情感，就像這個例子裡的姊姊，他們心裡的感受泰半是十分複雜的。也許布魯克不知道如何表達自己的哀慟，也有可能憤怒是她唯一知道的表達方式。也許她之前常常跟妹妹吵架，現在的她心中滿是罪惡感。也許她不希望朋友們看出她有多悲傷。她希望什麼事情都不要改變，只想繼續當個不知天高地厚的青少年。又或許，她厭惡所有投注在妹妹身上的焦點，她感到父母不再注意她了。也許她覺得跟朋友們混在一起會讓自己好過一點。也許還有數不清個也許。哀慟像是一道強勁的水流，它會滲進一切被它碰觸過的事物裡。我們期待更多的愛和慈悲。但這一道水流也會流過怨恨、自以爲是與對立的行爲。性格也會決定哀慟的樣子——好性格與壞性格都會！

結清舊賬

倘若在死亡降臨之前，我們人生一切的問題都已經圓滿落幕、所有的關係都皆大歡喜，那該有多好。遺憾的是，現實往往不會如此完美地上演。伊麗莎白·庫伯勒—羅斯曾經把這個稱爲「未結完的舊帳」(unfinished business)。親友離世後，往往會給我們留下一些尚未解決的議題——一些混雜了憤怒和罪惡感、懊悔和指控的難題。我們的感受可能衍生於昨天才剛發生過的爭吵，或是來自童年的陳舊往事。我們和死者的關係可能是很緊繃的，也可能是長期的疏離甚至不相來往。

人死之後，當然就不可能再解決任何彼此關係中的問題了。沒有解決的議題仍然沒有解決。但如果我們知道某個我們和他有心結的人就快死了呢？這給我們同時帶來了機會和窘境。我們要不計前嫌地去陪伴臨終的他？還是我們要繼續保持距離？再者，如果我們出現在他面前，他會歡迎我們嗎？

我認識一對從幼年起關係就充滿衝突的姊妹。羅榭爾（Rochelle）品學兼優，是凡事都很遵守規矩的孩子，而妹妹麗莎（Lisa）學業表現不佳，常常頂撞父母，到處惹麻煩。羅榭爾和麗莎一天到晚吵架，羅榭爾痛恨妹妹總是讓家人難堪。青少年時期，麗莎會毫不過問地把羅榭爾洗乾淨的車子開出門，還撞壞它。她們倆水火不容，怎麼樣也合不來，爭執不斷。

羅榭爾去念了醫學院，在那裡遇到她後來的丈夫，兩人最後都成為了醫生，生了三個小孩。他們在羅榭爾父母家附近買了房子，羅榭爾非常投入在家庭生活中，也活躍於社區事務之中。另一方面，麗莎沒有上大學。她很想當演員，為了一圓登上百老匯舞台的夢想，她搬去了紐約。如同許多懷抱著演員夢的女孩，她在餐廳當服務生支持自己達成夢想。有次她弄丟了餐廳服務生的工作，於是打電話回家跟父母借錢。羅榭爾聽到這件事後，她告訴爸媽，要他們停止資助麗莎，這樣麗莎才能真的長大。

當兩個人都過了三十歲時，羅榭爾已經是一名成功的醫生，麗莎才剛剛在百老匯得到幾個小角色，好不容易開始站穩了腳跟。然而，她們各自找到了想要的生活這件事，似乎無助於改善她們的關係。每逢聖誕節或感恩節回父母家團聚時，羅榭爾總是覺得麗莎很自我中心，麗莎則認為羅榭爾古板又緊張兮兮。團圓的場合上儘管她們努力和睦相處，但火藥味總是一觸即發。

最終麗莎總算在百老匯拿到了一個主角的角色，事業開始扶搖直上。差不多同時間，羅榭爾發現自己得了腦癌。她進行了化療，但她知道自己剩下的時間不多。羅榭爾確診之後，麗莎回到家鄉，花了一些時間陪伴她。某天，麗莎說：「希望妳趕快好起來。孩子們需要媽媽。妳的病患們都很喜歡妳。也許過陣子妳體力好一點了，就可以來紐約看我演出。」

羅榭爾立刻回嘴：「妳永遠都只會想到自己，對吧？」

這句話讓麗莎非常受傷。她參加了羅榭爾大專的畢業典禮、醫學院的畢業典禮，還有她醫院辦公室開幕的時候她也去了。她也為羅榭爾的孩子們慶生。當麗莎覺得自己的生活裡終於有些好事發生，想要跟姊姊分享時，羅榭爾卻不感興趣。雖然如此，麗莎下戲之後，她還是回家去幫忙羅榭爾。這時羅榭爾的病況已經惡化得很厲害了。麗莎每天幫忙照顧孩子們，並且帶羅榭爾回醫院門診。

羅榭爾問麗莎為什麼要做這些事，她說：「因為妳是我姊姊。」八個月後，羅榭爾過世了。她走了之後幾個月，一個表姊去紐約拜訪麗莎。她告訴麗莎，她看著她和羅榭爾長大，一直都知道她們姊妹倆關係有多緊繃。她很納悶到底為什麼她們處不來。「我從來都不想要羅榭爾改變自己，」麗莎告訴表姊，「可是她卻一天到晚要求我改變。在她眼中，我不是乖孩子，可是我只是比較有創造力。」

令表姊驚訝又敬佩的是，就算兩個人吵鬧不休，麗莎最後還是回家去照顧姊姊。「妳怎麼會有動力去爲姊姊做那麼多事？」

「我只是做好我的角色該做的事。」麗莎說，「這是我從演戲裡學到的。我選擇演員這個工作，多少也反映了我的性格。我的工作就是要應對各種人和情況。別人要怎麼扮演他的角色不是我能多嘴的。我唯一該做的事情就是扮演好我自己的角色。我去幫她，就是我的角色想要做的事。」

麗莎明白到，到頭來，不管這份關係有多麼複雜又令人沮喪，我們還是只能爲自己這一邊負責。羅榭爾是什麼樣的人，不是她可以控制或評價的。但是她自己的行爲則是她完全可以掌握的，而她選擇了自己認爲正確的一條路。

我相信麗莎的決定來自於一份很深的內在智慧。當人們面對棘手的關係時，通常會聚焦在對方的反應上。我爲他們做了這些事，他們會感謝我嗎？會得到回報嗎？還是他們會用傷人的方式拒絕我？我常常鼓勵人們，做出善良的舉動時，不要抱有任何期待。期待其實就是尚未成形的怨恨。

每個人都應該決定自己要如何應對棘手的關係，當這段關係的情況越複雜，進行選擇的難度就越大。當死神靠近時，決定又更是難上加難。然而有時也可能是相反的情況，死神會讓一切變得清晰。我想崔西雅（Trisha）的情況就是這樣。她已經和媽媽斷絕關係很多年了。

崔西雅是一名特教老師，媽媽有精神疾病，成長的過程很艱辛。媽媽很希望可以照顧崔西雅，可是因爲生病的關係而難以達成。回首自己的童年，崔西雅說：「如果用今天的角度看，我媽媽可能會被診斷成躁鬱症患者，不過當時沒人知道問題到底在哪裡。她大概是我六歲的時候發病的。那個時期，她不願意買衣服給我，卻會買給我哥哥。她完全無視我，我活得就像個小野人，有一次親戚來我們家，忍不住帶我去買衣服，還付錢讓我理髮。我媽不只冷落我，她還會毫無理由地打我。一個人還那麼小的時候，是無法理解媽媽其實精神有問題的。你只會覺得，如果媽媽這樣對待我，一定是我哪裡做錯了。」

我問崔西雅，她那時候還這麼小，怎麼應付這種情況。

「我應付不來。」她說，「所以我十三歲就開始喝酒和抽大麻。我想要麻痺自己。很幸運的是青少年時期我沒有惹上更多麻煩。我二十二歲的時終於離開家裡，從此沒有再回去過，除了一些很短暫的拜訪。」

「媽媽怨恨妳離開家裡嗎？」

「她會。我因此覺得很痛苦。可是媽媽對待我的方式太具有毀滅性了，我想我只有把自己跟她的接觸範圍降到最低，我才有可能活得有意義一點。有一段時期我每年都會去看她一次，直到有一次她在我面前把門甩上，不讓我進家門。後來我打電話給她，她在電話裡尖叫，說她恨死我了。從那以後，我就決定把媽媽從我的生活裡移除。人們會批判我，因爲我都不去看我媽，可是他們不明白我的遭遇。那時候起我就切斷一切跟她有關的連結了。」

「完全沒有聯絡了？」我問。

「我每年會寄一張聖誕節卡片。因爲我想這麼做。我是爲了自己才做的。」

就像麗莎，崔西雅也選擇了只爲自己這一方負責。她的媽媽如何反應不會影響到她。

崔西雅接著往下說：「我和她斷絕來往之後，親戚跟我說，她因爲企圖自殺，被送去住院了。被發現的時候她已經不省人事，等到她甦醒之後，她開始信教。我想她在信仰中找到意義了吧，她的教會也很接納她。不過我沒有興趣跟她恢復關係。過去的經歷太痛苦了。」

「當我發現媽媽得了癌症時，我跟她已經二十幾年沒有說過話了。我住在麻薩諸塞州，那時候正在教暑期班。我考慮了很久，才決定去休假去一趟華盛頓，陪她走最後一段。我到的時候，她的癌細胞已經擴散到全身了，連她的大腦裡都有。我陪她的那一個星期之間，我們沒有談過爲什麼我們二十多年都沒有說話。我每一天都在媽媽身邊，大概一星期後，她早上七點過世，那時候房間裡除了我，沒有別人，我握著她的手，親親撫摸她的頭。」

「這對妳來說是一個什麼樣的經驗？」我問。

「我得到了某種平靜。她不久人世，陪伴她走到終點對我來說很有意義。我不後悔自己二十多年都不跟她說話的決定，但是在她走的那個時刻，我還是感受到了愛。雖然她精神出了問題，但她還是盡力扮演了母親的角色，她做了她所能做的了。她走的時候，我已經成熟到足以理解，躁鬱症不是她選擇的，她對待我的方式不是因爲我做錯了什麼，而是因爲她的疾病。」

寬恕

寬恕可能對我們大多數人而言都是一道難題。我們構築城牆，長年包圍住自己。在哀慟時，這道牆也許會變得更難拆解。首先，不是所有的事情都能夠被寬恕。我們的一生裡，總有些殺不死的怪獸。

對於被不快樂和怨恨啃食的哀慟者來說，寬恕是一項絕佳的禮物。

寬恕有許多不同的類別和型態。我通常會討論以下三種可能性：

- **間接寬恕**：只在你自己心裡進行的寬恕。
- **直接寬恕**：另一方前來向你請求寬恕，所以你寬恕他。問題是，對方很少會這麼做。
- **有條件寬恕**：另一方向你請求寬恕，你會依據不同的情況來決定要不要寬恕。他們是眞誠的嗎？他們有及時表示嗎？他們明白自己給你造成的痛苦嗎？

在這三種類型當中，我發現間接寬恕是最常發揮作用的。無論對方是生是死，我們不需要別人就可以進行。

藉由不再讓別人的行爲來定義我們，我們可以學會如何寬恕自己和曾經傷害過我們的人。就算謀殺案之後的寬恕很罕見，這樣的案例仍是存在的。有一位女士她的妹妹十年前遭人殺害，這件事至今仍然佔據著她的心頭。這摧毀了她的生活。殺人犯被判終身監禁，而這位女士也像是生活在囚牢裡，她尋找著脫離這種痛苦的方法。我詢問她原諒殺人犯的可能性，她的反應是：「不可能！門都沒有。」

我向她解釋，寬恕他不等於免除他的罪過。

「我絕對不會寬恕的，我恨寬恕這個詞。」她說。

某些人對於「寬恕」這個字眼，存在著負面的經驗。若是如此，也許我該換句話說，改用「放手」這個詞。

我說：「他帶走了兩條人命，眞的是一場悲劇。」

「不。死掉的只有我妹妹。」

「是沒錯，」我說，「但是他也帶走了妳的生活。如果妳不寬恕他，只是放手呢？他不值得在妳的心裡佔據那樣一個位置。他一直住在妳的心裡，沒有半點貢獻，也沒有付過房租。他不值得擁有這個位置。」

「我從來沒有這樣想過。」她說。

「假如寬恕這個字眼也意味著切斷連結呢？」我說，「假如寬恕意味著跟他殘忍的作爲切斷連結呢？妳値得過一個自由的人生，別再把一分一秒花在這個人身上。」

她沉默地坐了好一段時間。接著她開口，帶著一股新的力量：「這改變了一切。」

當我們坐困愁城，身陷怨恨的囹圄時，寬恕能將我們的心打開。我們可以爭到是非，卻永遠不會因此快樂。

如果我們說的是朋友或家人對我們犯下的情節較輕的傷害時，你可能會反對寬恕，說：「可是你不知道他們對我幹了什麼好事。那是不可原諒的。」倘若你不願意寬恕，它可能會成爲一件你施加在自己身上的惡行。活在苦澀之中就像是每天喝下一湯匙的毒藥。它會慢慢累積起來，對你造成傷害。把自己綑綁在歷史中的生活，不可能是健康和自由的。

我會運用這四種方法來寬恕：

(1) 我想像他們還是嬰兒的模樣。他們生來是純潔無辜的。

(2) 我想像他們成長的過程，某些人傷害了他們。受傷的人會傷害人。他們傷害你，是因爲那是他們所學習到的。

(3) 你可以原諒那個人，但是不原諒他的行爲。也許他在喪禮上說的話眞的不可饒恕，可是你們擁有二十年的友誼。

(4) 我會記得自己也是不完美的。

第四個方法是我很常用的。一個朋友推薦我去爲她的全國性組織演講。演講前一天晚餐時我問她過得如何。她說：「很辛苦。」她跟癌症搏鬥一陣子了。

我說：「我好像聽妳說過這件事。」

她說：「對，大衛，我打電話告訴過你了。那時候你說你會回電話給我，後來也沒打來。」

我知道她說的沒錯，我能想像事情是怎麼發生的。我接到電話，聽到癌症的消息，但當時我八成是在機場海關或是某個不適合聊這種話題的場合。我說我會回電話，隨著時間過去，更多的電話和電子郵件湧向我，我就迷失了。

我深深地為自己的行為感到抱歉。我不是那種聽到朋友得癌症還會忘記回電的人，但我確實忘記了。當我承認自己也是個會犯錯的凡人時，我就也能原諒他人的錯誤。

在心靈的成長過程中，一個我們能夠學到的最大的功課是，每個當下的每個人，都盡了自己當時最大的努力了。沒有人會在早晨起床時，看著鏡子裡的自己說：「我今天要當個徹頭徹尾的混蛋。」

依據一個人的知識、覺知和理解範圍，他所能做到的就是那麼多。這不是要說他的行為就是可以被接受和容許的。你緊抓不放的那個事件已經過去了。也許早已過去很久了。這個觀點能幫助你想起，寬恕鮮少是為了「他們」。寬恕是為了你自己。

就算寬恕是爲了你自己，也必須是你想要才算數，畢竟不是每個人都想要寬恕。金．高曼（Kim Goldman）是著名的謀殺案被害人朗．高曼（Ron Goldman）的妹妹。兇手是O．J．辛普森（O. J. Simpson）。兇手在刑事判決中被判無罪，稍後在民事判決中被判有罪。他接著寫了一本書，叫作《如果我是兇手》（*If I Did It*）。

我曾經與金面對面談過話，一起談了讓她失去哥哥、舉國知名的可怕案件。經歷過這一切的她，是一位堅強、快樂、體面，同時又有著一顆溫柔的心的女性。我們聊到寬恕這個概念。金就和其他經歷過家人謀殺案的家屬一樣，承受著輿論期待她寬恕的壓力。大眾要求她原諒一個毫無悔意的兇手。

每次有人聽說我和她碰過面，他們會對我說：「她應該寬恕這件事，往前走。」

通常我會問：「你的家人被謀殺之後，是寬恕幫助你走出來的嗎？」

他們會說：「沒有啊，我的家人沒有被謀殺。」

「那他們怎麼過世的？」我會問。

通常很快地，我會聽到他們說：「噢，我還沒有家人過世，我只是覺得人應該要寬恕。」

我會告訴他們，我也這麼覺得，但是說比做容易太多了。從來不曾在她的位置生活過一分一秒，也不曾體會過謀殺的殘酷的局外人，當然可以輕易地說：「可是這樣她就能解脫，能再次快樂地生活。」

金是個快樂的人，她擁有美好的家庭，她依然思念著哥哥，也看不出來寬恕有什麼好處。她說：「我不尋找寬恕，不努力寬恕，我也不給予寬恕。」

諷刺的是，她收到無數充滿恨意的電子郵件，要求她應該寬恕。

哀慟的賭注更高

當你處在一段棘手的關係中，對方卻突然離世，你將不再有機會去處理造成你們對立的問題，或是表達你對他的愛。這會使哀慟的歷程變得格外困難。莎莉（Sally）對我說了她和哥哥之間的故事。他們很愛對方，但總是陷入爭執。從小兩個人就常常吵架，長大以後，每次吵完架，他們會互相不接對方電話好幾天。有一天，他們又照老樣子吵了一大架，接下來連續三天，莎莉都刻意不回哥哥打來的電話。這次意見不合跟以往的吵架沒什麼不同，她知道不用多久他們又會和好，就跟過去的每一次一樣。然而，莎莉接到的下一通電話卻不是哥哥打來的，是另一個人打來通知她，哥哥心臟病發過世了。一瞬間，連續三天刻意不接他電話，變成莎莉一生中做過最差勁的事。她心中的某部份甚至認爲，是她對他鬧脾氣，才害他死掉的。

我們都有沉溺在這種奇思妙想裡的傾向——以爲自己的想法和感受能夠左右外在的世界。我請莎莉理性地仔細思考，她和哥哥已經吵過無數次架，沒有一次殺死過她的哥哥，莎莉當場就能理解不是因爲自己做了什麼事，才害哥哥心臟病發的。然而這麼想並無法消除莎莉的懊悔，她很遺憾自己跟哥哥最後的對話並不愉快。我和莎莉對談時，我邀請她回想和哥哥之間除了吵架之外的回憶，她說了很多他們之間很親密、共度了許多美好時光的故事。莎莉完成離婚手續時，哥哥邀請她加入他們的家庭旅行。「我那時候很迷惘，哥哥知道出去玩一趟可以幫我打破慣性。」這些回憶幫助莎莉將最後一次的吵架置放到一個更大的脈絡裡，看到它不過是一個長長的、複雜的，並且最終是充滿愛的關係裡的，一個小小篇章。

最近我聽到來自凱若（Carol）的故事，她描述了女兒生前最後一天她們之間發生的事。那天因爲家裡的洗衣機壞了，凱若帶著女兒一起去自助洗衣店。女兒是典型的青少年，不甘願地抱怨著自己要爲了幫忙媽媽洗衣服耗掉一部份的週末。凱若是在一個省吃儉用的家庭中長大的，家中沒有洗衣機和乾衣機，所以她的青春期有很大一部份時間是在自助洗衣店度過的。女兒理直氣壯的樣子觸怒了凱若，讓她對女兒的抱怨失去耐心。

她對女兒大吼：「妳以爲我想來自助洗衣店嗎？妳以爲我覺得這裡很好玩啊？妳可以再任性一點啊！」

凱若其實可以不理會女兒的牢騷的。她可以等到她們不在公共場所的時候，再告訴女兒她的行爲並不恰當。但是她卻爆發了。她的女兒也氣炸了。

「我受夠了。我要走了。」女兒說完便奪門而出。在大多數人眼中，這種典型的青少年劇碼接下來會出現的結局大約就是女孩最後偷溜進家門，媽媽會想出個懲罰她的辦法。但凱若的故事結局並非如此。她的女兒離開後，去和一群朋友見面，他們借了一輛車，最後凱若的女兒死於車禍。

從此之後，凱若經常拷問自己：「我爲什麼不要不理她就好了？爲什麼我不會想到青春期的孩子有時候就是這樣？爲什麼我要在大庭廣眾下罵她？如果我沒有抓狂的話，她現在還會活著。」

上面兩個故事都描繪了當一段關係還來不及被修補，就因爲死亡的介入而戛然中止時，人們所感受到的罪惡感。這些棘手的關係常常會夾帶著譴責，這時我會請哀慟者們試著運用奧坎剃刀理論（Occam's Razor Theory）的原則來思考。它是一個科學性、同時也是哲學性的原則，通常被解釋爲：「最簡單的答案往往是最正確的答案。」（譯註：Occam，奧坎是十四世紀的邏輯學家，主張當兩個理論的解釋力相同時，那麼應該挑選其中使用假設最少的理論。意思是當一個理論中出現了複雜又不要的部份，就該像用剃刀一樣將它剔除。因此這個簡約原則常被稱爲奧坎的剃刀理論。）太多的假設是一個警訊，表示我們正在遠離事情的眞相。我的工作的一部份，就是協助人們認知到簡單並眞實的緣由，而不是困在那些從假設裡蹦出來的複雜原因。不回電話不會殺死一個人，突發的心臟病才會——這才是單純的事實。一旦他們明白死亡不是他們造成的，他們可能仍抱有附掛在這段關係上的罪惡感需要解套。對於這類型的罪惡感，我有以下兩種建議的處置方法。

我會請案主閉上雙眼，想像去世的親友活在一個更健康、快樂的時間點裡。我請案主想像一個去世親友心情平和的時刻。莎莉也許會對她哥哥說：「對不起我沒有接你電話。我愛你，我不是有意要傷害你或忽視你的。」我可能會請凱若對她的女兒說：「很抱歉我在洗衣店裡情緒失控。我愛妳，我不是故意要讓妳難堪的。」我相信，假如你是發自內心眞誠地說出這些話，你的親人們也會在他們的心中感受到的。

另外一個解套罪惡感的方法是，提出一項「生活修正案」（living amends）。修正的內容是在接下來的人生中，當你遇到類似的情況時，你會採取那時你但願自己爲逝者做了的事。

爲了表示對「媽媽，哥哥，丈夫，等等」的歉意，我提出以下生活修正案，我將會或是不會「預計採取的行動」。這是我承諾改善之處，我眞心誠意地致歉。

舉例來說，我可能會請莎莉說：「爲了表示對哥哥的歉意，我提出以下生活修正案，在跟人吵架之後，我還是會接他們的電話。這是我承諾改善之處，我眞心誠意地致歉。」也許凱若可以說：「爲了表示對女兒的歉意，我提出以下生活修正案，我將不會在公眾場所對任何人發飆。這是我承諾改善之處，我眞心誠意地致歉。」假使你從未對過世的親友說過我愛你，那麼也許你的生活修正案可以是：「爲了表示對某某的歉意，我提出以下生活修正案，只要我愛著某個人，我一定會告訴他。這是我承諾改善之處，我眞心誠意地致歉。」等到我們面對了罪惡感，提出了生活修正案之後，我們就可以開始全然地去經歷對逝者的哀慟。

訃聞與悼詞：誠實包裝

現代社會裡的人們，流失了許多和重要儀式之間的連結。然而儀式卻是我們最後一次公開向一段棘手的關係道別的機會。人們具有將逝者理想化的傾向，就好像我的朋友搜索枯腸，想要為她的母親寫一篇光亮的、充滿愛的悼詞，她的母親事實上卻一點也不是這樣的人。我常看到神職人員為自己也不認識的陌生人主持喪禮。法蘭克（Frank）過世時，他的妻子在儀式結束之後稱讚儀式辦得很美。可惜的是這一切都跟法蘭克沾不上邊，她補了一句。最感動人心、令人難忘的喪禮是能夠將亡者完整呈現的喪禮——不只好的一面，也包括至少一部份的缺點。往往，一個人性格上的缺陷——頑固、任性、驕傲、浮誇、驚世駭俗、叛逆不羈、打破規矩等等——也構成了一個人獨樹一格的特色。最好的悼詞總是包含了亡者性格裡的所有面向，而不是試著把他淡化成某種平淡無味的天使形象。

寫訃聞的時候也是同樣的現象。我有另一個已經認識三十五年的朋友，她總是說自己的父親是個壞蛋。我聽她說過很多關於父親的事蹟，顯然有許多證據支持這種描述並不為過，但是她從未跟父親斷絕往來。她定期和父親碰面，父親臨終時她也陪在身邊。之後，她寫了一篇精彩的訃聞，足以向她父親極度多采多姿又狂放不羈的一生致敬。訃聞裡她暗示了父親是一個非常難搞的人——製造出父親是個獨一無二的人物的效果，而他確實也是。這份真實感在我們的哀慟中激起了共鳴。這份訃聞見證了這個人的存在、還有她們父女關係裡的複雜和現實。書寫訃聞的這個舉動，讓她有機會回顧並欣賞父親一生的許多面向，而不刻意地去模糊黑暗的地帶。

我記得自己見過這樣的場合：一家人全都圍繞在書桌旁，試著一起催生出一篇足以捕捉過世家人生命精華的訃聞。我們要不要寫他永遠都記不住笑話的結尾？還是要寫小孩總是讓他抓狂，他說過很高興自己沒有生小孩？我們要不要寫她有一個筆記本，會根據你最近的表現來決定要不要把你的名字記在上面？

訃聞可以和逝者本人同樣令人記憶深刻，尤其是當內文捕捉了逝者的獨特性時。舉例來說，刊登在紐約時報上，女演員伊娃．威瑟斯（Iva Withers）的訃聞寫著：「如果東尼獎（Tony Award）裡有一個獎項是頒給最佳替補演員的，在伊娃．威瑟斯近三十年的百老匯生涯中，可能已經獲獎無數次。雖然她曾出現在《天上人間》（*Carousel*）、《奧克拉荷馬之戀》（*Oklahoma!*）和《紅男綠女》（*Guys and Dolls*）第一輪的演出之中，但是她卻從未成爲首演的主打明星。」

訃聞接下來的內容還描述了，威瑟斯是如何成爲第一位在兩齣不同的熱門劇碼裡擔任女主角的女演員，還在同一天演出。她下午演完《天上人間》，晚上接著成功地演完《奧克拉荷馬之戀》。

幽默感可以是一個很好的提味劑，提醒人們逝者在生與死之間，曾經是什麼模樣。我很喜歡的一篇訃聞，主角的名字叫史考特（Scott），訃聞裡描述他是一個「愛搞笑、善良又溫暖的男人」不難看出他的家人爲什麼會在他的訃聞裡添加了一抹詼諧的語調。

訃聞裡面寫道，史考特是個堅持一生的美式足球迷。他鍾愛的球隊是克里夫蘭布朗（Cleveland Browns），他「恭敬地請求六位克里夫蘭布朗的隊員來擔任他的抬棺手，以便他們最後一次令他失望。」訃聞的結尾還建議，爲了紀念他，親友們來參加喪禮時，可以穿著克里夫蘭布朗球隊的衣服前來。

幸運的是，直到今天我們都還是能在報紙和網路上讀到訃聞。然而眼下它們卻太常被一篇張貼在社群媒體上的發文，還有下方一長串隨之而來的「爲你感到遺憾」留言所取代，而逝者的完整性則被排除了。

一位女士說到，在看過她朋友的社交媒體帳號上，數不清的美食照與對吃過的每一餐的詳細描述後，她覺得去那裡留言寫上「爲你感到遺憾」感覺既不相稱也不眞實。面對失去親友這件事，我們永遠無法反映出，死亡從我們身邊帶走的事物，眞正的重量。念及這點，我們有必要展現出比起陳腔濫調更多的敬重。

第九章

喪子之慟

「失去丈夫的女人叫作寡婦。失去妻子的男人叫作鰥夫。失去雙親的孩子叫作孤兒。卻沒有一個名詞用來描述失去孩子的父母。失去的孩子的你……什麼都不是。」

——田納西．威廉斯（Tennessee Williams）

芭芭拉．布希（Barbara Bush），老布希總統的第一夫人，與小布希總統的母親，她曾說過，自己並不畏懼死亡。這也許是因爲，她曾在生命的早期，以一種最令人傷心的方式與死亡面對面。一九五三年，在她和老布希一起搬到德州的米德蘭市（Midland）後不久，他們的三歲女兒抱怨說她覺得很累。這很令人擔憂，因爲備受寵愛、小名「羅賓」（Robin）的寶琳．羅賓森．布希（Pauline Robinson Bush），平常總是跟她的哥哥喬治．

W（George W）和弟弟傑布（Jeb）一樣活潑好動。芭芭拉帶她去看小兒科醫生，醫生看了之後，決定爲她安排更多檢查。

幾天後，醫生致電芭芭拉，檢查的結果令人震驚。羅賓罹患白血病。芭芭拉在她一九九四年出版的回憶錄中寫道，醫生給她的建議是：「別告訴任何人，回家去吧，忘記羅賓生病這檔事，讓她過得舒服一點，好好愛她。一切會發生得很快。」七個月後，羅賓在父母的陪伴下，在臥房裡離世。那是最後一次，芭芭拉爲自己的女兒梳頭，將她擁在懷中。

布希夫婦將女兒安葬在康乃狄克州，格林威治區裡的一個家族墓園中，直到二〇〇〇年，他們將遺體遷移到德州，喬治．H．W．布希總統圖書館（George H. W. Bush Library）園區裡的一塊墓地。如今老布希總統與他的第一夫人也安葬在該處。羅賓過世後的六十五年間，仍然一直是布希家庭談天時的話題焦點。第一夫人躺在臨終的病榻上時，她說，自己很期待能夠跟羅賓團聚。芭芭拉身後留下了五個深愛她的孩子，十四個孫兒，七個曾孫，還有一位結縭七十三載的丈夫——然而她曾經失去的那個孩子，從未遠離她的心中。

喪子之慟是一個人生命中最艱難的挑戰之一。我的兒子大衛死後，我回憶過去曾經來找我諮商過的家長們。他們心中的劇痛讓我的眼眶盈滿淚水，我深深敬佩他們的勇氣，能夠在這樣慘痛的打擊之後仍然繼續在生命中前進。我曾無數次與喪親的家長坐在一起，聆聽他們述說自己的痛苦，我以爲自己已經十分瞭解它了。直到我經歷了自己兒子的死亡後，我想要給所有的案主們每個人都寫一封信，跟他們說：「對不起，我不知道原來你們這麼痛苦。」

我的朋友安（Ann）對我說了她的兒子吉姆（Jim）的事。那年吉姆二十歲，他從學校回家過聖誕節，卻在預定要回學校的那天生病了。

那天我在醫院上班，等我回到家，吉姆抱怨他的頭很痛。我請他描述得詳細一點，他只是重複地說頭眞的很痛。我給了他止痛藥，觀察他的症狀，看看情況會不會好轉。我以爲他被我老公傳染感冒了。

後來晚上的時候他在房間裡看美式足球賽，他走出房間時，我聽到他在廁所裡嘔吐的聲音。我去查看他的情況，發現他出現類似中風的徵兆，我馬上打九一一，救護車很快地把他送往醫院。在前往醫院的途中，吉姆開始失去意識，等到抵達醫院時，他們已經必須幫吉姆裝上呼吸器了。醫院幫他做了掃描，醫生說出血的部位在顱底，他們沒辦法做什麼。他的大腦功能已經停止了。我從吉姆的眼睛能看得出來。

醫生把掃描和檢查的結果給我看。我們的兒子已經不在了。我們所做的只是在拖延時間而已。吉姆走的那一天，一位護理師問我，要不要再抱一抱兒子。她讓我爬上床抱他。我把我的頭靠在吉姆的胸口，聽他的心跳聲。這是我從懷孕起第一次照超音波的時候就聽見的心跳聲。這讓我感到安慰。我哭了。他走了之後，我們依照他的遺願，捐出了他的器官。

十一個月後，就當我思念著兒子的時候，我收到了一封來自芝加哥的信。寫信的人叫德瑞克（Derek），他患有一種叫作心肌症的先天性心臟病，他收到了吉姆的心臟和肺臟。他想要對這個救了他一命的禮物表達感激，還在信裡附上了他的地址。我們互相通信了一陣子，最後決定要見面。我們去見德瑞克的時候，我借了一台聽診器，我問他是否能讓我聽聽吉姆的心跳。再一次聽到兒子的心跳，是很撫慰人心的一件事，即使這顆心臟正在另一個人的身體裡跳動。這對我和老公而言都非常有意義。知道吉姆的生命仍然繼續在這個物質世界裡延續，給我們倆帶來極大的安慰。選擇將器官捐贈出去的吉姆，已經用他所能做到的方式，爲這個世界帶來一些改變了。」

現在，每逢假期，德瑞克都會寄信來跟我們問好。我跟其他失去孩子的父母們聊過，他們多半感到破碎又苦澀，好像被剝奪了。他們想要知道爲什麼吉姆的死沒有讓我崩潰。我會說，雖然吉姆的生命很短暫，但是很有意義，也許他就是註定只要活那麼長的吧。在他臨終的時候能夠陪伴在他身邊是一份禮物，而我學到了怎麼去信任上帝，祂的主權、和祂的信實。

我的心裡永遠都會有一道疤痕，偶爾我還是會很想摸摸兒子的頭髮。我總是好奇他不知道會成長爲一個什麼樣的男人。不過我想我多少已經看出一點端倪了吧。他是一個能夠接受別人本來的樣子的人，熱心服務，而且凡事過目不忘。我經歷了這番殘酷的遭遇，以爲人生沒有什麼值得期待的了，但是隨著我繼續前進，我發現生命還是有很多我不知道的事物。很多人喪子之後就把自己封閉起來，不過我不打算這樣。吉姆也不會希望我這樣。

珊蒂．史考特（Sandy Scott）是我的朋友，她爲愛滋病患者們服務，那些人大多很年輕，理應正值人生高峰期。她常常跟我說，看著「青翠的綠葉從枝頭落下」是一件多麼讓人惋惜的事。回顧歷史，也曾經出現過年輕人大量死亡的時期。戰爭通常是最主要的殺手，近年來則是愛滋病，海洛因和迷幻藥的濫用也帶走了許多年輕的生命。早逝的生命總是讓人難以接受。一個孩子不該比他的父母早離開。我從來不曾見過任何人能從中找到什麼好理由。爲什麼我們會活在一個年輕孩子會死去的世界？多麼殘酷啊？

靈性的世界嘗試爲此提供某些答案。比方說，達賴喇嘛曾說過，佛教徒相信，早夭的孩子是降臨到地球上的大師，教導我們什麼是無常。我祈禱這是眞的，但我衷心希望，自己能用比較不這麼痛苦的方式來學會這一課。

到底是誰的錯

就像先前曾經談到的，人們總是禁不住想要替死亡找到一個理由，好讓它看起來不那麼荒謬。這份渴求的其中一部份原因，是因爲我們覺得，只要我們知道是什麼導致了死亡，我們就能在未來阻止它再度發生。我是從多年前在急診室的工作裡學到這件事的。每回有致命性的車禍患者被送進來時，醫生和護理師一定會問救護人員：「他們有繫安全帶嗎？」我相信，在潛意識的層面裡我們多少存在著這樣的想法，就是如果他們沒有繫安全帶的話，他們就要爲自己的死亡負責，而如果我們繫好了安全帶，我們就能保護自己的安全。死神不會隨便找上門。然而不幸的是，事實並非如此。

在我的工作生涯中，經常被通知前往許多可怕的災區，而那些家屬們往往會渴望知道理由，或是誰可以怪罪。當我們爲罹難者家屬提供諮商服務時，常常會舉出**鐵達尼號**這個例子。導致沉船的不是某個單一的理由，而是一連串的連鎖反應。鐵達尼號想要創造最短時間橫跨大西洋的紀錄。若是它當時航行的速度減慢一點，也許還有足夠的時間搶救。原本應該配備的望遠鏡卻不見了。如果望遠鏡沒有不見，船員也許就有機會看見因爲異常的天氣導致的大量冰山。如果冰山的數量少一點，也許郵輪就不會撞上其中一個了。如果載貨區設有天花板，水流進船身的速度也許就能稍加控制。最重要的是，如果船上擁有足夠的救生艇，就有更多的人可以活下來。倘若上述的條件當中有任何一項改變了，說不定**每一個人**都能夠得救。

到底應該怪誰——經常是自己——這個問題在兒童死亡的情況中顯得格外迫切。家長們總感到自己應該爲一切發生在孩子身上的狀況負責。任何一個哀慟的父母都很有可能會在深夜裡低迴著種種被罪惡感驅使的念頭，「如果我是一個更好的爸媽，我的孩子不會死。」而真實的情況是，這些人有百分之九十九都是非常棒的父母。儘管如此，他們還是覺得自己做得不夠。他們認爲自己應該更早認出孩子的症狀、更早把孩子帶去看醫生、或是更早找到可以把孩子治好的神奇藥物。如果他們的孩子是因爲自殺或藥物上癮而死亡，他們八成早就用盡一切可以嘗試的手段了——各種療法、諮商、復健，甚至住院治療——

經過那麼多年試著處理困擾孩子的問題，他們仍然覺得自己應該做得更多一點。

我們很難就這麼接受早逝的發生。然而無論我們如何竭盡全力避免，它依然會發生。就算是最優異的父母也可能遇上孩子早逝的情況，那不是任何人的錯。但因爲我們如此習慣於將每件發生在孩子身上的事情的責任都攬在自己身上，我們便控制不住地去質疑自己，是不是做了什麼就能改變結果。而這個問題，永遠不會有一個令人滿意的解答。

假如你的孩子過世了，你可以好好花上一段時間，用自己的步調、允許這份失落感佔據你，以此紀念你的孩子。與其帶著苦澀與哀慟從這個世界中抽離，你可以將所有的愛用來重新參與你的伴侶、其他孩子、其他家人和朋友的生活。深入你的內心，去看你如何從這份失落中找到意義。許多哀慟的父母們告訴我，這正是他們撐過這一切的方法，而現在，我可以用親身經驗來證明。

偶爾，有些人會說他們不想從自己的哀慟裡尋找意義。他們認定悲劇就是悲劇。尋找意義就好像在悲劇上面包裹糖衣，他們不想要這樣。我想，他們害怕的是，如果他們放掉了痛苦，就會失去和逝者的連結，所以我會提醒他們，痛苦是屬於他們的，沒有人能將它拿走。不過如果他們能夠透過意義找到釋放痛苦的方法，他們依舊會和孩子保有深刻的連結——經由愛的連結。就像受傷過的骨頭癒合之後會變得比原來更強壯，他們的愛也是如此。

婚姻與喪子

失去孩子能夠讓人的心破碎，它是如此沉痛，甚至能夠讓婚姻劃下句點。我們都聽過因爲撐不過喪子之慟而導致離婚的相關數據。然而，我並不認爲孩子的死是離婚的眞正原因。我想眞正的原因是夫妻互相指責對方、沒有共通的感受，也沒有共通的表達方式。

這很教人困惑，畢竟婚姻中的兩人總以爲自己知道對方的一切。他們假定自己知道對方會用什麼樣的方式哀慟，結果卻驚訝地發現，事實和自己所期待的不同。可能是哀慟的時間拖得太長，或是太短。可能是他們需要連續好幾個小時不停地談論和孩子有關的事，或是對孩子的死連隻字片語都不願提起。其中一方也許能在參加支持團體、和其他喪親的父母談話中找到安慰，另一方也許覺得這一切太沉重，根本不想聽到其他人喪子的經驗。

我會提醒家長們，他們眼前唯一該做的，是處理好自己的哀慟。他們不能去指導自己的伴侶應該如何面對他們的哀傷。哀慟是內在的狀態，如何哀悼則是外在的行爲，記住這點會有所幫助。就算我們巴不得自己可以幫助對方，但內在的工作只有他自己能做。正如同每個父母跟自己每個孩子的關係模式都不一樣、表達情緒的風格也不同，他們也會各自有不同的關於哀慟的體驗。不會有某一種哀慟的方式比另一種更正當。

裘安（Joan）告訴我，她的兒子馬帝（Marty）得了癌症，病程歷時兩年半。他回到家鄉接受治療，過世的時候二十六歲。「我覺得自己應該更好地運用那兩年半的時間，應該讓他多出去走走，做點事情。」她說，「可是他只想待在家裡。我覺得好有罪惡感。」

裘安的丈夫賴瑞（Larry）插嘴：「夠了，裘安。妳已經把一切都盡可能爲他安排得舒服妥當了，還每分每秒都守著他，而且那是他想要的。」當話題漸漸深入，情況變得更明顯，顯然裘安爲了那幾年間每一件自認爲沒有爲馬帝做好的事感到難過，而賴瑞似乎不能理解她爲什麼這麼難過，也令她感到傷心。無論丈夫如何持相反意見，她堅信如果自己是一個更好的母親，她不會允許馬帝浪費掉自己最後幾年的生命（「浪費」是以她的角度來看），只是成天看電視、打電動，都不出門。賴瑞的觀點就完全不是這樣。他覺得她是一個很好、很愛孩子的母親，他不斷地告訴她，不要再爲難自己了。我們繼續談了一會兒，然後我告訴裘安，她的兒子是一個典型的二十三歲年輕人，他得到了生病期間最想要的生活——自在地待在媽媽爲他打點好的舒服的家裡，用那個年紀的年輕人最喜歡的方式消磨時間。我告訴她，我認爲她是一位令人讚賞的母親。聽到我這麼說，裘安放心了一點。但我仍舊擔心她和丈夫之間溝通不良的情況，我希望能協助他們探索這個區塊。

「我們回頭來聊聊賴瑞。」我說，「裘安，當妳心裡這樣波濤洶湧，賴瑞卻對妳說『夠了』的時候，妳的感受是什麼？」

「我覺得像是孤伶伶地被一個人留在我的悲傷裡。」

「賴瑞，你看到自己是如何讓她感到被遺棄的嗎？這是你的本意嗎？」

他回答：「不。」

「這當然不是你的本意。但是當你不去認可裘安正在經歷的過程，當你要求裘安別再折磨自己時，你打消了這個過程的重要性，她就會感到自己被遺棄。賴瑞，你的兒子過世了。我相信你心痛的程度不會亞於裘安。也許你也感覺到被遺棄。畢竟在一個你也會需要愛的時刻，裘安整個人的心思卻都還停留在馬帝身上。這就是兩個人漸行漸遠的理由，就算我們都是無意的。這不是說你們誰做錯了什麼。你們都沒有錯。只是你的內在枯竭了，而她也是。你們不可能在這麼痛苦的情況下還指望互相療癒對方，而且你們需要學著不去批判對方如何哀慟。」

我向他們說明，他們兩人都需要擁有自己的支持系統，並且對他們提出了一些問題，來引導他們決定如何創造出自己的支持系統。他們有哪一位朋友也遭遇過喪親之慟，或許能理解他們的感受的？誰曾經現身來幫忙？有沒有哪些朋友是和兩人其中一方更親近的？他們工作上各自擁有可靠的朋友嗎？他們想要尋求專業的諮商嗎？有沒有可以提供支持的教會團體？或甚至是牌友之類的？一起練瑜伽的同學？「沒有特定的標準，」我說，「任何你想要的支持形式都可以。然後當你們兩個人相處的時候，彼此的心要在場，分享你們的失落感，但是不用覺得有需要去『修好』對方。」

在喪子的夫妻之間，性常常是一項衝突的來源。在喪子一段時間之後，夫妻的其中一方也許會開始試著開啓性行爲，另一方可能會覺得還太早，或單純覺得沒有心情。芮貝卡（Rebecca）說，在孩子去世一星期後，她的丈夫提姆（Tim）想要跟她上床，她覺得很震驚。「我們的孩子埋在地底，」她對他說，「然後你想給自己找點樂子？」

這是在我主持的一個團體裡出現的話題，當時提姆解釋，那不單純是想找樂子而已。那是一種連結的方式，讓他可以感受到太太的愛，當時的他非常需要這種感受。然而對芮貝卡而言，一切帶來愉悅感的事物都是錯誤的。她覺得，只要一個擁抱就足以爲她帶來連結感。另外一名女士說，婆婆過世之後，當她和丈夫做愛時，她第一次看到先生忍不住哭了出來。他內在的某些東西被釋放了，這給他帶來很大的安慰。性對於每個人而言，並不存在一個一體適用的意義。愛、創造力、愉悅、連結、釋放——每個人的定義都不同，而在心情如此動盪不安的時刻，今天感受到的也許又跟前一天感受到的有天壤之別。

另一對喪子的夫妻，他們兩人間的溝通宛如隔著一道巨大的鴻溝。太太告訴我，孩子死後，她在婚姻裡感覺很孤單，最近她試著跟丈夫求歡，結果遭到拒絕。

「等等，」她的丈夫插嘴，「一個半月前我也問過妳要不要上床，妳可是大發雷霆。」

「那時候還太早了。」她反駁。

我請他們稍事休息，好讓我跟他們各別談話。我對那位女士說，喪子之後的性生活常使人困惑，她的先生不可能知道什麼時候才是最好的上床時機。「一個半月前對妳而言可能還太早，而現在對他而言可能已經太遲。」她需要更敞開地表達自己的感受，不帶著怒氣，才能避免誤解。我對丈夫說了類似的話，向他解釋，他的太太也許前一分鐘可以接受，但下一分鐘又會改變心意。但是這跟他無關。這只是兩個人在哀慟時的步調不一致。

最後我把兩個人帶回同一個房間裡，告訴他們，當一個人嘗試求歡卻得到負面的回應時，雙方都有可能感到受傷，然後退縮回各自的角落裡，這是常見的情形。但我看得出來，他們都正在朝向彼此移動。

「性生活變成了你們之間的議題，」我向他們說明，「正表示你們開始要漸漸恢復它了。即便是意見不合，也是性生活中的互動的一部份。最根本的原則是，假如你的另一半想要上床，你卻不想，你可以說：『現在還不行，我太傷心了，但是我愛你。』你們雙方都必須同意，為對方保持臨在，不要退縮回自己的角落。你們可以擁抱對方，作為一種保持在當下、為對方給出愛和安慰的方法。這是當你們哀傷的時候，創造眞實的親密感的方式之一。假以時日，猜猜什麼事會出現？性生活會出現。」

永遠是父母

身為父母，我們的話題總是圍繞著孩子打轉。我們為他們感到自豪、我們抱怨他們，我們讓他們成為我們生活的焦點。假設你的孩子不幸身亡了，很有可能你的話題依然會圍繞著孩子打轉——還有圍繞著你的喪子之慟打轉。你們的家人朋友會聽你訴苦一個月、三個月甚至一年，只是一陣子之後，他們大概會跟你說，該向前看了。

向前看聽起來很可怕，因為你也許會覺得好像會再一次失去孩子。我們要怎麼給哀慟訂一個截止期限？沒有辦法。大多數失去孩子的父母，想像不到前方是多麼變換莫測，埋藏了多少地雷。

可能有人會問你：「你有幾個孩子？」

你要怎麼回答這個問題？如果一個孩子死了，而你還有其他的孩子活著，你要回答幾個？如果你唯一的孩子死了，你還算是父母嗎？答案是肯定的。身為父母是一個持續不斷並且永不終結的歷程，即使你的孩子已經不在人世。我們的關係在死亡之後依然會延續。你身邊的人也許會有不同的意見，而這可能讓你更加感到隔絕和孤單。所以有個能理解你的對象陪你聊聊你的失落，是十分重要的一件事。

坊間存在著專門開設給喪子父母的支持團體，為他們提供一個可以談論孩子的生活和死亡的空間。我去參加過一個這樣的團體，在那裡我看到人們可以毫不保留地暢談他們的哀傷。沒有人企圖去質疑你的哀慟有多深、為時多長，因為那個房間裡的父母們都能體會。

在這樣的團體中，成員間還有另一個共同的瞭解，就是他們跟死去孩子之間的連結永遠不會斷絕。我的線上哀慟團體的參加者們常常會貼出自己孩子的照片。貼照片的時間點可能是孩子的生日或忌日。也有可能是隨機的，只是想貼就貼了。團體之外，這樣的父母並不常見。在你的 Facebook 新聞動態上，也許會看到早逝母親的照片、在陣亡將士紀念日時，看到幾十年前在戰場上過世的父親穿著軍裝的照片，卻鮮少看到過世的孩子的照片。父母們太常聽見外界對他們說，時候到了，該向前進了，因此他們學會了收斂自己的悲慟，也收起了孩子的照片，只留給自己。他們需要爲了自己哀慟的權利與社會對抗，是很令人傷感的現象。

成長的天性

失去孩子之後，關於成長，或是意義的六個階段這些概念，聽起來似乎是不可能的一件事。然而你的身體、你的靈魂、和你的精神，天生的設計就是爲了讓你有能力重新生活。九〇年代中期，北卡羅萊納大學的李察．泰德斯基（RichardTedeschi）和勞倫斯．卡爾洪（Laurence Calhoun）教授，一起提出了創傷後成長（post-traumatic growth）一詞。「我們與喪子的父母們一起工作了接近十年，」泰德斯基說，「我觀察到他們爲彼此提供協助，對有同樣境遇的父母充滿同理心，就算他們自己仍身處於哀慟之中，他們也常常想要做點什麼，或是去改變造成孩子死因的環境。不是只爲了個人的滿足，而是爲了避免其他的家長也發生跟他們一樣的憾事。這些都是非常務實而且卓越的人們，他們很清楚生命中的優先事項是什麼。」

他們解析出五種人們在悲劇之後能夠變得更強大的面向：

(1)他們的關係變得更強韌。
(2)他們在生命中找到新的使命。
(3)創傷讓他們找到內在的力量。
(4)增長的靈性。
(5)更新了欣賞生命的觀點。

另外一個有用的概念是，與孩子之間持續性的連結，也非常地具有支持性，而這是一種只有父母能夠感受得到的連結，是他們透過照片、閒聊往事時所喚醒的回憶，就能感受到的連結。回憶就像柔軟的靠墊，當你需要支持的時候，你可以倚靠其上。兒子的回憶經常跳進我的腦中，我觀看著那些回憶的影像，就好像欣賞著一部電影。我會重播它們，珍惜它們。儘管我的哀慟教人悲傷，我仍追尋著希望，追尋著對意義的一份瞥見，與明日也許會東昇的旭陽。

第十章

流產與夭折

「我走進錄音室，
寫下了這一生中最悲傷的歌曲。」

——碧昂絲（Beyonce）

前任第一夫人蜜雪兒・歐巴馬（Michelle Obama），曾經公開談論過很多年前流產的經驗，她說當時的感受是「迷惘和孤單」。她談道：「我覺得自己像個失敗者。我不知道流產在這個社會上多普遍，因爲我們不談這個話題。」二十年前她結婚時的社會風氣確實如此，如今也依然如此。我們社會爲流產所做的去污名化努力微乎其微。就連我們的字典裡，在解釋流產一詞的定義時，也常常會用上「失敗」這樣的字眼。

解決這種自我譴責感的其中一個關鍵，是我們必須知道，流產就跟任何其他的死亡一樣，它會發生，而且那不是誰的錯。歐巴馬夫人說：「我們沉浸在自己的痛苦裡，覺得自己是個有缺陷的人。我認爲，身爲女人，我們對彼此所做的最糟糕的事情是，我們並不分享跟身體有關的實話，也不談論它實際的運作方式。」

流產和嬰兒夭折這兩種事件常常被簡化。生命究竟是從什麼時候開始的，我們的社會上對於這個問題存在著各種不同的信念，於是有關流產、死胎和嬰兒夭折的哀慟也因爲社會上林林總總的觀點而變得更加複雜。在情感的層面上，母親在得知自己懷孕的那一刻，她和肚子裡的孩子就產生了連結——像是英文裡「expecting」一詞也有懷孕的意思，「期待」說明了母親與孩子之間的連結。父親一方也存在著同樣的情感連結。如果事情出了差錯，他們便要面臨失去的現實。連哈囉都還沒有機會說，要如何說再見？他們要哀悼的是一個本來可能實現的現實。然而周遭的人經常無法敏感地同理他們深處的感受。

莫琳（Maureen）從來沒有想過自己會流產。她第一胎生兒子的過程很順利，所以懷第二胎的時候，她以爲會跟之前一樣。她告訴我：

> 那時候我大兒子吉米（Jimmy）三歲，我們都好興奮家裡要有新成員了。我本來就很

注意自己的週期，所以一懷孕我馬上就知道了。懷孕初期的感覺跟一般差不多，不過到了第八、第九週時，有天睡醒覺得有點偏頭痛，然後發現褲子裡有血跡。

我的醫生建議我去門診照超音波檢查一下。我一個人去了。現在回想起來，那眞不是個好主意。當他們告訴我寶寶沒有心跳的時候，我崩潰了。我跟寶寶已經有了連結，我哭了起來，幫我照超音波的醫檢師不知道該怎麼安慰我。剛開始她跟我還有說有笑的，後來她看了螢幕之後，就安靜了下來。

他們把我帶到婦產科部門的一個小房間裡。護理師進來，確認了我的名字和生日之後就離開了。很顯然就算她在婦產科工作，也一樣不知道該對我說什麼才好，她一定也看過其他遇過同樣狀況的人。

另外一個護理師進來了，我還在哭。「我不知道現在該做什麼，」我說，「我要埋了他嗎？接下來會怎麼樣？」

「它還只是一小團細胞而已。」護理師不帶情感地對我說。

這令我驚恐。他是一個我爲他佈置房間、準備爲他改變生命的寶寶啊。是在我體內、我珍愛著的一個生命。護理師告訴我，他們會幫我安排子宮擴張刮除手術，我又問了她一次，「那寶寶怎麼辦？」

「那只是醫療廢棄物而已。」她說。

從那之後，我的心碎了。可是我沒有告訴任何朋友，雖然他們都知道我懷孕了。有一天，我要帶兒子去他一個玩伴家參加生日派對。我知道在那裡會遇上朋友，到時候我就得讓他們知道這件事。我不知道他們聽到消息之後會有什麼樣的反應。有一段時間，孩子們都在外面玩，我和朋友們一起在房間裡時，我忍不住哭了。朋友們都轉過來問我發生了什麼事。

我告訴他們我做了人工流產手術。我說，我不知道我做錯了什麼，他們安慰我，那跟我做了什麼沒有關係。有時候事情就是這樣。後來我才發現，原來很多人以前也都遇過同樣的事，有些人是發生在第一胎出生之前，或是在不同的孩子出生之間發生的。得知自己並不是唯一有這種遭遇的人，我覺得很安慰，但是又很納悶，爲什麼以前我們都沒有聊過這些事？爲什麼以前都不知道？

我一個朋友說：「直到妳不得不說之前，沒有人會主動去說這種事。」但是我認爲如果人們對這件事的態度都更開放一點，其實會比較好的。

能夠和朋友們談論流產，對莫琳來說，具有重要的意義。它帶來了連結感，有了這份連結感，就會創造出意義感。「這麼可怕的事情結果竟把我們都連結在一起，這眞的很奇妙。」她這麼說。現在的她跟朋友們還有丈夫的關係都更緊密了。

不被看見的哀慟

流產和早夭，人們對於這類事件保持沉默和祕密的習慣，所導致的痛苦是難以言喻的，這讓原本就已經不堪的喪子之慟變得更加難以承受。我曾經和唐娜．舒爾曼博士（Dr. Donna Schuurman）有過一次令人發人深省的對話。舒爾曼博士是道奇孩童和家庭哀慟諮商中心（the Dougy Center for Grieving Children & Families）裡的資深推廣和培訓主任，也是該中心的前任行政主席，中心的地點在奧勒岡州波特蘭市。

唐娜說起：「我一九九一年起開始在道奇中心工作。我常常被問到：『是不是妳也遇到了喪親的打擊所以才來這裡工作？』」

「我會告訴他們，確實很多專門支持哀慟者的組織領導者都曾經遭遇過戲劇性的經歷，才啓發他們創立組織，但是我沒有。我志願去那裡工作，是因爲這是一個值得奉獻的理想，當他們的行政主席離職的時候，我是理事會成員，最後我申請並得到了那個職位。」

「我在道奇中心十年期間，我從來沒有思考過自己家裡的哀慟或分離的歷史。我長大之後才聽媽媽說，她在我之前還有一個孩子，在嬰兒時期就過世了，不過大人教我們不可以談那個寶寶的事。」

可是有一天，出於某個唐娜自己也無法解釋的理由，她打了通電話給媽媽，詢問跟那個孩子有關的事：

我不確定自己當時爲什麼會有那股衝動，可是我想知道那個故事。媽媽在愛爾蘭家庭中長大，家中是很強硬的「少來煩，別把你自己的苦水往別人身上倒，人生已經很不容易了」的那種氣氛。我打電話給她的時候，心裡很害怕。倒不至於說她會掛我電話什麼的，但我猜她會說：「這很久的事了，我沒興趣談。」

「媽，」我對她說，「我一直在想妳生命裡的故事。我不知道妳想不想談，如果妳願意的話，我想聽妳聊聊妳的第一個孩子，也就是我未出世的姊姊。」

結果我們聊了三個小時才掛上電話。她滔滔不絕說了很多，我才知道，原來從來沒有人跟她討論過這件事。整件事被羞恥感包裹了起來。嬰兒出生的那年，我媽媽十八歲，爸爸十九歲。她出生的時候身體畸形，心臟不在體內，只活了五天就死了。寶寶死後，我的外公對我爸媽說：「我們會打點一切。」

直到今天，我媽媽還是不知道他們做了什麼處置。他們埋葬了那個五天大的嬰兒嗎？還是火葬了呢？我媽媽完全不知道。她說，她和爸爸這一生都沒有談論過那個孩子。後來我和兩個弟弟就出生了。

那次談話，不只是一場單純的對話而已，它還創造了一種我和母親之間，很難用言語形容的交流。它解放了某種東西，讓我和母親變得更靠近。能夠看見她身而爲人脆弱的一面，而不只是我母親的身份，對我而言很有意義。我能想像一個十八歲的女孩，爲了自己失去的孩子而哀慟，卻無人可以訴苦或給她愛和支持的窘境。我們的對話也打開了她內在的某些東西。她已經快九十歲了。她住在東部一個我大弟家附近的公寓裡，最近她很常談到以前寶寶的事了。母親說，現在她會試著用來減輕痛苦，並且在這件事情上找到意義的想法是，如果當年琳恩（Lynne）活下來了，也許後來的我就不會出生了。

我的父母在結婚四十年之後離婚。我問母親，她什麼時候確定知道這段婚姻不行了？她說：「妳要聽實話嗎？」

「要啊。」

「從孩子過世，我們從醫院回到家卻不能談論這件事之後，對我而言這段婚姻就結束了。」

她從來沒有拿到過那個孩子的出生證明。她只拿到了死亡證明。這彷彿是在說那個寶寶的生命不算數，而她覺得非常羞愧。「我是一個健康的十八歲女孩。我怎麼會生出一個畸形的孩子？妳知道嗎，那是很丟臉的，一定是因爲我有問題才造成的。」

唐娜的故事讓我們明白到，將這類傷痛祕密地掩蓋起來的家庭，實際上生活得多麼痛苦，以及這種方式會造成多大的傷害。它也透露出另外一種痛苦的形式，是由於缺乏共同的悼念儀式、無法紀念這份哀慟而導致的痛苦。

另外一位女士伊莉絲（Elyse），告訴我她二十年前流產的痛苦經驗。直到今天，她都沒有任何證據足以證明自己曾經懷孕過，這令她感到深受折磨。很難留下任何證明的一部份原因是，她因爲子宮內膜異位而必須切除子宮，才失去了孩子，而這也表示她將永遠無法懷孕。和唐娜的母親一樣，她無法得到孩子的出生證明。她甚至連死亡證明都拿不到。「在那時，假如寶寶沒有呼吸過，就不會被認定他活過。」她告訴我，「我們希望能讓流產的消息被刊登出來，留下紙本的紀錄，但是報社不讓我登訃聞。」

除了一張超音波照片外，她沒有任何證據能證明寶寶曾經存在過。不過她卻擁有一樣東西，那對她而言是很重要的意義來源——一處可以造訪的墓園。「幸運的是，我住在印第安納州，那裡的醫院會幫最小到二十週大的流產寶寶安排土葬。他們用的是一般的棺木，會把孩子的遺體放在小棺木裡。我可以去墓園實際看到傑夫（Jeff）被埋葬的地點。

「在那個公墓裡，我遇到一位也是失去寶寶的女士。所以我對她有很深的同情。能夠幫助這樣的人，而且有機會聊聊我們的遭遇，爲我們這些人的哀慟帶來了意義和連結。」

伊莉絲的話觸碰到了一個主題，這個主題在我爲許多由於流產或早夭而失去孩子的女性們諮商的過程中重複地出現，也就是，她們與孩子間強烈的連結感，以及這份連結的持久性。因爲切除子宮而不再有機會生育孩子的伊莉絲，儘管過了那麼多年，母親節對她而言仍舊是一年中不太好受的一天。「我是一個母親嗎？或者我不是一個母親？每次被問到的時候，我都會說：『我是，如果我的孩子還活著的話，他今年就十九歲了。』」多年下來，她總是會去想像孩子原本有機會度過的每個重大時刻——學會走路、說出第一個字、上幼稚園、小學、中學、學會開車，等等等等。「天哪，如果他活到今天，他差不多要從高中畢業了！我會這樣想像，就好像我一直在心裡養育著他一樣。」

「我的一位同行梅洛．賈西雅（Melo Garcia），她的孩子二十四週的時候早產，體重只有一．九磅。同樣地，她至今仍對孩子保持著一份深刻的連結。克蘿伊（Chloe）短短的生命在新生兒加護病房中度過，在那段期間，梅洛和丈夫都感覺到，對女兒的認識越來越深，而女兒也認得他們。」

「克蘿伊是我這一生擁有過最偉大的愛。看到她那麼奮力地掙扎活下去，眞的讓人很心痛，同時又讓人對生命這份禮物有了很深刻的體會。每一次我或是她的爸爸走進病房時，她的心跳就會變快，尤其是在她看見或聽到爸爸的聲音的時候。就連她要走的那天，爸爸摸她的時候，她的心臟也跳得更快了一些。我知道她眞的很想活下去，留下來和我們一起生活。她愛我們，我們也愛她。」

這是一份深遠又充滿意義的關係，無論時間多麼短暫，而且它改變了梅洛。「我意識到我不能隨便浪費這個生命。我不再把它看成理所當然。小克蘿伊在爸爸懷裡即將斷氣的時候，我向她保證，我會盡全力去活，而且在我做每件事情時，都會把她放在心裡。今天的我，會努力提醒人們生命是一份禮物，我們應該好好享受它，因爲一旦它結束了，它就是結束了。能夠活多久誰也不能保證。我們不會得到『再來一次』的機會，所以最好現在就開始珍惜它。」

「後來我籌辦了一個組織，命名爲『克蘿伊離開後』（*After Chloe*）。它的使命是：**找到以後的生活**（Let's Find Your After）。我希望人們明白，喪親之後仍然可以繼續你的人生。這不是說你不應該感到哀慟。我們不是要從那上面拿走任何東西，而是去榮耀它遺留下來的愛，活出我們生命的最佳版本。這成爲了我做每一件事時的基本底線。」

透過職業找到意義

有一次我在舉辦專業的訓練課程時，我留意到一位年輕人，尼可拉斯（Nicolas），他在課堂上抄了很多筆記。午餐時，我問他：「你是從事什麼行業的？」

「我是禮儀師。剛剛從殯葬學校畢業。」

「恭喜你。你希望從這個課堂上學到哪些東西？」

「我想要盡可能知道跟哀慟有關的知識。」

「是什麼樣的原因讓你進入這個領域？」我問。

「我唸大學的時候，在葬儀社工作。那只是打工而已。我本來想走科技業，可是後來改變主意。」

「從科技領域轉到殯葬學校是很大的改變。發生了什麼事？」

「我太太懷孕了，」他說的時候眼角是濕潤的，「可是流產了。」

「你一定很難過。」

「不太有人會對我說這種話，」他說，「這就是我今天爲什麼會來這裡上課。很少人會跟你有一樣的反應。」

「你是說：『你一定很難過』這句？」

「對。大多數人都以爲爸爸比較沒事，把注意力都放在媽媽身上。我太太知道我有多麼期待小孩的到來。所以當別人安慰她卻忽略我的時候，她會在他們面前牽起我的手，說這對**我們兩人**來說都很難受。」

「聽起來你有一個很棒的太太。」我說。

「確實是。我們分享彼此的哀慟，也都知道失去寶寶讓對方有多痛苦。這就是我從事現在的工作的理由。」

「你指的是什麼？」我問。

「我的工作服務對象是失去早產或年幼嬰兒的父母。我專注在事前準備上。我花很多時間整理寶寶的儀容，讓他們最後可以留下一個好看的模樣。我有很多方法可以讓寶寶看起來很漂亮。這些爸媽沒有機會跟寶寶相處太久，我希望他們最後的回憶是美麗的。每次我請他們帶一些寶寶的衣服過來時，媽媽通常很驚訝。『你可以幫寶寶打扮？』他們會問，

『早產的孩子不會太小了嗎？』我就會說，把衣服帶來，我會搞定。」

「這件事很重要。」我說。「你還有做什麼其他的事嗎？」

「我會製作手印和腳印。這是爸媽可以帶回家做紀念的東西。畢竟他們手邊可以證明寶寶活過的東西很少。」

尼可拉斯知道，在嬰兒早夭或流產之後，父母們能在一些物品帶來的回憶上找到意義。

醫療界正在改變

很少有人，甚至是從事照護行業的專業人員，有意識到敬重父母與寶寶之間的連結的重要性。不過近年來，這個現象開始漸漸翻轉。娜奧米（Naomi），是一名護理師，她來參加我的課程，她在課堂上分享了她任職的醫院目前處置晚期流產、死胎和嬰兒死亡的方式。對於死胎和剛出生不久就死亡的嬰兒遺體，以前的做法是馬上清理掉，彷彿越快遺忘這件事越好。現在呢，娜奧米上班的這類醫院則是開始採取一些步驟，允許嬰兒的父母可以和亡故的孩子相處一段時間，可能是幾小時，有時候甚至長達好幾天，好讓他們製造一些回憶。這也許聽起來很奇怪。不過如果父母們沒有留下自己曾經擁有過孩子的證據，隨之而來的哀慟情結有可能會變得十分複雜。待產室、分娩室、新生兒加護病房和醫院的病房裡都會提供相機，好讓父母們拍照。

另外一個問題是，寶寶的身體腐化得比成人快。以前醫院需要先把寶寶的遺體放進停屍間，再拿出來給父母看。現在有了一種新的儲藏箱，可以穩定保存寶寶的遺體，讓情況有了很大的改變。它是一種小型攜帶式冷藏系統，讓寶寶可以躺在一個漂亮的儲藏箱裡，待在爸媽和家人身旁。比起從停屍間的冰庫裡取出的寶寶，儲藏箱裡的寶寶看起來更像是睡著的天使。

娜奧米最近照顧到一位女士漢娜（Hannah），她懷的雙胞胎在二十八週大時早產，雙胞胎的威廉（William）活了下來，迪倫（Dylan）卻不幸過世。喜悅與悲傷同時來到，是很令人混亂的情況。寶寶威廉馬上被送進了新生兒加護病房，他會在那裡住上幾週，直到他強壯到可以回家。另一方面，沒有生命跡象的迪倫被送進分娩室，和漢娜待在一起。漢娜想幫他洗澡和穿衣服，但是她的丈夫諾亞（Noah）覺得這種舉動非常奇怪。

諾亞看著她做這些事，開始變得有些煩躁，他對她說：「可以把心思放在還活著的威廉身上嗎？不要再爲這個寶寶傷腦筋了。」

「不要再爲他傷腦筋？」她說，「你是這樣想的嗎？眼淚是從心流出來的，不是大腦。這不是我傷不傷腦筋的問題。這是我的心必須要做的事。」被他責備的她哭了起來，這時醫院的工作人員趁機教育諾亞，讓她有機會表達失去孩子的感受是很重要的。娜奧米解釋：「對大多數的媽媽來說，和寶寶肌膚貼著肌膚的擁抱，是非常有意義的動作。幫寶寶洗澡和穿衣服，是她們可以成爲母親的一個機會。這是她們唯一可以製造回憶的時刻。媽媽們原本的心思都被寶寶出生的奇蹟佔滿了，所以她們需要消化的時間。在期待她放手之前，我們需要給她一點時間。」

這番說明幫助諾亞理解他的妻子的反應，但是，他怕將來漢娜觸景生情，所以他想先把家裡事先準備好的兩張嬰兒床處理掉一張。他打算在漢娜出院回家前就完成這件事，不過醫院人員建議他先跟漢娜說一聲。他告訴漢娜之後，漢娜請他先不要移動嬰兒床，她希望嬰兒床被清掉的時候自己可以在場。她希望能參與這個過程。

等到她回家之後，諾亞問：「現在可以處理掉了嗎？」

「還不行，」她說，「我需要幾天的時間。」

有一次他們去加護病房看威廉，諾亞告訴醫護人員說他很不高興嬰兒床還沒處理掉。不過他們爲他解釋，從漢娜的角度來看，那張嬰兒床代表了原本要睡在裡面的寶寶，而她還沒有準備好跟他道別。諾亞則是覺得，這張空的嬰兒床一再提醒他的傷心，不知道還得盯著它多久。

對漢娜而言，對嬰兒床放手的時刻會自然而然到來——以一種有意義的方式。有一天她在加護病房裡時，聽到一位一樣生了早產兒的媽媽對護理師說，等到要接孩子回家時，她沒有足夠的錢可以買嬰兒床。

「我有一張嬰兒床可以送妳。」漢娜說，「我的先生會很樂意把它送去妳家。」他的確很樂意。

第十一章

頭腦生病了：精神疾病與上癮

「我的頭腦是一個危險地帶。我盡量不自己一個人進去。」

——安妮．拉莫特（Anne Lamott）

爲什麼我要把精神疾病和上癮放在同一章裡？因爲它們都是發生在我們心智層面的疾病，而且它們通常會發生在同一個人身上。要說得清楚一點的地方是，不是每個有上癮行爲的人都患有精神疾病，也不是每個患有精神疾病的人都有上癮行爲。不過，根據國家藥物濫用研究所（National Institute on Drug Abuse）的資料顯示，這兩者之間具有內隱性的連結。精神疾病患者發展出物質濫用行爲機率比正常人高兩倍。醫學上的名詞稱爲「雙重診斷」（dual diagnosis）。儘管兩者展現的方式不同，但它們都是會累進加重的疾病，如果不加以治療，可能會惡化甚至導致死亡。

當有人的死因是上癮或精神疾病時（包含因爲精神疾病導致的自殺），人們常會禁不住有種批判死者的衝動，可能會說出一些不恰當的言論，而這類的言論並不會被用在因爲一般疾病而死亡的人身上。舉例來說：

遭到譴責	受到照顧
人們對他說：「你要克服它。」	人們對他說：「我們會支持你度過這關。」
人們對他說：「爲你的問題負起責任。」	人們對他說：「不要責怪自己。」
人們對他說：「不要再試圖吸引別人的注意力了。」	人們對他說：「需要幫忙的時候隨時說一聲。」
人們批評他軟弱和懶惰。	人們讚美他堅強又勇敢。
人們對他說：「不要再自溺了。」	人們對他說：「這很不容易，要對自己好一點。」

這些傳達給精神疾病患者和上癮者的訊息是錯誤的。如果一個精神疾病患者可以關掉她頭腦裡那些迫使她傷害自己或他人的聲音，她會的。如果一個上癮的人可以拋開嗑藥或酗酒的習慣，他會的，特別是當他知道這麼做會導致自己的死亡的時候。

我最近一次演講的場合上，有人說出了一個常常被認爲的觀點：「上癮是一個選擇。」

我不認爲藥物成癮的人比起對香菸或尼古丁上癮的人有更多選擇。假如有人得了肺癌，我們可以怪他抽菸。不過現在的社會已經開始重新檢視這個論點了。我十三歲時開始抽菸。當時的電影、電視廣告、高速公路上的廣告招牌都告訴我，如果抽菸的話，我會看起來很酷。所以，我一抽就抽了二十七年。我一次又一次嘗試戒菸，每次都以失敗收場。我不明白爲什麼像我這樣又警覺又有決心的人會改不掉這個習慣。幾年前我終於徹底戒掉了抽菸的習慣，而這個掙扎的歷程教會了我認識上癮的本質，它是一種生理性的固著，而社會與經濟的因素會強化這種固著。

有賴於美國癌症協會（American Cancer Society）和一些其他組織對大菸草公司（Big Tobacco）提起的大型訴訟，我們得知了以下幾點關於菸草公司如何在明知對身體具有傷害性的前提下，仍然鼓勵人們吸菸的事實：

- 奧馳亞集團（Altria），美國雷諾菸草控股公司（R.J. Reynolds Tobacco），羅瑞拉德菸草公司（Lorillard），以及菲利普莫里斯美國公司（Philip Morris USA）均刻意將香菸設計得更容易讓人上癮。
- 香菸公司用許多方法控制了尼古丁（香菸裡的成癮物質）的影響和傳遞方式，包含了濾嘴的設計，並且選用能最大化尼古丁攝取率的菸紙。
- 當你抽菸時，尼古丁實際上會改變你的大腦。這就是爲什麼戒菸這麼困難的原因。

我們都對自己的健康有責任。不過我也相信，我們都不應該因爲自己的疾病遭受譴責。尤其是上癮。當我們的親友因爲上癮而死亡時，說他們該負起一部份的責任是公平的，但該負責的不是只有他們。大筆生意——換句話說，貪婪——在這裡也扮演了一大部份的角色，這些生意不只有讓我們上癮的尼古丁，還有時下流行的迷幻藥，包含了紓緩疼痛的處方藥物、海洛因、合成鴉片類藥物，像是芬太尼（fentanyl）等。

和我同名同姓的前食品藥物管理局（FDA）局長大衛．凱斯樂（David Kessler），是我一向非常敬重的對象。他對抗菸草工業與肥胖問題的事蹟眾所週知，總是把民眾的健康放在第一位。在他離職之後，食品藥物管理局對於強力止痛藥須適當標示的規定放寬了。它不再像原本指示的那樣只有在急性的情況下被運用。現在，任何人只要有疼痛問題都可以取得。我只知道以往這類藥物只會在安養院或安寧照護的場所裡，被酌量運用在臨終病患身上。如今卻頻繁地出現在處方籤上，甚至有浮濫開立的情形。用一種最機緣巧合的角度來看的話，大衛．凱斯樂離開食藥局的職務，可能在我兒子，另一個大衛．凱斯樂的死亡事件中，扮演了一部份的角色。

九〇年代的製藥公司向醫學界保證，鴉片類的止痛劑不會令患者上癮，因此醫界開始更頻繁地開立這種藥物給病患。普渡製藥公司（Purdue Pharma）因爲銷售奧施康定（Oxycontin）賺進數十、數百億美金，而該公司知情於這種鴉片類止痛藥的成癮性質。據估計，超過七百萬美國人濫用奧施康定，而濫用奧施康定人數比例最高的州，海洛因致死的數據攀升幅度也最高。那是由於大多數對奧施康定成癮的患者，在無法負擔奧施康定節節上升的價格之後，會轉向更便宜的鴉片類毒品海洛因。

在《時代雜誌》二〇一八年出版的特刊《鴉片日記》（*The Opioid Diaries*）中，一名居住在麻薩諸塞州的男子，約翰（John），述說了自己染上海洛因的故事：

我是個癮君子。原本我從事汽車銷售業，賺很多錢，一年超過十萬美元。然後我開始用了奧施康定。那感覺很不錯，像是耶穌溫暖地抱著你。那時候只是偶爾用一次。接著我開始對自己說：「嗯，如果我可以在星期五和星期六的時候享受這種快感，爲什麼不能在星期二和星期三的時候也這麼享受？後來價格越來越高，突然間變成了八十塊美金一顆。到這個點上，我已經變成一天要用六到七片才行了。不先吞一顆的話我下不了床。我一直都知道海洛因，那是一條我本來也不想跨過去的界線。不過嘛，你知道的，船已經開出去了。麻醉藥就是麻醉藥。我不是想找死，雖然一般人都會這樣想。我不是想自殺。我只是上癮了。

前食品藥物管理局局長大衛．凱斯勒如今公開地站出來，反對他曾經任職的食品藥物管理局。普渡製藥公司還有其他的製藥公司都把獲利的重要性置於我們親人的性命之上。我相信數十年後，我們會回顧這一切，然後用截然不同的眼光看待上癮。我們會發現，明明存在著好幾股不同的力量導致這整個問題，我們卻將所有的責任都怪罪在成癮者身上，這種想法詭異地充滿瑕疵。

對抗污名

我們不該再將上癮視爲一種道德的墮落或是欠缺意志力。它是一種醫學性的問題，是一種會日漸造成慢性症狀的疾病、一種特別難纏的疾病，因爲造成上癮的藥物會攻擊使用者的大腦，而大腦是我們用來抵抗其他危及生存的因素時，必要的器官。精神疾病也是同樣的情形。我們不能對一個患有精神疾病或上癮的人說，你要動腦想辦法讓自己復原，因爲他生病的器官就是大腦。由於這些人沒有能力做出幫助自己復原的必要行動，所以專業的協助是必要的，然而卻往往很難找到資源，或是非常昂貴，或是品質不佳，或是上述總總情況的綜合。就連最專業的協助也經常難以取得成效，這正是爲什麼復發的機率那麼高，有些人甚至會因爲用藥過量或自殺而死亡。上癮和精神疾病能讓人困擾一生。和它們打交道是一場難有止盡的鬥爭。

然而，污名依舊纏繞在與精神疾病和上癮奮戰的人身上。「這難道不是他們的錯嗎？他們自己選的不是嗎？他們就不能好好吃藥或是去參加十二步驟戒癮團體來改善嗎？」種種這類的問題會升起。不會問這些問題的人，通常是因爲他們親身經歷了失去親友的哀慟，他們更有可能說的話是：「『那是他自己選的』，我以前會同意這樣的話……直到我看到自己哥哥生病的過程以後。」

精神疾病和上癮的現象，在各行各業都存在。而因爲性侵害、虐待兒童、家庭暴力等種種因素而遭受過創傷的人，產生精神疾病或上癮的風險又特別高。因此，他們也是對抗著存在於這個國家中許多問題的鬥士。上癮或精神疾病是這些問題的結果，他們應免於爲此受到譴責。要在這樣多舛的命運中找到意義，難度是更高的。

米蘭達（Miranda）告訴我她丈夫安迪（Andy）的故事。安迪是越戰退伍軍人。「他經歷了戰爭的悲劇，常常說到他在戰場上看過的死亡景象。退伍以後，他吃醫生開給他止背痛的藥吃到上癮。」

她流著淚往下說：

> 我們剛在一起的頭幾年，丈夫的狀況還算正常。他在家裡開的鎖店工作，可以正常工作，鎖店的生意也很好。他背痛的問題變嚴重後，開始出現妄想症的跡象，藥也越吃越多。一到晚上，情況就會更惡劣，他會變得很焦躁，到處翻箱倒櫃，或是把沙發都拆開。他毫無理由地搜遍家裡每一樣東西。接下來幾年，他的藥癮越來越嚴重，有時候我會發現他躲在書桌底下，害怕有人會來抓他。看到一個以前那麼強壯的男人，因爲精神出狀況整

個人都毀了，我的心都碎了。他去過幾次戒毒中心，回來之後就會好一陣子，然後又會復發。

有一天我回到家，我知道安迪又嗑藥了，他把自己鎖在屋子裡。我打電話到戒毒中心給他的指導員。「我現在該怎麼辦？」我問她。

她說：「幫他打包東西，把他帶回來這裡。」

我讓安迪開了門，然後對他說：「我想你該回去戒毒中心。」

當我跟指導員說安迪拒絕回去戒毒中心時，她說：「如果他繼續嗑藥下去，他會死的。帶他去醫院吧。」

我在浴室裡找到安迪，他一絲不掛地站著，說他全身都要燒起來了。很明顯地他已經迷茫不清了，我說：「我得帶你去醫院。」

他同意去醫院，不過當我幫他穿褲子的時候，他整個人抽搐起來，接著失去了意識。我打電話叫救護車。急救人員把他放上擔架時，他的心跳停止了。三十七歲的他，意外用藥過量，當場死亡。

那時我三十二歲，我整個人生急轉直下。我有兩個小孩，一個七歲，一個四歲，丈夫走之前，我基本上就是個家庭主婦。起初，我去鎮上的一個諮商中心，他們會舉辦一些可以讓我和小孩參加的支持團體。後來我去參加了戒酒無名會家屬團體（Al-Anon）的聚會（戒酒無名會家屬團體是爲上癮者的親屬提供支持的協會）。我想要爲自己的人生做一點事，不只是爲了我自己，也是爲了失去父親的兩個孩子。

爲了達成理想，我必須付出的努力是很深刻的。我是參加了那個家屬團體之後才明白到，在安迪的狀況裡，我扮演了什麼樣的角色，更重要的是，我沒有扮演什麼樣的角色。

在戒酒無名會家屬團體裡，他們會談到「三C原則」（3 C's）。對於身邊有親友是上癮者的家屬來說，「三C原則」可以幫助他們理解到，他們的責任是有限的：

(1) 不是我們**造成**的。（CAUSE）
(2) 我們無法**控制**它。（CONTROL）
(3) 我們無法**治癒**它。（CURE）

當你的生活中有上癮者存在時，認識這個三C原則是很重要的，若上癮者身亡了，認識這三C原則的重要性又更高了。它無法扭轉已經發生的事，但它有助於停止自我譴責。

米蘭達繼續往下說：

雖然安迪有提到過他在越南的經歷，可是我沒有意識到他的創傷有多深。他死後我才發現，多年來他一直有寫日記的習慣，他把那些紀錄了過去事情的日記都鎖在櫃子裡。讀那些日記的時候，我才更加瞭解到發生在他身上的事。其中有一個故事我印象特別深刻。他在越南打仗的時候，他看到人們會騎著摩托車，輾過街上一整排像蝦子一樣排在一起的屍體。他沒有辦法把這個畫面從頭腦中甩掉。

最終我才明白，安迪真正的死因是戰爭的創傷導致的精神疾病。他的頭腦想要藉由酒精和鎮靜劑來麻痺這些痛苦，可是效果都不持久。理解到他爲什麼會上癮，對我和孩子來說都很重要。這代表了，他們的爸爸不是一個壞人或失敗者。他是一個英勇果敢，爲國家作出貢獻的人。我必須看見他的這一面，而且這個眞相改變了一切。假如他是在戰場上中彈負傷，軍隊會頒給他紫心勳章，然而帶走他生命的傷是精神性的，隱藏在他的內在，無法被看見。

安迪的第一個忌日，我們聚集在他的墳前，舉辦了一個小小的典禮。參加的人都要說出一件跟他有關的美好事物，而我們要帶著這個美好的事物在將來繼續活下去。然後我們用帶來的花繞著他的墓碑圍出一個紫色花圈，這是由認識他的人們頒給他的紫心勳章。而將是我在心中爲安迪攜帶著、繼續活下去的東西——屬於他的紫心勳章。理解到他其實不是越戰的受害者，而是一個沒有被歌頌的英雄，讓我們找到了意義。

拒絕將上癮和創傷污名化，改變了觀點之後，米蘭達終於能看見丈夫本來的樣貌。他的生命具有眞正的意義，而她得以因爲他是誰與他曾爲國家作出的貢獻，而感到光榮。

意義無所不在——只要你開始找尋

當摯愛的親友受苦於上癮或精神疾病時，你的哀慟可能在死亡來臨之前很久就開始了。你因爲失去想像中能和這個人共度的未來而感到哀慟，也爲這個人可怕的轉變感到哀慟，爲一場你眼睜睜看著它持續發展、而且越演越烈的夢魘而哀慟。然而，有時候即便是在這樣的苦難之中，我們還是能爲自己和所愛的人找到某些意義。能夠和某個還活生生的、在呼吸著的人共享意義，是一件珍稀的禮物。

心理學家瑪格列特（Margaret），跟我說了這個故事：

我姊姊辛西雅（Cynthia）成年之後就一直在跟思覺失調症搏鬥。她十八歲念藝術學院的時候，有一次朋友開車送她回家路上，她在後座發病，快到家門口時，她開始大吼大叫，大聲到附近的鄰居全都能聽見。那瞬間，她不認得任何人，一直哭吼著要找媽媽。媽媽從屋子裡衝出來接她，緊緊陪著她。「妳不是我媽。」她這樣重複說了一遍又一遍。她不知道自己身在何方，也不知道發生了什麼事。那年我十三歲，目睹了整個經過，場面很嚇人。那一次對我的衝擊很大，影響了我很多年，也促使我決定成爲一個心理治療師。

精神崩潰以後，辛西雅被送去精神病院，她在那裡住了長一段時間，直到醫生找到適合她的藥方爲止。她出院的時候狀況已經好轉很多了，她能給自己找到住的地方，也去了鎮上的美術用品社上班。她回學院上非全日制的課程，她很喜歡學習藝術和語言，還因此遇上了她的丈夫，對方是考古學教授。她的思覺失調症並沒有痊癒，不過用藥物似乎還控制得不錯。有一度，一切都看起來很美好。她陪丈夫一起去挖掘古蹟遺址，幫丈夫的文章、書籍和研究論文畫插圖。可是呢，她的丈夫卻從來不曾讚賞她的工作，幾年以後，他們離婚了。

事情是從這裡開始變糟的。她再也沒辦法上班，連生活都沒辦法打理，過得很困苦。有一天她在胸部裡發現一個腫塊，她沒有告訴任何人，也不去看醫生，因爲她害怕知道檢查的結果。等她終於去醫院時，已經太遲了。癌症第四期。因爲沒有自理能力，所以她搬來跟我和我丈夫一起住。我一直都很希望姊姊可以回來，可是不是用這種方式。這太悲慘了。她知道自己不久人世，有一天她對我說，她覺得自己整個人生都好沒意義。

我告訴她，我不同意這種看法。她是啟發我的人，如果不是她，我不會成爲心理醫生。她已經幫助了好幾千人，因爲她曾經啟發過我。這次談話改變了她看待自己生命的看法。她不知道自己是激勵我的人。她從來不曾覺得，自己對這個世界有任何貢獻。「可能我的人生也還算有點價值吧。」她這樣說。這似乎讓她感到高興。

觀點改變以後，她不用再重複反芻她浪費了人生這種念頭。她的心終於可以安頓下來，好好面對死亡。那是她死前一個月，而那一個月裡，我覺得好像自己的姊姊終於回來了——是我眞正的姊姊，不是生病的她。

瑪格列特對姊姊的愛，幫自己和姊姊在她最後的時光裡找到了意義。但我們不難理解，要支持一位患有精神疾病或藥物上癮的家人，有時候是十分沉重的負擔。穿梭過各種緊急狀況，反覆拯救一個人一陣子之後，有時候我們也會感到同理心疲乏。

幾年前，我的朋友貝絲（Beth）向我吐露，她八十歲的爸爸服藥過量，被送到醫院裝上人工呼吸器了，又要處理這種事，讓她感到惱怒。她的父親是躁鬱症患者，長期有藥物上癮問題。多年來，貝絲經常得飛回家處理父親因爲服藥過量住院，或是因爲精神崩潰被送進精神病院等種種狀況。這一次她簡直是泥菩薩過江，因爲她跟丈夫一年前離婚了，目前她得一個人扶養三個年幼的小孩。

「大衛，」她說，「我剛接到電話，知道爸爸住院的時候，我哭了，我想，時候到了，他快死了，我準備好要買時間最近的一張機票飛去看他。可是又接到下一通電話時，他們說他現在不用呼吸器了，可以自己呼吸，看來是可以復原，我心想：「搞什麼啊？！他一定過幾個月又給我再來一輪，又演一齣服藥過量或是企圖自殺這類戲碼。」有這種想法讓我很愧疚，可是這幾年來我的日子眞的不好過。現在又加上一個似乎無心繼續活下去的爸爸，負擔眞的很大。假如他自己都不想活了，爲什麼我要去在意他想活還是想死？他的人生簡直沒什麼意義。」

貝絲問我能夠給她什麼樣的建議。我想要見證她的痛苦，讓她感覺到，我明白她的情況有多艱難，此外，如果她放任自己的憤怒，結果導致她沒有跟父親好好道別的話，我也想要減輕她將來自我譴責的可能性。

「『別又來了』，妳絕對有權利這樣想的。只是也請試著去意識到，這一次也有可能是妳跟父親永別的一次。」我說，「無論他是因爲自殺還是服藥過量離開的，眞正導致他死亡的原因，是他的精神疾病。我想，如果妳能夠認可這個事實，妳會比較容易同理他，也比較容易去面對父親日漸惡化的現實。」

把心思放在「這次也許是最後一次見到爸爸」，這個角度讓貝絲克服了憤怒，得以在爸爸臨終前最後幾天，一起度過一些有意義的時光。「如今爸爸已經過世好幾年了，」貝絲說，「我很感激我們最後一起過的那段日子，讓我有機會重新找到對他的愛和同情。」

每當我們認爲自殺者因爲動手結束了自己的生命，就應該爲他的死負上一部份的責任時，我們便很難用更宏觀的角度來看待這件事。無論事情是如何走到今天這一步的，那畢竟是他生命的終點。假如對方是我們在乎的人，我們的在場陪伴對臨終的他和我們自己而言都是一種幫助。假如我們不在場，也許事後就會造成許多罪惡感和自我指控的情況。

從行動中創造意義

在這個主題上，我不只是身爲專門研究哀慟的專家，報告著各種案例而已。我親身走過其中的種種歷程。我的兒子大衛，出生時就因爲母親嗑藥而染毒，在我收養他之前，他已經換過好幾個寄養家庭。他和哥哥終於搬來和我住時，他適應得很好，是一個非常可愛的孩子。在幼稚園的票選活動中，他被票選爲將來最有可能從事醫護工作的孩子。他關心學校裡的大小事，也關心他的朋友。他很聰明，口齒清晰，成績表現總是頂尖。然而，他的心思特別敏感，對於自己是個領養的孩子這件事，加上扶養他的人還是個單親爸爸，讓他覺得自己與眾不同，因此而苦惱著。他就像大多數的孩子那樣，希望自己可以融入群體裡，不要跟別人不一樣。

十五歲時，他在他念的私立學校裡遭受到很多同級生霸凌。就跟其他被霸凌的孩子一樣，他沒有告訴爸爸這些事，而就連身學校理事會成員的我，竟然也沒有察覺到異樣。後來我才得知，有些老師早已知情，也向行政單位呈報過，然而承辦人員沒有採取應有的行動。霸凌的折磨讓大衛越來越不堪承受，有一天在學校，他躲進廁所裡，吞了一大把哥哥的心臟藥。意識不清的他被西班牙語老師發現，現場還留了一張紙條，說他受夠了。所幸救護車很快就趕到，他被送到當地的醫院，在那裡被救回來。然而被霸凌的經驗觸發了他內在的某些東西，他發現自己很難振作起來。他陷入深度憂鬱狀態，需要大量心理支持。一晚，他哭著向我跑來，哥哥理查跟在他身邊。「爸爸，」大衛說，「我腦袋裡的聲音叫我要傷害自己還有傷害你。」

看到我天真的十五歲兒子，被腦袋裡的聲音嚇得不知所措、涕淚縱橫的樣子，那瞬間眞是錐心刺骨。理查和我徹夜不眠地陪了大衛一整晚，不斷地向他保證，我們不會讓他腦袋裡的聲音得逞的。在那漫長的一夜裡，我親眼目睹了精神疾病和創傷經驗所帶來的痛苦是如此之深，強烈的程度就和肉體的疼痛一樣眞實。那一晚，我們與他頭腦裡的聲音奮戰直到早晨，接著我帶他去見他的心理醫師，醫生爲他調整了處方。除了這些，再加上一連串密集的心理治療和支持團體，似乎幫助大衛重新站了起來。他在一所私立天主教中學重新開始上學，平順地過了一陣子。

大衛開始在我工作的醫院急診室擔任志工。他很喜歡幫助別人，考慮起從事醫療方面的工作。他嘗試過救護車的隨行任務，講起急診室裡發生的事時，可以滔滔不絕聊上好幾個小時。案件越是複雜，他就越感到興趣。他花了九天時間參加洛杉磯加州大學醫學院舉辦的全國青年領袖醫學論壇，這個論壇是專門爲未來的醫生和專業照護人員所舉辦，目的是幫助青年們從實務中發掘自己的熱情。

對等待著他的未來充滿興奮感的同時，他仍然與過去的魔鬼戰鬥著。創傷和精神方面的健康議題是很錯綜複雜的。再加上藥物上癮這個因素，使得整個問題甚至能威脅到生命。我和大衛一樣是青少年的時候，當然也有機會喝上幾瓶啤酒或抽上幾口大麻，但一樣的情況對大衛而言，風險則高上許多——而他有機會接觸到的某些藥物又比大麻或啤酒更危險。十六歲那年，他第一次用了冰毒（crystal meth）。他和幾個朋友在家附近的公園裡一起用了，接著他打電話給我。他當下就知道自己已經過了頭了。

從此我們踏入了一個未知的世界，那個世界似乎不斷著吸引我們落入深淵。我感覺得到大衛正一步步往下沉。一夕之間，他的人生選擇從挑選大學變成了挑選戒毒中心。他的大學基金被挪用來支付戒毒中心。整個世界飛速在改變，大衛也是。

大衛滿十八歲之前的整整兩年，我們用盡全力在讓大衛保持清醒。我知道，一旦他滿十八歲了，我對他的影響力將會急速地流失。每一次他清醒了一段時間之後又會復發。這是一個光靠愛、時間和金錢也無法解決的難題。生活被無數個復健中心、門診和療法填滿。但那彷彿是一座我們無人能夠越過的高山。毒品的誘惑力太強大，大衛就算使盡全力遠離，似乎也抵擋不了。到後來，我聽說大衛用了海洛因。海洛因便宜又容易取得，而且顯然它帶來的快感能夠帶走一切的痛苦。

有一次在他參加的十二步驟戒毒團體聚會裡，有人跟他說：「希望你的衣櫃裡有一套黑色西裝。你接下來會有很多參加喪禮的機會。」想及此事令我驚恐，但我能夠承認這是個事實。我早已留意到，在我的演講場合裡，因爲喪子而來聽課的聽眾有增加的趨勢。一天晚上，我和大衛聊天，我對他說：「我每次演講，都能看見心碎的父母。我很高興你已經不再碰毒品了。答應我，不要讓我也成爲他們其中的一員。」

「不會的。」他向我保證，「就算是我在用的那時候，我也知道自己在幹嘛。」

一方面，我相信大衛，他不會成爲我聽說過的那些悲慘死亡故事。但同時間，他的話又無法讓人感到放心。我不認爲任何一個人在嗑藥的時候眞的知道自己在幹嘛。我記得在大衛去的第一個戒毒中心裡，和輔導員的一次對話。那個戒毒中心會邀請家長們加入團體聚會，我去的時候，很驚訝地聽見裡面某些正在接受治療的上癮者，用很隨便的態度八掛著其他用藥過量致死的上癮者的事。後來我對輔導員說：「我不能理解爲什麼那些人可以用這麼輕率的態度聊用藥致死的事。他們之中有多少人意識到，他們自己也處在同樣的致死風險之中呢？」

輔導員回應我：「上癮就是變得麻木。當你是上癮者的時候，那種麻木會讓你忽視危險，讓你以為你在用藥的時候可以控制自己。甚至連你清醒的時候，你還是有可能對危險和復發是麻木的。我們知道復發也是復原的一部份過程。」

「如果復發的結果是死亡的話，它就不是復原的一部份了。」當時我這麼說。而且我感到很擔心。

大衛剛成年的頭幾年，生活的重心就是努力保持清醒，像個正常人一樣生活。原本聰明伶俐、夢想讀醫學院的男孩，如今只能努力試著讓自己可以保住一份工作。當結果不如預期時，他報名了洛杉磯加州大學的成人進修課程，接受成為急救護理人員的訓練。然而上癮像一塊沉重的巨石，壓垮了他所有的努力。他延後了社區大學的入學時間，但很顯然地，他並沒有按照預期的計畫復原。

那一次在戒毒中心和輔導員談到有關上癮和麻木的對話，在我哀慟的腦海中縈繞不去。它不斷重播，直到我禁不住開始思考，自己是不是能做點什麼，去穿透其他年輕上癮者的麻木，喚醒他們，讓他們覺察到自己面前的危險。這將是我能為大衛做的一點事，好證明他的死沒有白費。

大衛死後一年，我去洛杉磯拜訪一位朋友，他在那裡經營一家戒毒者的中途之家。我告訴他我的想法，希望和他一起合作發想出一個計畫，去幫助他的中心裡正在復健中的戒毒者。

大約三個月後，我和十五位年輕人在爲我兒子舉辦過喪禮的葬儀社碰面。這些人的年齡介於二十至三十歲之間，他們臉上都充滿了防衛的表情。他們不知道自己爲什麼要來葬儀社，也不知道接下來會發生什麼事。我播放了一支五分鐘的短片給他們看。短片內容是大衛的生活，剛開始看起來就像是某個小男孩成長過程的家庭影片，如果不是自己家人的話，完全不會對它產生興趣的那種影片。當影片來到大衛的青春期後期和二十出頭的年紀時，他們看到大衛站在一個十二步驟團體的教室外面，和朋友聊天。這時我看得出來，這支影片開始打動那些年輕人了。「噢，他跟我們是一樣的人。」他們可能會這麼想。下一秒，某個人看見影片裡出現了他認識的朋友。屋裡的氣氛明顯地轉變了，影片的內容對他們而言開始具有眞實性。影片最後來到大衛吹熄二十一歲生日蛋糕的畫面。

影片裡的某個聲音喊著：「發表生日感言！」

「從現在起，我要一次一小步，過好當下每一天。」大衛說。這是一句在十二步驟團體或是很多別的復原團體裡會聽到的一句話。語畢螢幕上的畫面漸漸轉黑，然後浮現一張字卡，寫說大衛在十六天後因爲意外服藥過量致死。從那些年輕人臉上的表情可以看出，大衛已經成爲一個可以讓他們產生共鳴的對象。

我問大家：「你們之中有誰想到今天會來到葬儀社？」

沒有人舉手。

「嗯，一年前的我也沒想過。」我說，「不過就在見到兒子最後一面的幾天後，我發現自己來到了葬儀社，就是現在這一家。」

接著我們一行人前往墓園，從葬儀社走一小段路就到了。走到大衛的墳前時，我請每個人各自把手伸進箱子裡，拿出一塊小石頭。那些石頭是我事先準備好的，每一顆石頭上都刻著不同的字詞：平靜、喜樂、家庭、愛、慈悲、接納。我解釋給他們聽，在猶太教的習俗裡，人們會帶石頭去墓園，而不是鮮花。然後我請年輕人們逐一地將石頭擺放在大衛的墓碑上，同時盡可能大聲地唸出刻在石頭上的字。每一顆石頭被擺放好時，我就會說明，那一個詞彙與大衛的生命之間的關聯。當一名年輕人唸出，希望，我就接著說：「大衛對他的未來滿懷希望。」下一個年輕人的石頭上刻著，家庭，我就告訴他：「大衛很喜歡家庭這個概念，但他一直不確定自己歸屬於哪裡。」下一顆石頭上的字是：愛，我說：「就算大衛的生命裡有那麼多的愛，他卻從來沒有感覺到被愛。喪禮上的親友們都一致認爲，如果他知道自己的喪禮會有那麼多人來參加，他一定會嚇一跳的。」

我們站在大衛的墳前時，其中一個年輕人問我：「你是怎麼度過這種事的？」

「它不僅僅是一個事件。」我說，「它是我的餘生。」這句話再眞實不過了。我整整的餘生，都將會活在失去大衛二世的哀慟裡。但同時間我也會盡力從這份哀慟中創造出意義——透過服務他人。我轉過身面對那群年輕人們，說：「我希望下次你們的爸媽或是朋友對你們說：『我很怕你的藥癮會害死你』的時候，你們不要翻白眼。上癮是一種很狡猾難纏的疾病，它有可能會殺死你。假如當時大衛又忍不住要用藥的時候有向我們呼救，他今天可能還活著。這不是要責怪他。畢竟到頭來，藥癮才是害死大衛的眞正元兇，不是別的。當你們又想用藥的時候，我希望這次的行程可以提醒你，風險是什麼。」

接著我再說了一些關於大衛的生活細節，他復原的過程，還有他是怎麼反覆發作的。我說：「墓園不允許大衛擁有自己的私人物品。他們常常來打掃，撿起所有的石頭和鮮花。任何遺留下來的東西，都會被清掉。我們放在大衛墓碑上的石頭不是要給大衛的，其實是要給你們的。」我請他們一一地取回自己放上去的石頭，並且分享石頭上的字跟他們的生活有什麼關聯。

第一個年輕人撿起了刻著「家庭」的石頭。他說：「我跟家人老是有衝突。我從來沒想過，他們可能很害怕萬一會發生在我身上的事。」

第二個年輕人的石頭上寫著「希望」。他說，他在生活裡常常感覺不到希望。我對他說：「如果說今天有一樣東西是我希望你們可以帶回家的，那會是當你下次又動了嗑藥的念頭時，想一想你們擁有一個大衛再也不能擁有的東西——讓生命變得更好的可能性、再次找到希望的可能性。在生命中感覺到被愛的可能性。還有重生的可能性。好好記住這點。」

另一個年輕人的石頭是「感恩」。他說：「我想要謝謝你今天帶給我的啓發。」

「不只是我一個人而已，」我說，「我希望的是大衛的故事能爲你們的生活帶來意義。如果將來你們需要靈感，歡迎隨時來這裡看看大衛。畢竟不幸的是，他永遠不會離開這裡的。」

那天我們彼此道別的時候，他們都來和我握手，那握手帶著一股暖意，和剛抵達時初次握手裡的防衛十分不同。我將會持續從兒子上癮的故事裡，創造出這樣的意義。

第三部

意義

第十二章

愛比痛苦多

「我不會去想所有那些悲慘的事，我只關注尚存的美好。」

——安妮．法蘭克（Anne Frank）

人們普遍認爲，哀慟就只是痛苦。任何經歷過哀慟的人，一定都會認同這個觀點。不過我相信哀慟還包含著更多東西。愛也包含在其中。爲什麼我們要認爲，我們感受到的痛苦，就是由於愛的缺損？當我們愛的人離世時，愛並不會死去。愛不會消失。愛會存續。問題在於：我們要用什麼樣的方式，才能在記住那個人的時候，感受到的愛是多於痛苦的？這是一道提問，而非命令。我們必須完整地經歷痛苦，因爲它是我們所遭遇的分離無可避免的產物。死亡帶來的分離是殘酷且強制的。

「喪親的」（bereaved）這個字，在古英文裡原有**被剝奪**、**被抓住**、**被搶奪**等意義。這正是當死神將至親從你身邊帶走時，你會有的感受——猶如一條手臂硬生生被扯斷般的劇痛。你最親愛的事物被搶走了。你感受到的痛苦與你對他的愛成正比。愛有多深心就有多痛。然而你將發現，愛就存在於痛苦的反面。事實上，愛正是痛苦的另一面。

穿越痛苦

你無法療癒自己感受不到的事物。大多數人都懼怕我所謂的「情緒幫派」（gang of feelings）。幫派嚇得我們膽戰心驚。他們埋伏在你周圍，等著你把門打開一道小縫，而後他們就可以趁勢闖入。想樣一下這幫流氓的模樣：他們的成員有憤怒、悲傷、麻木、渴求、震驚和一大堆其他惱人的情緒。怕的是一旦你爲他們開了門，他們就會一舉攻破，撂倒你，讓你從此脫離不了他們的魔掌。害怕情緒幫派的人常常會說類似這樣的話：「如果我哭了，我就永遠也停不下來了。」不過哭泣這檔事呢，就跟人生中所有其他事一樣，都有句點的。倘若你允許自己完整地去感受痛苦的全部深度，把它哭出來，也許你會感到非常悲傷，但是你不會被它們壓倒的。相反的，那份感受會穿透你，那麼一來你和它之間就了結了。倒不是說你從此就不再會因為至親的死而感到痛苦。你還是會的。只不過你讓那一刻的痛苦演完了它該有的戲份。你不和它對抗，也不用再重演它。

偏偏我們大多數人都不是這樣處置的。我們恐懼情緒幫派，因為我們從來不曾讓自己完整地體驗情緒。相反的，我們還會因為情緒產生情緒。一開始我們覺得悲傷，接著我們因為自己的悲傷而產生歉疚感，而這份歉疚感在我們還來不及完整感受悲傷之前就把我們抽了出來。或者是我們生氣，然後我們批判生氣的自己，結果就落入了自我譴責。或是我們感覺到的是悲傷，但是卻認為自己應該覺得感激。諸如此類。

我鼓勵人們跟原初的情緒待在一起。忽略腦中發出來的那些關於你的情緒的評判。否則痛苦將原封不動，沒有被消化的機會。情緒幫派確實存在，但他們是一幫沒有被消化完的情緒集結成的幫派。如果你感覺傷心，那麼你就要跟這個傷心的感覺待在一起，徹底感受它。瑪莉安．威廉森說過，假如你有一百滴眼淚，你就不能在哭到第五十滴眼淚時停下來。用愛去記住逝去的人，祕訣始於接納痛苦，而非否認或忽視它。

靈性與人性之間

面對喪親，在我所認為的直觀的、人性的體驗與靈性的體驗兩者之間，存在著一種微妙的平衡。對許多人而言，宗教信仰、與上帝的連結感、或是與某種超驗的靈性領域之間的聯繫，可以幫助我們走過最艱困的人生低谷。但無論我們多麼虔誠或多麼靈性，有時候我們就是會想停留在人性的痛苦裡。有的時候哀慟者就是不想聽到別人對他說，你失去的親友已經去了一個更好的地方、已經得到了他的善報、或是已經跟耶穌在一起了這類的話。對某些人來說，這類的話無論什麼時候對他們說，都能帶來安慰。但是對另一些人來說，則是門都沒有。還有另一些人是只有在對的時機說，才會管用。我兒子死後，一個好朋友問我：「每次你聊到過世的兒子的時候，你希望得到一個靈性的回應，還是人性的回應，還是兩者都要？」我很高興她知道如何區別它們的差異。

在討論該對哀慟者說什麼才好的主題時，我會請人們去留意哀慟者希望你看見的是他人性面的痛苦，還是靈性面的痛苦。我們太常一股腦兒就對哀慟者脫口說出一些靈性的話語，卻沒有去覺察他們實際所在的位置和感受。有時候我們說得滿嘴靈性，卻一點也不接地氣。

每一次我在演講時對聽眾描述這種不滿時，總是能看見不少人點頭如搗蒜。對於正在經歷哀慟的人而言，聽到這樣的話，等於是在告訴他們不用感到痛苦。事實當然不是如此。慟失至親的人**確實**需要痛苦。我相信，我的雙親和兒子，和任何我所愛的人在去世之後，都會繼續在靈性的世界裡翱翔。但這並不表示我不應該在晚餐的餐桌前思念他們，或是渴望得到一個他們的擁抱。

我能理解家人和朋友們不希望我們痛苦，畢竟看著我們痛苦的模樣，他們也會傷心。可是偶爾當某個人對我說：「你兒子的精神與你同在。」時，我就會想問他：「如果我照你說的去感覺，而不是表現得一副痛苦的樣子，你會舒服一點嗎？」這番話我並沒有眞的說出口，因爲我知道對方是出於善意。他們只是不清楚我正處在哀慟的哪一個階段。畢竟，要知道一個人腦中在想些什麼，並不是一件容易的事。若有人問我在這方面有什麼建議，我總是會說，寧可選擇克制一點，選擇偏向人性的回應。除非你非常有自信對方樂意接受靈性或宗教式的安慰語言，否則別說出口。

面對風暴

在我某一個僻靜營裡，潔思敏（Jasmine）坐在教室前排地板的一顆靠枕上。她沉默又內向。關於她我只知道一件事，就是她有一個孩子，而孩子過世了。週末快結束時，我問參加者們，整個過程對他們而言最困難的部份是什麼。她舉起了手。這是她第一次主動有反應，所以我點名她，很好奇她會說什麼。

「人們一直跟我說，我可以再生一個，再生一個心情就會好起來了。」她說。

「講得好像妳的孩子是可以取代的似的？」我說。

「對，好像這一個走了也無所謂，很快我就可以再生一個。」

「妳的孩子過世多久了？」

她愣住了，表情如鯁在喉。我走向她，蹲在她身邊，說：「我們陪妳。」

她開始左右搖擺著身子，似乎難以承受現實。終於她吐出幾個字：「五個星期。」

「噢，親愛的，」我說，「五個星期，這個階段**除了痛苦**妳什麼別的感覺都不會有。說妳可以再生一個的人是好意的。他們不忍心看妳這麼難過。可是他們無法把痛苦從妳的身上拿走，我也無法。眼前我所能做的，就是陪著妳，讓妳知道，這一個週末，我們全部的人都會在妳身邊陪著妳。」

「多久了？」永遠是我開場時會問的其中一個問題。並不是因爲哀慟裡面內建某個隱形的時間表。「多久了？」這個問題，可以幫助我瞭解到，你有多少時間可以處理你的痛苦。潔思敏的孩子過世才五週，她就有勇氣來參加哀慟僻靜營，我有些震撼。後來，我問她是如何找到力量來參加僻靜營的，她說：「我需要一個空間，遠離那些想要幫我趕快好起來的人，讓我可以盡情沉浸在我的絕望裡。」

她本能的判斷很準確。當至親的人過世才五週時，甭去談論什麼找到解決痛苦的辦法、別說什麼「放下它」這種話。這時候需要的是去感受痛苦，這是將這份愛銘記在心的過程之一。這份痛苦就是愛的一部份。我們無法愛一個人，卻在失去他的時候不感到痛苦。我們不只需要去感受這份痛苦，我們也需要別人看見我們的痛苦，而不是將它推開。

其實不只是周遭的親友會想要將我們與痛苦隔離。有時候哀慟者也會想要把痛苦推開。我能理解爲什麼有些人會試圖避免痛苦。當他們感覺到情緒幫派正等著要擄獲他們時，他們會用盡一切手段不讓情緒幫派靠近。其中一種手段是保持忙碌，找各種事情來讓自己分心。

我朋友跟她二十三歲的弟弟關係很親密，夏天的時候弟弟過世了。弟弟死前，她已經是個工作狂了，弟弟死後，她還是工作個不停。我很好奇她打算怎麼應付聖誕節，她全家人計畫到時候要一起度假。他們家維持這個傳統很多年了。「沒有了妳弟，我猜今年的假期不會好過。」我說。

「我已經幫全家人還有小孩們都計畫好一百萬個活動了。」她告訴我，「我們會忙到沒時間難過。」

我祈禱她的計畫會奏效，不過經驗告訴我，哀慟可以被推遲，但沒辦法連根拔除。除了把自己丟進一輪又一輪沒完沒了的活動之外，還有很多別的辦法可以痲痹自己，用以迴避哀慟和痛苦，像是藥物、酒精和性。幫自己製造了人工快感之後，你就不用去感覺內心深處的痛苦和哀慟——至少在那段暫時的快感期間不用。

購物是另外一個把我們自己的感官填滿的方式。我認識一位三十八歲的女性，丈夫死後她就去買了一台小型快艇。她一直夢想能擁有一台快艇。「那個當下覺得買快艇是個再合適不過的決定，」她說，「可能我覺得買了快艇就能抵擋哀慟蔓延吧。但其實就像是拿著一小杯水去對付失火的房子那樣。」

某天晚上我偶然看到一部紀錄片《面對風暴》（*Facing the Storm*），內容是有關蒙大拿州的水牛。任職於蒙大拿州立自然環境保育部門（the Montana Department of Fish,

Wild Life and Parks）的羅伯特·湯姆森（Robert Thomson）在影片中談到，水牛在暴風雨來臨時，會正面朝向風暴跑進去。牠們這種方法，可以將待在風暴裡的時間減到最低。牠們不忽視、不轉身逃跑，或只是暗自祈禱風暴趕緊離開，然而上述種種方法，卻是大多數人在面對情緒風暴時會採取的做法。我們沒有發覺，這麼做只會拖長自己待在痛苦中的時間。迴避哀慟，只會讓哀慟帶來的痛苦延長。更好的做法是，筆直地面對它，允許它走完它自然的週期，知道痛苦終究會平息，直到那時，我們會發現，愛就在痛苦的另一面。

走進愛裡

從痛苦走向愛的時機什麼時候才會到來？在你感到自己已經全然領受了痛苦之後。即便如此，痛苦仍會再度襲來。只是它的力道會減輕、頻率會降低。當我們了悟到愛永遠都在時，就會開始走向愛。好日子的時候，愛在；生病的時候，愛在；在死亡中、在哀慟中，愛都在。它從未缺席，就算是最不堪的時刻，它也存在。死亡無法終結愛，因爲愛比死亡更強大。

至親死於非命的哀慟者們偶爾會反駁：「他被謀殺的時候愛在哪裡？她孤單死去的時

候愛在哪裡？他們飛機失事的時候愛在哪裡？」

我的回應是：「我不相信從那一刻起你就不再愛他們了。」

「我當然還愛他，可是他感覺不到了。」

你怎麼知道呢？我們都是由愛構成的。我們是愛的綜合體。如果生命中曾經有過一個片刻我眞正感覺到愛，那個片刻在我遭遇最驚恐的危機時，都仍與我同在。愛是悲劇裡的緩衝墊。愛永遠不死。即使是最黑暗的時刻，愛也依然存在。當一切都消亡之後，愛仍會延續。

太太霏思（Faith）被疾病折磨得不成人形的樣子，朗（Ron）至今仍歷歷在目。可是他也記得太太當時收到了多少關愛，與這些關愛對她而言有多麼重要。

霏思得癌症的時候，我們不覺得她撐得過去。我想化療幫她爭取到了更多時間。現在回頭看，我想那時候好多人給她的關愛，也扮演了一部份的角色。我印象最深的一次是，她第一次住院時，有兩個她的朋友來幫忙佈置病房。她們帶來的不是鮮花。因為她們知道霏思非常喜歡藝術，所以她們在病房的每一面牆上都貼滿了名畫的照片和海報。甚至還有一張蒙娜麗莎的畫像。在她病得很重、最痛苦的時期，化療讓她嘔吐，那時的她就會對著畫裡的蒙娜麗莎說話，問她是不是也曾經病得這麼重。

我和霏思一起經營一家只有一個員工的小藝廊。我們很喜歡這樣一起工作。可是霏思生病之後，身體變得很虛弱，大部份的時間都被醫院佔據，很少能夠回來工作。很多時候我得照顧藝廊，所以我和家人朋友們一起弄了一個輪流陪她的排班表，這樣當我不能陪她的時候，她就不會太孤單。她幾乎沒有自己一個人待在醫院過。一定會有人幫她送午餐，晚餐則多半是我負責。

霏思一共住院了三次，每次住院，病房的工作人員都會打趣說霏思總是有自己專屬的佈置人員。她過世前不久，最後一次住院的時候，護理師讚美說被藝術品環繞眞是很美好的事。那時候霏思回她：「那些不是藝術品，是愛。」她告訴護理師，每一張海報、照片、牆上的裝飾品，還有那些朋友帶來她卻不能吃的零食，通通都是愛。

我們不是刻意忽略她正在經歷的一切有多糟——化療、嘔吐、對死亡的恐懼等等。然而她的朋友們用象徵物在提醒著她：「妳很痛苦的時候，看看我們的愛在這裡。」我看到這樣的一份愛在她煎熬的時期裡一直陪伴著她。現在霏思已經不在了，我的身邊還是環繞著同樣的那份愛。霏思還那麼年輕，我每天都很想她，可是我很感謝那些愛。

有一個跟我們買過作品的客戶去醫院看霏思，他看見霏思朋友們掛在牆上的藝術品時，覺得很奇怪，怎麼會有人花那麼多時間去佈置一間病房，弄得那麼漂亮，霏思一出院不就全都要拆下來了嗎？他看不出這麼做有何意義。霏思走後，他跟我說：「花在佈置病房上的那些時間精力都白費了，它們挽不回霏思的生命。」

我不知道他爲什麼會這樣想。那些裝飾對霏思而言很有意義，對我們而言都很有意義，我只希望在我臨終的時候，我也有幸被這樣的愛包圍。

把關注力放在愛上的意思，其實就只是要去留意到它的存在。就算在最低靡的時刻，霏思也有能力看到愛的臨在。這幫助她看到了痛苦的另一面。隨後，也讓朗看見了他的痛苦的另一面。世界上大概有一百萬條格言就是在說明這個眞理。舉例來說：「我們欣賞的事物，就會增值。」（What we appreciate, appreciates.）不過，我們需要有一顆主動的心才欣賞得到，尤其是在悲傷和痛苦瀰漫的時期。

心理學家瑞克．韓森（Rick Hanson）曾說：「人的大腦相當擅長從壞經驗中學習，卻非常、非常不擅長從好的經驗中學習。腦神經元會優先處理負面刺激。當壞事發生的時候，我們會給負面的事物投注更多注意力。」他形容人的大腦面對壞事時就像魔鬼氈（什麼都會黏住），面對好事時就像鐵氟龍不沾鍋（什麼都不會黏住）。

我們的大腦連結讓我們**不去**聞玫瑰花香——就像是朗的客戶。負面的經驗——它們同時被存放在短期記憶與長期記憶中——深深地綑綁並烙印在我們的精神裡。正面的經驗卻沒有同等待遇，它較難以被儲存至長期記憶中。這就是爲什麼你很快就忘了與至親共度的美好時光，而負面的時刻卻留了下來，再三重播。學界認爲，大腦這種設計，是出於生存的理由。《普通心理學評論》（*The Review of General Psychology*）上刊登過一篇由佛羅里達州立大學社會心理學家羅伊·鮑邁斯特（Roy F. Baumeister）與其他學者合著的一篇期刊文章，〈壞事比好事強大〉（Bad Is Stronger Than Good），文章中鮑邁斯特便提到：「對於可能產生的壞結果，需要我們緊急的注意力，這是生存下去的條件，至於正面結果，就不用給予太緊急的注意力。」

既然我們的大腦較容易與負面事物產生連結，那麼我們要如何才能在那一切的痛苦之中找到愛？瑞克·韓森教導了一種被廣泛運用的技巧，稱作「安裝正面事物」（Installing the good），有時候也稱作「帶入好事物」（Taking in the good）。它幫助人們找到方法，將更多的注意力導向正面體驗。我會運用以下的技巧，來幫助喪親者記住他們與過世的親友一起共享過的**所有時光**。「帶入好事物」的三個步驟：

一、辨認出一件正面的經驗或記憶。

韓森用的例子是，試著去回想你今天早晨喝的咖啡有多麼美味。它可以是任何正面的經驗，從最不起眼的到最有意義的都行。如果是跟過世的親友有關的，想一想某個你們共享過的愉快的時刻。不需要是什麼很超凡的經驗，只要是一件讓你和他都感到開心的事就可以了。可能是你們一起看夕陽、爲彼此讀了一首詩、在喜歡的城市裡一起漫步兩小時。就如同《小城風光》裡愛蜜莉可以任選一個重返地球的日期時，收到的建議那樣：「選一個最不重要的日子吧，那也夠重要的了。」然後盡你所能地回想起所有的細節——當時你和他穿著什麼樣的衣服、那一天的天氣如何、你們對彼此說了哪些話、任何的聲響、氣味或是任何相關的感官印象。

二、讓它變得更厚實。

細細品嚐。反覆思量。在你腦海中一次又一次地重複它。將這個美好的記憶維持在腦中二十至三十秒。在你的身體和情感層面重新捕捉這些感受。增強它。

三、吸取這份體驗。

沉入它之中，也讓它沉入你之中。像海綿一樣吸收它。在你的身體裡感受到它，讓它在你的腦中圖像化，讓它成爲你的一部份。

學習如何帶著哀慟生活，就跟學習其他的事物沒什麼不同。然而學習在痛苦中找到正面之處，卻是一種格外困難的學習。光是陳腔濫調無法幫助我們學會這件事。（例如：「你要感謝你們一起共度過的時光」）我認爲這個技巧可以幫助我們將正面之處與負面之處整合在一起。我希望哀慟者們能夠在事情的全貌中看見不同面向間的關聯。哀慟之中存在著痛苦，但也有正面之處。我希望能幫助他們品嚐到其中的愛……而不只是沉溺在痛苦裡。我想要幫助他們從回憶中找到意義，並將這份益處帶進他們的未來。假如你在一個情境中只看見痛苦，那麼痛苦便會增長。我不是在建議你刻意縮減或否定它，不過如果那是你唯一注意到的事，那麼，你能擁有的，也就只是這麼多了。

別忘了中間那一段

痛苦從來不是整個故事的全貌。我們也許會在其中迷途一陣子，但總還會有更多的什麼。麥克（Mike）的父親四十五歲時因為腦瘤過世，而四年過後，每次想起父親臨終前幾天的情景，麥克依然悲慟得不能自己。麥克的父親，傑克森（Jackson），是大學裡的橄欖球隊教練，體格強壯又活躍，所以麥克經常會說，他非常不忍心看到原本那麼強壯的父親瘦成了皮包骨的模樣。麥克深陷在那段記憶裡，無法擺脫父親孱弱又憔悴的病容，腦海中一直重演著父親臨終前受苦的景象。

不過，某次感恩節過後，他改變了。那一年，全部的親戚照往例團聚在一起過感恩節，沒多久麥克又開始提到爸爸臨終的樣子有多慘。他對爸爸的哥哥洛夫（Ralph）說：

「你記得他最後一次過感恩節的樣子嗎？那時候他已經沒辦法吃東西了。走路也幾乎走不動。我總是想著可憐的爸爸。」

伯伯對麥可說：「走，我們去散散步。」

麥克跟著洛夫走出了門外。兩人走到人行道上時，洛夫停下腳步，拿出手機開始滑著螢幕。

「怎麼了?」麥克問道。

「等一下，」洛夫說，「有個東西我想讓你聽一聽。」

麥克站在那裡，不知道伯伯在找什麼。

「找到了。」大約一、兩分鐘後，洛夫找到了存在手機裡的一段語音留言，是麥克爸爸的留言。他放給麥克聽。

「嘿，洛夫，謝謝你昨天來幫我慶生。我很感動。」

麥克整個人貼向手機，彷彿這樣就能更靠近他的爸爸。語音繼續播放著：「跟你、麥克和鄰居們一起踢球的時候是我最快樂的時候。我跟麥克最近要一起去爬山。我想不到有什麼更好的方法來慶祝我的生日了。多謝你啦!」

麥克頓了頓，沉思了一會兒後說：「哇，我不記得那天了。」

「我看得出來你已經忘了，所以才放這段留言給你聽。你爸爸死前最後那段日子確實很悲慘。這個我們不會忘記的。不過我不希望你忘了中間這一段。他一生中大部份時間都是個強壯又快樂的人。他有過很多很棒的時光。你也要記得那些美好的日子。」

在痛苦裡迷失了好久的麥克，這番話讓他清醒了過來。回想起父親充滿愛又快樂的模樣，讓他終於走出折磨他多年的痛苦，想起那個珍惜著與兒子共度光陰的父親，並走進對這樣的父親的愛。

愛的爆發

當我們穿越痛苦並釋放它時，我們會害怕結果什麼都不會剩下。而眞相是，當痛苦消失後，我們的連結裡，**剩下的只有愛**。儘管我大部份的工作是在幫助喪親的人們知道，他們可以盡情地哀慟，然而我也想要讓他們知道，他們可以繼續去愛。當我在說，用愛去記住我的兒子，而不是用痛苦去記住他時，我就是在爲死亡不會終結愛這件事情背書。他的身體死去了，但是愛沒有。試著在痛苦裡尋找愛的種子。它就像一株精細小巧的植物，我們必須關照它、滋養它。假使我們這麼做，愛將會再一次在我們的心中綻放。

我常常提到哀慟的爆發。就算有人可能覺得自己最痛苦的那一段已經過去了，他們還是會在某個瞬間，突然毫無來由地潸然淚下，被哀慟的感受所淹沒。這些片刻是如此出乎意料，因此更加令人痛楚，往往讓人失去平衡。不過還有另一種同類的體驗，我稱之爲愛的爆發——那一刻我們會突然地、一點理由也沒有地，對某個人湧現強烈的情感，衝動地想告訴對方，我們有多愛他。有別於人們想像的地方是，這樣的瞬間不會因為死亡就停止出現。還是會有某些瞬間，你心中忽然滿溢著對亡故之人的愛。你可能會覺得這股滿溢的愛無處可去，因為你無法再擁抱你的愛人，然而愛卻繼續浮現。倘使你允許自己去感受它，你會找到重大的意義。

經歷過哀慟的人們在聽我描述愛的爆發和哀慟的爆發時，都頗能感同身受。聽見我給出這兩個名詞時，他們也會因此感到欣慰，原來自己的情感現象是多數喪親者共通的經驗，常見到足以冠上一個特定的名稱。所以現在，當有人告訴我，他們正處在一種被情感淹沒的狀態時，我會問：「它是一種愛的爆發，還是哀慟的爆發？」這也是我幫助他們將注意力轉移到愛上的另外一個方法。

有時候我會鼓勵想要安慰喪親者的人們去問對方，他們最喜愛的記憶是什麼。或是去跟喪親者分享自己最喜歡的回憶。「我想到那天妳媽媽臉上的微笑。」他們可能會這樣說。「她給我們每個人帶來好多歡樂！」或是「你的兒子總是給人最熱情的擁抱。」或是「跟你先生一起出門玩真的很有趣，他永遠都會逗大家開心，就連電影院的售票員和咖啡店的服務生都不放過。」

別擔心這些回憶會帶來痛苦。它們對身處哀慟中的人而言，是捎來安慰的重要來源。我們有多常在關係裡談論負面的部份，卻忘了記得我們感受過的所有好事？很多人都只會記得壞事。確保你會記得愛。

第十三章

遺產

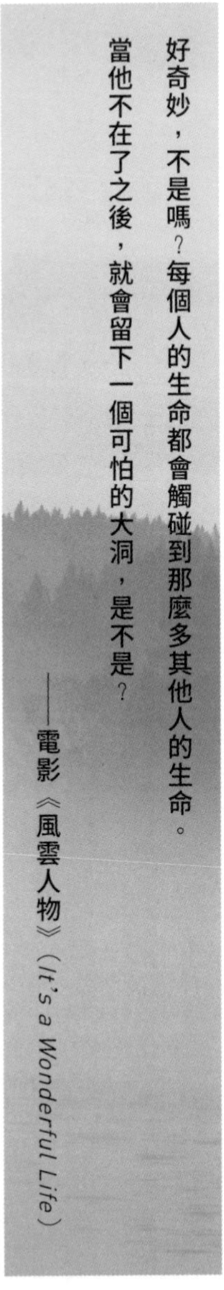

好奇妙，不是嗎？每個人的生命都會觸碰到那麼多其他人的生命。當他不在了之後，就會留下一個可怕的大洞，是不是？

——電影《風雲人物》（*It's a Wonderful Life*）

說到遺產（legacy）——一個人死後遺留下來的事物——它的種類是很多的。第一種遺產是亡故者個人所遺留下來的。可能是大型的公共遺產，像是大筆捐獻給博物館、醫院、大學和基金會的資金，或是冠上她名字的房間或整棟建築物。

二〇一〇年，比爾．蓋茲（Bill Gates）與梅琳達．蓋茲（Melinda Gates）夫婦，連同華倫．巴菲特（Warren Buffett），共同發起了「贈與誓言」（The Giving Pledge），鼓

勵超級富豪們在有生之年將他們的財產一半或以上捐出，用作慈善用途。到了二〇一八年時，已經有將近兩百位富豪簽署了這份贈與誓言，其中包括了麥克・彭博（Michael Bloomberg）、喬治・凱瑟（George Kaiser）、馬克・祖克柏（Mark Zuckerberg）、以及喬治・盧卡斯（George Lucas）。

這種慷慨並不僅限於億萬富翁。實際上，「贈與誓言」的發起人們表示，這個活動的靈感，來自於成千上萬個不同階層的給予者，他們付出——常常是犧牲自己很大一部份——單純是爲了要讓世界變得更好。也許你的親友捐錢給某個助學基金，於是每一年，有二十名學生會從她的慷慨中受益。那這些人便是她遺產的一部份。又或者，她在某個公益廚房當志工，或是她會爲附近街角的街友們送去一些食物和衣物。

大有可能的是，她留下了一群因爲認識她，人生因而變得更美好的朋友和家人。這是一種任何人，無論貧富，都能留下的遺產。我們每個人一生之中，都會影響到非常多人。電影《風雲人物》（*It's a Wonderful Life*）的故事情節，傳神地描繪出我們如何在不知不覺間影響了多少人的生命。故事的主人翁名叫喬治・貝禮（George Bailey），他來到一個人生的危機點，相信世界上如果沒有他的存在，將會是一個更好的世界，他正打算把自己從一座大橋上扔下去。透過某種神聖或半神聖力量的介入（幫助他的與其說是一個天使，不如說是一個實習中的天使），他沒有自殺成功，並且被帶領著去看見，如果他不存在，他的家人、他周遭的人們的生活將會變得更糟。在一連串機警、善良、自我犧牲和充滿愛的行動後，他挽救了弟弟的性命；阻止了他的藥房老闆差點因爲開錯藥而毒死一名孩童；他動用了自己辛苦賺來的血汗錢，避免了儲蓄合作社的破產，守住了存戶們的存款；他還娶了一位愛他的妻子，兩人一起生了兩個可愛的孩子。這部電影向我們演示了，遺產是由一個人是什麼樣的人，以及他做過什麼樣的事，綜合而成的事物。這道理對喬治．貝禮而言是如此，對你離世的至親而言同樣如此。

每當我回想父親留給我的遺產時，我想起的會是他夢想家的性格。他從來不會否定任何事情的可能性。如果我告訴爸爸，我想要當個太空人，他的反應會是：「你的火箭會是什麼樣子的？」他從來不會說：「那你得先成爲一個飛行員。」或是「太空總署招收的員額很少。」他留下的一部份遺產是，他給了我很大的自信心，讓我有勇氣去挑戰各種事。

然後我想到史蒂夫．賈伯斯（Steve Jobs）。當賈伯斯過世時，人們跑去蘋果專賣店的窗戶貼上感謝紙條。有些字條上寫著：「謝謝你發明了、iPhone、iPad、iPod和Mac。」不過大部份的紙條上寫的都是謝謝賈伯斯讓他們學到不一樣的思考方式。他的品牌其實不是蘋果。蘋果只是副產品而已。這種與眾不同的思考方式，才是他眞正的品牌。那些記得賈伯斯遺產的人們，將會因爲不一樣的思考方式而活得更豐富。

做什麼來紀念他

我們可以用成立基金會、捐贈資產、蓋一棟以他爲名的建築物、設立獎學金等等方式來紀念我們亡故的親友，當然，也有更平凡的紀念方式。

我的姪子傑佛瑞很喜歡帶著妻子、女兒和他們家的狗一起去中央公園散步。他總能留心到周遭的人都忽略的事物。一般人看到中央公園的長凳時，只會覺得是個可以歇腳的地方，傑佛瑞卻注意到上面釘著小小的名牌。「每一張長凳都代表了一個人的故事。」他這麼說。他很喜歡讀那些印在名牌上的小故事，像是「我很愛你，很期待可以嫁給你……不過如果我們吵架的話，你可以睡在這張長凳上。」還有「同甘共苦、患難與共地站在我身旁四十五年之後——坐一會兒吧」以及「紀念泰兒．高曼（Tille Goldman）。她喜愛紐約的六月天。她喜歡蓋希文（Gershwin）的音樂。中央公園是陪伴了她九十五年的園地。（一九〇六～二〇〇一）……」

如今傑佛瑞也成爲了其中的一則小故事。他過世之後，他的太太爲他買下了一張長凳。上面寫著：「紀念傑佛瑞．B．侯茲（Jeffrey B Hodes）（一九六四～二〇一一）。他熱愛這座城市與這個公園。願他的精神在此翱翔。」

來自紐約的麗茲．艾德曼（Liz Alderman）和史蒂夫．艾德曼（Steve Alderman）夫婦，爲了替他們的亡子彼得（Peter）留下一些能夠流傳後世的遺產，將他們的哀慟轉化成了使命。彼得死於二〇〇一年九月十一日，那天，二十一歲的彼得正在世貿大樓北塔的「世界之窗」餐廳裡，參加一場會議。

麗茲說：「我以前總是覺得，要是我的孩子死了，我肯定會尖叫一輩子。但事實上你不能一直尖叫。我發現我只剩下兩個選擇：要嘛殺了自己——鑽進被窩裡永遠都不出來——不然就是提起腳步前進。」她說她已經不是原來那個人了，但是沒關係。

艾德曼夫妻知道，他們想做點什麼事來紀念彼得。只是不確定該做什麼好。某天晚上，麗茲在ABC電視台看到一個晚間節目叫做《看不見的傷口》（*Invisible Wounds*），節目中邀請了哈佛專家理查．莫利卡（Richard Mollica）博士，講解遭受創傷的群體。

「看了我才知道，世界上有十多億人曾經直接遭遇酷刑、恐怖攻擊、群體暴力——那是地球六分之一的人口——而他們之中有百分之五十到七十的人會因爲受創太深，從此無法正常生活。」麗茲說道。

十天後，艾德曼夫妻去到了莫利卡博士的辦公室，這場會面最終讓他們在二〇〇二年創設了彼得．C．艾德曼基金會（Peter C. Alderman Foundation）。基金會的目標是治癒恐怖主義和群體暴力事件的受害者，他們在世界各地設立診所，並且訓練在地的醫療人員。目前它爲八所機構提供資金：兩家在柬埔寨，四家在烏干達，一家在賴比瑞亞，一家在肯亞。救治了數千名病患。彼得因爲恐怖攻擊而失去生命，這是不管做什麼都無法挽回的事實，而且世上還有成千上百萬人因爲恐怖主義、酷刑、暴力和創傷而失去了正常生活的能力。

麗茲說：「假如我們可以用彼得的名義，幫助其中的一些人重新回到生活的正軌，那對彼得來說就是最好的紀念。這是他活過的標記。」她繼續說道：「彼得沒有機會用他自己的行動讓世界變得更好。」麗茲說，「失去他對我來說是很重大的打擊，但彼得的損失比我更慘重。他沒有機會活出自己的人生。我以爲他死後我再也不會爲任何事感到高興，不過我很高興我們做了這件事。」

彼得的父親給出了鏗鏘有力的建議：「如果你想讓自己的感覺變好，就去幫助別人。用不著一下子幫助很多人。只要做一次看看就好。你會知道的。你一定會再做一次。」

你不必很有錢才能爲你的至親創造出遺產。另外一位慟失愛子的父親達拉勞．比霍爾（Dadarao Bilhore），也爲了紀念兒子，採取了他的行動。達拉勞．比霍爾是印度孟買的一個蔬菜小販，我在《洛杉磯時報》上因爲注意到一則標題〈喪子之後，父親在塡補坑洞中找到安慰〉，而讀到他的故事。這則故事原本出自於印度雅虎新聞，內容說到，達拉勞．比霍爾的兒子普拉喀胥（Prakash）十六歲時因爲馬路上的坑洞造成的交通意外而身亡，爲了紀念兒子，達拉勞．比霍爾開始每天四處塡補馬路上的坑洞，讓路面變得平整。對比霍爾來說，塡補了坑洞，避免將來再度發生意外、不讓更多的父母因爲失去孩子而傷心，這幫助他能夠面對自己兒子的死亡。「無論我去到哪裡，」他談論自己的舉動時說道，「我都覺得普拉喀胥就跟我在一起。」普拉喀胥過世三年後，他的父親已經爲孟買市惡名昭彰的坑疤街道，塡平了將近六百個坑洞。

喪親者可以做各種各樣的事情來紀念他們的摯愛。基金會、獎助學金、以故人爲名的建築物固然很好，但人們也可以爲去世的親友寫下回憶錄，跟其他的家人朋友分享，他們也可以繼續跟隨傳統、去參觀對逝者有意義的地點。他們可以幫忙照顧逝者遺留下來的孩子、家人或寵物。他們可以代表逝者去參加他曾經關心的議題的遊行，或擔任志工。這個清單可以無限延續。

記憶的遺產

我們常常說自己很思念去世的親友，卻不常意識到這種思念就是記憶他們的一種方式，而你記得他們的方式，也是他們的遺產的一部份。《可可夜總會》是一部有關死後世界的兒童動畫電影，內容令我大受感動。故事情節是小米高（Miguel）在亡靈節那天，在亡靈之地裡的大冒險。亡靈節是墨西哥每一年用來紀念去世親人的傳統節日。米高在過程中學到，記住並且慶祝已故的家人，是一個重要的傳統，因爲這麼做能讓我們跟往生者的靈魂保持聯繫。只要還有一個人在乎、思念著他們，那麼往生的家人就能夠在和活人的世界樣貌差距不大的亡靈之地繼續「活著」。一旦他們被活人的世界遺忘了，他們就會消失。

備受歡迎的女影星嘉莉．費雪（Carrie Fisher）的離世是我這個世代的傷感之事。《星際大戰》是她參與過最著名的電影作品。我和她相遇的起因是她有一位垂死的朋友，她要將他安置在她家，因此她打電話給我，希望我能確保她的朋友能有一個平靜、甜美的臨終過程。我抵達她家時，看見屋子裡充滿了各種色彩豐富、與她的生命歷程還有大眾流行文化有關的擺設，像是莉亞公主（Princess Leia）的玩偶。我向她說明，邀請一位垂死的朋友到自己家中度過他生命中的最後幾天，可不是一件小事。她表示理解，但是她只是想要陪伴他，提供他一些幫助。這份善良，將會是我永遠記得的，屬於她的一部份遺產。

我常常想起嘉莉，因爲她和我兒子就葬在洛杉磯的同一個墓園。嘉莉死後，她的女兒比莉．盧德（Billie Lourd）很好地傳承了她的遺緒。比莉找到了自己獨特的方式，來紀念母親。嘉莉．費雪的第一個忌日那天，比莉在她的 Instagram 頁面上，爲已故的母親發佈了一則很有詩意的紀念文：

> 我媽對北極光迷戀得不得了，可是我從來沒有機會跟她一起觀賞。我們來了一趟挪威北部，看看是否有機會「目睹天堂點亮她漆黑的裙擺，對著（我們的）卑微的虹膜擺弄她令人撩亂的私處」。她果眞讓我們看了。無止盡地愛妳。

去探訪一個對亡故之人而言別具意義的地點，可以幫助我們記住並且與他的遺跡連結。它不必是什麼很特別的地方。只要是對逝者而言有重要性的地方就行。有時，光是踏上故人曾經踏過的足跡，就足以令你升起對曾經在生命中認識過這個人的感激之情。

我們就是他們的遺產

看見你亡故的至親如何改變了你，也是一種紀念他們的方法。這麼做也涉及了在你和他之間找到一種你可以帶進未來的連結。寫過一系列現代版《福爾摩斯》暢銷小說的作家邦妮．麥克博德（Bonnie MacBird）是我的好友，讓我看見了她是如何延續父親的遺產的。

有一次我去她家晚餐，當我稱讚她的廚藝時，她說：「我其實一點都不會燒菜。我只是跟著食譜照做而已。每次要做菜的時候我都很不安。我爸爸的手藝就很好。我做飯的時候會試著想像如果是他的話會怎麼做。」

我對她說，這眞是父親留給妳的可愛遺產。「他還有留給妳什麼其他值得紀念的事物嗎？」

她微笑著回答：「那當然！他有半條手臂截肢了，裝了替代手臂和手的鉤型義肢。不過你只要和他相處個幾分鐘，你就會忘了這檔事。他不會把自己表現得一副殘疾人的樣子。有些人失去了一條手臂，這從此就變成他的標誌。那些人讓自己成爲了他所失去的東西。我相信剛開始失去手臂的時候我爸爸也很傷心，但是他從來不會讓它成爲自己的身份認同。事實上，在我大了一點之後，我爸爸還幫家裡加蓋了一個房間。現在他雖然不在了，可是每一次我開始覺得人生不公平、覺得被誤解或是覺得撐不過去時，我就會想起他，想起他面對困難的態度。如果我爸爸可以只用一條手臂就在我們家屋頂上加蓋出一個房間，那麼我就可以搞定我面前的任何事。」

確保你過世親人身上的好特質，將會在你的生命裡延續下去，約莫是所有的遺產當中，最有意義的一種吧。面對母親的死，比莉．盧德說過的那句話，就是一個好例子：「重新找回歡笑可能還要花上一段時間，不過我曾有過最好的榜樣，她的聲音將會永遠停留在我的腦海和心中。」

另一方面來說，假若亡故的親友遺留下來的大部份是負面的遺產，有時你還是可以將它們重塑得更加正面一些，從黑暗中創造意義。億萬富豪Ｊ．保羅．蓋帝（J. Paul Getty）死後發生的故事，恰恰呈現了遺產具有不同面向的實例。

儘管早已富可敵國，蓋帝的內在依然感到貧窮。這位富豪在自己家中裝設了電話亭，這樣他就不用幫借用電話的訪客支付電話費。他能大筆揮霍買下一件價值數百萬美金的藝術品，卻囤積起來從不示人。他的吝嗇舉世聞名，到了甚至連孫子Ｊ．保羅．蓋帝三世（J. Paul Getty III）被綁架時的贖金都不肯支付的程度——直到綁匪割下他孫子的一隻耳朵，並警告他，他們會繼續割下其他的部份，直到贖金付清爲止。若不是蓋帝的家人在他死後決定設立信託基金來扭轉形象，這驚世駭俗、眾所周知的一幕，也許就會成爲蓋帝最著名的遺跡。J．保羅．蓋帝基金會是世界上最大的文化與慈善機構，致力於保存視覺藝術。它包含了世界級的美術館、研究中心，以及保存管理中心，美術館的部份對公眾開放，免費入場。

你哀慟的方式，也是紀念逝者遺產的一種方式。在孩子面前，你哀慟的方式，就是他們活生生的榜樣。將來你的孩子們能不能說出這樣的話？「我記得她帶我們到爸爸的墳前，大方地在我們面前哭泣。」或是，「她讓我們知道他是一個多棒的人，也鼓勵我們分享跟他有關的回憶。」或是，「她教會我們，在他死後，日子還是能繼續。」

還是，孩子們記得的會是你如何變得冷漠疏離，對爸爸絕口不提，也不許他們談論，表現得苦澀又冰冷？這也將成爲你傳承給孩子和身邊的人的遺產。我們的哀慟具有群體性，而且我們永遠都會在群體中互相模仿。

我曾經在前面的章節裡談到，某些喪偶的丈夫或妻子會爲了表示忠誠，停止投入自己的生活。而我在工作的過程中幫助他們理解到，這不會是他們已故的伴侶樂見的。不過，其實不是只有親密關係的伴侶會在喪偶之後覺得生活難以繼續，其他不同形式的關係也會出現這種情形。

有一次來找我諮商的案主告訴我，她的雙胞胎妹妹三年前過世，從那之後，她覺得生活變得空白孤寂。「我們在一起四十五年了，」瑪莎（Martha）哭著說，「我聽說過結褵四十五年的人在談喪偶後有多難過。似乎這樣的人就能明白這有多痛苦。可是，夫妻們在結婚前都還有各自的生活，我的生活卻從來不曾一天沒有我妹妹。現在她不在了，我不知道活著還有什麼目標或意義可言。」

哀慟吞食了她。她已經在庫伯勒—羅斯的五階段裡來來回回兜了好幾圈，讀遍了所有她認爲可能有幫助的書，用盡各種方法，可惜都不管用。

「現在妳的身邊有哪些人呢？」我問她。

「我丈夫，和兩個雙胞胎女兒。」

「哇，」我說，「妳們家有很多雙胞胎呢。所以現在妳有兩份遺產要處理，一份是妹妹留給妳的，另一份是將來妳要留給妳女兒的。把它們看成兩件不同的任務吧，一個是哀慟，另一個是愛。」

「第一項我已經做了。」她馬上回我，「我每天都在哀慟。」

「那很好，」我說，「那我們來談談愛的這個部份，因爲它跟哀慟有關。妳能夠想出童年時期，一個和媽媽還有妹妹有關的快樂的回憶嗎？」

她微笑了，說：「甜點。甜點送進烤箱之前媽媽會先讓我們試味道。每個星期天媽媽都會準備晚餐的甜點，我們會幫忙她。和媽媽一起進廚房對我們來說很有樂趣。」

「確實聽起來很有樂趣，」我說，「還有其他跟妹妹和媽媽一起的美好回憶嗎？」

「當然有。睡前媽媽會在房間裡唱歌給我們聽。她的歌聲讓人很有安全感。」

「如果妳能想出兩個回憶，我相信妳還能找出好幾百個這樣的回憶。」

「我可以。」

「這些回憶有多重要？」

「它們是我的全部。它們讓生活顯得特別，我很珍惜它們。現在妹妹死了，我不能再跟她分享了，感覺像是這一切都被人剝奪了。」

「妳們長大的過程中，媽媽曾經失去過任何她心愛的人嗎？」

「有的，」她說，「我記得外婆過世的時候，她哭了好久好久。」

「那麼，那些和媽媽一起擁有過的甜蜜又有趣的時光，外婆過世之後就結束了嗎？」

「沒有。」

「那就是了。因爲妳的媽媽雖然哀慟，但是她仍然繼續生活、繼續愛妳們。妳必須爲妳的兩個女兒做同樣的事。就像妳自己說的，哀慟這一部份妳做到了。現在該進行生活和愛的這一部份了。」

「我要怎麼做？」她問。

「睜開眼睛去看妳身邊最親近的人。妳的兩個雙胞胎女兒現在過得怎麼樣？妳爲她們創造了哪些甜美又有趣的回憶？妳要如何爲她們打造一個特別的童年，就像妳的母親曾爲妳們做過的？妳爲她們提供了一個什麼樣的避風港，好支持她們在生命中前進？」

「你點醒了我，」她說，「我從來沒有想過，可以像我媽媽那樣，爲孩子們製造一些美好的回憶。」

在那個瞬間，瑪莎開始意識到媽媽和妹妹留給她的遺產。她的母親爲她和妹妹，在成長的過程中，製造出了姊妹共享的快樂時光。她的妹妹則爲她留下了一份美好的記憶。可是她卻未曾思考過，自己正在爲兩個女兒創造出一份什麼樣的遺產。她不會希望，將來兩個女兒記住的只是，阿姨的死把媽媽變成了一個無法享受自己人生、也無法教導她們享受人生的人。她自己也不希望用這樣的方式被記住。她能爲女兒創造的更好的遺產是，讓她們看見，她們可以爲心愛的人感到哀慟，然後在生命中繼續邁步向前。

遺物

這個主題需要較多稍微務實一點的建議。已逝親友遺留下來的物品，也是他們遺產的一部份。它們深具意義，既因爲它們所屬的主人，也因爲它們所能喚醒的回憶。這就是爲什麼人們在處理遺物時會感到棘手。每一件故人曾經觸碰過的事物——從他們的衣物、珠寶、到他們的房子和房子裡的一切，車子、收藏的唱片、書籍、藝術品——都是他們生活樣貌的物質證據，呈現了他們的生活方式、他們的喜好、他們如何消磨時間、他們的美感、以及他們認爲什麼是有價值和有意義的。

家屬往往困擾於想要將全部的東西保存下來，但這麼做既不可能、也不務實。但是處理掉一切，無論是把它們轉送給親戚朋友、捐贈，或直接丟掉，感覺上都像是被勉強著去削減逝者存在過的證據。就連去關閉他們的銀行和信用卡帳戶、辦理手機停號，都彷彿是在抹去他們在地球上的足跡。要跟心愛的人分開已經夠殘忍了，現在連他們的東西也都得丟掉?這任務太艱難了。我非常能夠理解這種感受，因爲我在處理兒子遺物時，也遇上一大堆這種問題。

然而最終，這種無法丟棄的心情，會讓我們困在這些物品裡。在我的課堂上，常常聽到人們說：「我覺得好掙扎。我連小東西也捨不得丟。」我從工作經驗裡學到的是，當我們刪減了至親曾經活過的外在證據時，就必須同時增加我們內在的證據。

我試著幫助人們理解到，他們本身就是過世親友的生命的最大證據。因爲認識他，你成爲了世界上獨一無二的人。你就是那個人曾經存在過的最鮮明生動的證據。我還留著父親的手錶，但是留存在我內在的關於他的回憶，遠比手錶更加貴重。我是記憶的保存者，我可以分享他身爲我父親的許多故事，我們一起度過的許多搞笑又溫柔的時光。我是一個什麼樣的人，很大的程度是由於他是一個什麼樣的人。從這個角度來看，我就是我父親遺留在這個地球上最重要的一部份。因此，當我們需要捨棄逝者的遺物時，那個人將會永遠活在我們內在，活在我們的記憶裡。而他的遺物，也許有機會令人驚喜地、很有意義地，在新的主人手中重生。

強尼．卡森（Johnny Carson）的前妻，電視女演員喬安．卡森（Joanne Carson），透過一位共同朋友找上我。她在人生中已經挺過了多次喪親的打擊，而她自己的健康正每況愈下。在她生前的最後幾年，我們有過許多次對話。某天下午，她帶我走進她家中一個房間，那是楚門．卡波堤（Truman Capote）經常在裡面寫作的房間——也是他過世的房間。

喬安和楚門非常要好的朋友，多年來他們都是彼此的避風港。她告訴了我一些他生命裡經歷過的掙扎，有些是健康上的，有些是精神上的。她帶著一股極大的溫柔，輕輕地在床沿坐下，眼眶泛淚地對我說：「他過世的時候，就是躺在這張床上。那時候我抱著他，告訴他，他可以放心走了。」

而今天，我坐在楚門．卡波堤的書桌前寫下本書的這一章。對某些人而言，這只不過是一張書桌。但因爲我知道它背後的故事，所以這張書桌對我別具意義。一部份的意義來自喬安，看著這張書桌時，我感受得到她對他的愛。另外一部份的意義則是因爲我能以這種微小的方式，去感受到與一個偉大作家的連結。坐在他的桌前寫著我自己的書，我只能好奇地猜想，不知道他曾經在這案前寫過些什麼？是哪一本書呢？還是信件？我的寫作是關於哀慟與療癒，而他的寫作則是關於一場造成了許多哀慟與受苦的謀殺案，即便當時就連他本人也正在與他內心的魔鬼搏鬥著。當他坐在這張書桌前時，他可能正感受著什麼樣的痛苦呢？

同時，我也想著他是如何地幸運，能夠擁有一位看得見他內在「受傷的孩童」的摯友——一位後來我也有幸稱之爲朋友的女性。這張桌子是楚門．卡波堤留給她的遺物之一，而其他的遺物大部份都已經用拍賣的形式售出。當年那場名爲「卡波堤私密世界」（The Private World of Truman Capote）的拍賣會，可是一件萬眾矚目的大事。喬安熱愛動物，所以她將一部份的拍賣所得捐給了動物相關的慈善組織。這是她從朋友的遺物裡爲對方的生命創造出意義的方法。

在思考如何用**你自己**手上的遺物做點有意義的事時，我會建議在你把在乎的東西處理掉之前，先爲它們拍張相片。我發現，看著照片也能激發跟看到實物時同樣的情感反應。我不用留著父親的水星彗星休旅車也能記得他多麼喜愛開著它兜風。一張爸爸帶著一個大大的微笑、坐在駕駛座上對著我們揮手的照片，也能讓我升起同樣的感受。假如我手邊有一張爸爸穿著西裝的照片，那麼我就不必眞的留著那套西裝。

所以我的建議是，留下對你而言最有意義的物件，然後處理掉其他的。整理的過程如果有人可以在旁邊陪你，那會很有幫助，因爲在決定要留下什麼時，他們能提出比你更客觀的意見。某些東西也許你會想要跟其他也愛這個人的家人或朋友分享。你母親留下的一枚戒指，也許對她的姐妹意義重大。妳的兒子也許會很高興可以擁有爸爸的手錶。你父親從摩洛哥買回來的美麗小皮毯，也許會爲他常常互相拜訪的最好朋友喚醒快樂的回憶。家人逢年過節吃團圓飯的那張餐桌，也許會爲妳的女兒帶來喜悅。

有時候當人們告訴我，他們捨不得親人的遺物時，我會試著協助他們找到不同的方法，讓他們在那些物品上面看見延伸的意義，即使他們將要與那些物品告別。可能他們會在把物品處理掉之前帶來諮商室，讓我們可以就這些物品進行討論。當他們與我分享關於這些物品的故事時，就是在分享他們親友生命的一部份。或許我會讓他們明白，他們所做的，不只是丟掉父親的西裝這麼簡單而已。也許這套西裝會去到某個需要工作的人手上，而這份工作可以讓他一家人都過上更好的生活。或是，她們沒有失去丈夫的手錶，她們會在將來的歲月裡，看見這隻錶掛在兒子的手腕上。所有這些事情都可以成爲逝者遺產的一部份，即使在他過世許久以後，依然持續服務著他人、爲他人帶來快樂。

生命繼續著——在線上

近年來浮現的一個挑戰是，該如何處理過世親友網路上的遺跡。現代人的生活很大比例的時間都花在網路上，而我們的死訊，無論如何，也會從各種管道出現在網路上。在親友過世後，弄清楚如何處置社交媒體上的資訊，是一道仍在演化中的命題。

丹妮絲（Denise）發現到這確實是個麻煩的問題。她說：「我哥哥在社群網站上有個非常活躍的帳號。到底是要讓這個帳號繼續活動，還是要在帳號上公布他的死訊，讓它變成一個紀念性質的頁面，我知道自己必須在這兩者間抉擇。把它變成紀念頁面，感覺像是再一次證實他的死訊。」

人死之後他的帳號頁面該怎麼處置、人們會如何看待這些數位的紀念碑和遺址，社群媒體正在與這些問題糾纏著。一個朋友告訴我，在她母親過世後，她把所有的全家福照片都上傳到母親的帳號上。她想要讓母親的帳號變成不只是母親的遺物，也是一個將來可以讓兒孫們瞭解母親的歷史的頁面。在她讓母親的帳號變成紀念頁面之前，她整理上傳了所有她的照片，讓它成爲了一個生動的、專門呈現母親人生的專輯頁面。

試著把這種作法視爲替逝者創造遺產的另一種途徑。連同種種其他你也會做的事——撰寫訃聞或悼詞、整理他的遺物、去拜訪他喜歡的地方、跟家人朋友一起聊聊他、分享回憶——透過所有這些舉動，你正在形塑他被記得的方式。同時，你也正在啓動一個重構自己生活的過程。無論如何，我們無法回到失去他們之前的人生，然而，所有一切你所做的，讓他的遺產開花結果的行動，也會帶動你自己的成長。就好像我前面說過的，你的哀慟不會縮小，而是你會變得更強大。

第十四章

從哀慟到信仰——死後的世界

「這裡真的很美。」

——湯瑪士．愛迪生遺言（Thomas Edison）

「噢、哇，噢、哇，噢、哇。」

——史蒂夫．賈伯斯遺言（Steve Jobs）

我經常接到政府單位的通知，請我前往各種可怕的事故現場，去協助人們。這一次他們通知我去協助的一對夫妻，他們才出生兩個月的寶寶伊森（Ethan）被家裡養的狗咬死了。在前往他們家的途中，我思考著該如何幫助這對夫妻處理他們的喪子之慟。我抵達後，陪著才二十多歲的珍（Jane）坐在地板上，她剛剛度過了第一個沒有孩子在場的母親節。她告訴我，她不知道該如何理解這整個情況。「我怎麼想也想不通，」她說，「牠們是我們自己養的狗。從兒子出生第一天起，牠們就一直在他旁邊了。」

「我想這世界上沒有人能給出一個合理的解釋的。」我說，「伊森過世之後，有沒有什麼東西可以讓妳在這樣的痛苦中感覺到一點安慰、或讓妳稍微平靜一會兒？」

她給了我一個生動的表情：「有。我覺得伊森在陪著我，他從天上看著我。我覺得他一直在我身邊。」

曾經有一段時期，這種用來感覺到與伊森的連結的方式遭到人們反對，或被認爲是一種否認現實的不健康行爲。不過現在已經有大量的學術研究改用了正面的觀點來看待，認爲它就像救生艇一般，支持我們挺過波濤洶湧的痛苦海洋。

這種關於連結與持續性的研究，一個具有重要影響力的人物是丹尼斯·克拉斯博士（Dennis Klass, PhD），他任教於密蘇里州聖路易斯市的韋伯斯特大學（Webster University）。克拉斯博士對於臨終、死亡和喪親這個主題的關注，從一九六八年間，他還是芝加哥大學研究生、擔任伊麗莎白·庫伯勒—羅斯教授的臨終和死亡學程的助教時就開始了。從那之後，克拉斯便寫了大量與哀慟模型有關的文章，而他稱之爲「持續性連結」（continuing bonds）的哀慟模型，首度出現於一九九六年，他和菲利絲·西維爾曼（Phyllis Silverman）、史蒂芬·尼克曼（Steven Nickman）三人共同編纂的一本論文集之中。該本論文集收錄了許多由心理學家、學者、護理師等不同領域專家所書寫的文章。

二十多位爲《持續性連結》這本論文集做出貢獻的學者專家們，認爲哀慟這個過程的自然演變，並非是一種放掉與逝者間的連結的過程，而更是一種維持連結，並且讓這份連結豐富我們人生的歷程。

我曾經聽菲利絲・西維爾曼說過，這個概念剛提出來時，引發了不少爭議。她向我描述，她當時去參加一場喪親之慟的主題研討會，一位同行堅持認爲，健康的哀悼方式是要將一切拋在過去、放掉和已逝者的關係。但西維爾曼駁斥這種論點。那陣子家中剛誕生一個小孫子的她說道，正如同一個嬰兒的誕生會改變原本母親和肚子裡的胎兒的連結方式，死亡也是一種關係上的改變，逝者雖然已經不在了，但他會持續活在我們的內在。她堅定地認爲，死亡不會令一段關係結束，它只是改變了它。我同意這個看法。而且從我多年工作中得到的觀察，能夠保持這種持續性連結的哀慟者們，狀況都會好得多。

然而還是有心理學家和諮商師們試著勸阻這種連結。失去兒子的辛希亞（Cynthia）告訴我，她之前去看過另外一個諮商師。那位諮商師建議她，寫一封告別信給兒子，徹底結束這個關係。這把她嚇壞了，她再也沒有回去找過那個諮商師。幸好，她聆聽了自己心中真正的感受，也發現不是所有諮商師都贊同那樣的看法。

之前伊麗莎白・庫伯勒—羅斯和我想要正式地將她的臨終五階段，應用到哀慟這個主題上，同樣提出哀慟五階段，主要的理由之一是，很多人都誤解了這五階段的用意。人們將它視爲一張路線圖，以爲他們和逝者的關係在走到最後，接受對方死亡的階段時就會結束。但是這五階段從來不是一個要強加在人們身上的句點，而走完這五階段，也不代表一份關係的終結。庫伯勒—羅斯本人就認爲她依然能感覺得到跟逝者間的連結，也不覺得死亡就意味著結束。而我希望，藉由提出哀慟的第六個階段，能夠鼓勵人們去認識到，與逝者間的這份持續演化的關係，將如何能帶領著他們找到意義。

我有一位朋友的母親，幾年前因爲癌症過世。我沒有機會在約翰（John）的母親生前遇見她，不過現在我卻有一種已經認識她的感覺，因爲約翰用一種獨到的方式，將她帶進他的世界裡。譬如我們一般人會這樣說：「如果我的朋友辛蒂（Cindy）還活著的話，她一定會喜歡這個地方的。」換成是約翰，他就會用現在式的句型說：「我媽很愛這個地方。」假如你不知道她已經過世，你可能會以爲她還住在堪薩斯市（Kansas）。他選擇了用這樣的方法將她留在身邊。她在他的現實中一直存在。

約翰並不是在否認母親已經過世的事實。在她死後，他經歷過一段很強烈的哀慟週期。而今的他已經接受她不在了，不過用一種彷彿她還活著的方式來對待她，是他在她的死亡之中，找到的一種有意義的連結方式。

當有人離世，我們與他們之前的關係並不會隨之消逝。你必須學習如何和他們擁有一段新的關係。你依然可以在每天的生活中持續向他們學習。會有某些片刻突然浮現，提醒你跟過世的至親之間發生過的一些事，而現在他或她已經不在了，你可以從不同的角度來重新審視那些事。當我年紀稍長一些後，我發現自己更瞭解母親了，因爲我活到了跟她當年同樣的歲數——甚至更多——比起她還活著的時候，我更容易能從她的角度看事情了，那是年幼的我所辦不到的事。

我在我的內在裡攜帶著母親。她活在我之內。每當有什麼問題浮現，我可能就會去問自己，如果是她的話會怎麼看。我將過去帶進了當下。我覺得自己仍然從她身上學習著，這幫助我在回首過去時，可以得到不同的角度。正因此，我們的關係還在不斷進化和成長著，我也持續地從這段關係中獲得意義。

在上一本我們合寫的書《當綠葉緩緩落下》中，伊麗莎白和我寫道，我們並不相信死亡就等於結束這個概念。當我們在談論哀慟時，我們會想到兩種結束的方式：第一種是想要總結一切。然而它爲哀慟帶來了額外的負擔，因爲這種不切實際的期待不只要求我們找到結論，還要儘速找到，才能趕快前進。

第二種結束的方式則涉及了去採取某一些行動，以便用更全面的觀點看待親友的死亡，比如說去重新檢視整件事、與導致它的原因等等——或是去尋找故事裡缺失的片段，填補它的空缺，例如找到殺死親友的兇手，或是找到一種方法，去跟已經在疾病中掙扎了很久的家人告別等等。

你不是關閉了和逝者之間的關係之門。你是對另一種關係打開了另一扇門。在哀慟中，與你心愛的逝者保持連結不是「不健康的哀慟」。它很正常。在死亡中，我們的情感依附會繼續存在，愛也會。有關持續性連結的研究，證明了我數十年來陪伴喪親者的工作所見。他們之間的連結是會持續演化的。最近我在我的社群媒體上對喪親者們發問，他們跟逝者之間是否仍有連結？得到的是非常強烈的肯定答覆。以下是其中一些留言：

「我感覺得到我丈夫隨時都從天上看著我。他一直在照顧我。」

「我的女兒過世了。我常常跟她說話，有時候說出聲，有時候在心裡說。我也會寫信給她。這讓我感覺更靠近她。」

「我常常去我兒子墓前，像他還活著時那樣跟他聊天。我會慶祝他的生日和忌日。他走的時候，我覺得自己好像也少了一塊，不過我也覺得他還和我在一起。我從他出生前就開始愛他了，現在我正在學習在他死後繼續愛他。哀慟永遠不會停止。痛苦會一直跟隨著我，直到我進棺材爲止，不過在聊到跟他有關的話題、想起和他一起生活的景象時，我會感到安慰。」

「自從媽媽過世以後，二十年來，我跟她的關係進步了很多。我想我學會了怎麼去理解她，並且用更多的同理心去看待她。」

「爸爸過世八個月了，媽媽過世一年。感覺就好像昨天的事。不過我還是一天到晚跟他們說話。我做了很好的夢，他們在夢裡出現。我會永遠愛他們。」

「我跟我兒子的關係肯定會持續下去的。我常常跟傑克（Jake）說話，都會感覺到他就在我旁邊。我大兒子上個月在加拿大結婚，我陪著大兒子走紅毯的時候，我感覺到傑克跟著我們。我覺得這是貼心的傑克在讓我們知道，他也有來參加哥哥的婚禮。」

最近我去兒子的墓園時，路上先去禮品店買了一些花。我喜歡把從各地蒐集來的小石頭帶去給大衛，不過我時不時地也會買些鮮花。我對櫃檯的女店員說：「我猜你們店裡賣得最好的是花吧。」

「沒錯，最多人買花。」她說。

「那第二多的是什麼？」

她指向生日禮品區。那裡擺滿了生日派對的掛旗、氣球還有一些其他的小東西，讓人們裝飾在親人的墓碑上，慶祝他們的生日。就連生日慶祝活動在人過世之後都還會繼續，這讓我覺得很感動。

某些宗教圈裡的人們相信，如果你在親友死後仍舊和對方保持連結，實際上你連結的人是由魔鬼假扮成的。我不是宗教專家，不過在觀察了人們和過世親友持續保持連結的情況數十年之後，我的看法是，那些連結裡存在著某種神聖性。那是和魔鬼大爲不同的東西。

百分之八十的喪親者會說，親人死後的某一天，他們曾經感覺到對方的臨在。這些情況大多數會圍繞著某種感官發生。搭火車的時候，突然不知道從哪裡飄來一陣香草蠟燭的香氣。但是你身邊沒有人在點蠟燭——只是空氣中的一絡浮香，讓你覺得好像奶奶就在身邊，因爲她生前常常在家裡點上香草味的蠟燭。也許你覺得自己似乎在人群中看見了故人的身影。或者你聽到了過世親友的聲音對你說話，給了你一個結果發現很有用的建議。或是，妳正因爲一場會議而焦慮時，妳感覺到丈夫的雙手安慰地扶在妳的肩膀上，陪著妳走進會議室那扇門。或者你只是很單純地感覺到那個人就在房間裡。

這些現象就代表了死後世界的存在嗎？每當我在電視上受訪時，經常被問到這個問題。先前我已經提過，我相信來世這個概念。我想不少人會因爲聽到一個哀慟專家爲這個概念背書而感到寬慰。他們會看到自己並不瘋狂，擁有這種持續性的連結其實是正常的。不過，我不認爲你需要相信有來生，才能體驗到這種連結感。

死後的世界

我總是一開始就表明，我會運用各種不同系統的語言：基督教、福音派、天主教、猶太教、無神論、不可知論者，等等。在我的工作中，我試著去看見案主本然的樣貌、也盡力站在他們的立場與他們對話。這意味著，在協助他們處理哀慟時，我必須要有能力運用他們的語言，假如他們的語境裡不存在對來世的信念，我就會避免談及它。雖然很多人在他們有關來世的宗教信仰中找到極大的意義和慰藉，但倘若這樣的信仰不存在，那麼聽到有人談論時也不會感到安慰。事實上，反而更有可能激怒人或引發反感。如同先前曾談論過的，就算是相信的人，也不一定會想要聽到這種類型的安慰說詞。因爲它有可能聽起來太像文具店卡片上的祝福小語，那種人們並不眞心想要看見別人的痛苦時會說的場面話。多年經驗讓我學會了對自己的用語小心謹愼。

幾年前，我跟一個在羅耀拉瑪麗蒙特大學（Loyola Marymount University）教倫理學的朋友聊到一些關於臨終的議題。那時她正打算開一門跟臨終和死亡有關的課程，我想起以前所有跟我一起工作過、經歷過臨終幻覺的案主們，還有這些年來我和同行們就這種幻覺進行過的討論。在針對養老院、安寧病房和其他臨終議題的研討會上，這類幻覺從來不會在正式的學術會議上被提起。學界認爲這種話題太過怪力亂神，不值得嚴肅討論。不過在經歷一整天冗長的會議，一兩杯黃湯下肚後，大家會漸漸打開話匣子，聊起他們研究的案主在學術研究報告背後的一些故事。有人可能會開始聊到案主的臨終幻覺（deathbed vision），另外一個人就會提出一個類似的故事，然後突然間整群人開始熱絡起來，栩栩如生地說起誰在死前看到了什麼、內容如何，還有那代表的意義（如果它眞的有什麼意義的話）。

我決定向這位資歷雄厚、受人景仰的教授提起我最近某個案主經歷到臨終幻覺的事。當我聊到臨終幻覺的現象時，我知道她一定會有強烈的反應，只是不確定是哪一種。我猜她會嗤之以鼻，認爲這話題不值得深究。令人驚奇的是，她的反應卻正好相反。「這個主題很少有人寫，」她說，「更別提在一個正規的課堂上討論了。每個人都有這樣的故事，卻似乎沒有人想要把它們寫在紙上。」

她的話在我的心裡留下了印記，所以那次和她之間的對話，啓發我寫下了《幻覺、旅途和擁擠的房間：臨終前會看見的人事物》（*Visions, Trips and Crowded Rooms: Who and what you see before you die*）這本書。這本書根據許多人的訪談材料寫成，訪談對象包括了內科醫生、精神科醫生、心理學家、社工人員、護理師、神父、拉比和牧師等等。它的內容談到許多人臨死前曾經歷過的三種獨特現象，挑戰了我們對它們的解釋能力，也挑戰了我們對於臨終前那些神祕現象的理解能力。

第一種現象是「幻覺」。當垂死的人失去看見這個世界的視力時，他們之中某些人似乎會開始看見即將到來的另一個世界。

第二種現象是，他們會經驗到一種準備好「上路」的感受。在我們的至親死前的最後幾個小時，他們可能會把即將到來的死亡視爲一種轉換或旅途。從我們的角度，我們所能看見的只有離別，然而對臨終的人來說，似乎更像是一種抵達。賈伯斯的妹妹莫娜．辛普森（Mona Simpson）在她爲哥哥寫的悼詞中說道，當她去到賈伯斯臨終的病榻前時，「他的語調充滿感情、很親密、有愛，但就像是一個已經將行囊捆好在車上的人，他的另一趟旅途已經啓動了，就算他眞的非常、非常遺憾自己將要離開。」

第三個現象是「擁擠的房間」。瀕死的人在等待他們的死亡降臨時，常常會多次說出「房間裡有很多人」這類的話。那些人一部份是他們這一生認識過，但已經過世的人，也有一些是不認識的人。也許是這一世未曾謀面過的祖先。在靈性的眞相裡，我們從來不是一個人孤獨地死去。在這個世界裡，人們會前去迎接新生兒，那麼如果有另一個世界存在，在那裡人們會前來迎接剛死掉的人呢？就如同愛的雙手會在誕生之處接住我們，當我們死的時候，也會有愛的雙臂來擁抱我們。在生與死交會成的這片織錦上，我們也許會開始看見生命中曾經錯過的，與過往的連結。死亡在活著的人眼中也許看似是一種損失，然而對於臨終的人來說，他們生前的最後幾個小時，反而可能是豐富而非空寂的。

雖然醫療機構中的醫生、護理師等等照護人員，經常在臨終的人身上目擊這些現象，但他們如何解釋它們呢？這些現象得到了正當的對待、正式的討論和書寫了嗎？還是只被貶低爲是某種曖昧不清、邊緣化的經驗？在生命的最後時刻經驗到臨終幻覺的病患們，是如何被看待的？那些安養院、臨終照護機構以外的人，長期以來都貶低了臨終的人的經驗。他們把臨終幻覺歸咎於止痛藥、發燒、腦部缺氧。病患經驗被貶低的歷史，也許就跟臨終病患出現臨終幻覺的歷史一樣長。對於亡魂會前來迎接臨終的人的觀念，存在的時間也可能就跟人們體驗到它的時間一樣久。這爲來世存在的眞實性提供了可能性，而這份可能性，安慰了即將步入未知的人。

當我在思索自己有關來世的信念時，我整理出了三個可能可以用來看待這個主題的選項，以及我們各自能從這些選項中找出的意義。

選項一：

你心愛的人過世了。他們已經去到了死後的世界，但他們還可以感覺得到你。他們看得見你的哀慟。他們知道你的生活過得怎麼樣。他們跟這個世界還有接觸。假設這個選項是眞的，你過世的親友就會看見你的痛苦，知道你的哀慟有多深，知道你有多麼愛他。我相信，若情況果眞如此，他們會希望你過一段時間以後就振作起來，重新好好生活。我不認爲你過世的親友會很高興看到你因爲他們的死就放棄人生。要是他們眞的還對這個物質世界像你一樣地有感知，那麼我想你也會希望讓他們看到好的一面。當我旅行到優勝美地國家公園時，我會希望我的兒子能夠透過我的雙眼去看見這片美景，因爲那是他生前沒有機會看過的。

選項二：

你過世的親友已經去到了死後的世界。可是他們跟這個世界已經不再有聯繫。他們有其他的事情要做，但那是超過我們理解範圍的事。就你的角度而言，你所能做的就只有完整走完哀慟的歷程，而後假以時日，再次全然地投入生活裡。

選項三：

這是無神論者的角度。你的親友過世了，他們的意識化作一片空無。從這樣的角度還是能找到某些安慰，特別是當你的親友生前的日子過得很艱難，或是他們在疾病末期或死亡的過程中吃了很多苦時。至於該如何在親友死後繼續你的人生，結論和前兩個選項一樣——走完哀慟的歷程，然後再次全心生活。

這個我們稱之爲人生的短暫旅程，對我們每個人而言都是稍縱即逝的。我的兒子、我的父母、我的姪子，都已經走完了他們的這一個人生。這是一個無可改變的事實。我渴望與他們再見一面，而直到我們終於能見到面時，我也不會是現在的我了。不過到時候，我可不想跟他們說，因爲他們的死，我的人生完全失去了意義。他們愛我，他們不會希望事情變成那樣的。

我見識過人生最悲慘的場景。我去參觀過納粹集中營。我看過世貿大樓陷入熊熊烈焰的景象。我為遭遇校園槍擊案的父母們提供過諮商服務，我也見過在公眾場所遇到恐怖主義炸彈攻擊的受害者。我曾經與數千個身處哀慟中的人們懇談，而他們全都教會了我，在失去至親之後，人生還能繼續前行。在百分之百經歷完他們的悲傷後，他們都能夠找到意義，然後重新啓動生活、繼續去愛。

每當有人問我，他們的至親死後是否有來生時，我會回答他們，我相信有的，然後我會把問題轉回他們身上：「你相信我們這些還活著的人，在親人死後，也還有人生嗎？」這是一個我們必須要回答的問題。當我們全心渴望過世的親友能夠重新回到我們身邊，就算只能多活一天也好，那我們自己呢？我們能夠活在地球上的時間如此短暫，我們這個人生也無法重新再來一遍。那麼，為什麼不好好思考，我們每多活一天，意義都是多麼重大？

就算在我們巨大的哀慟跟前，生命仍繼續著。地球依然持續轉動。四季流轉，每一個冬日的消亡，都在為初生的春天讓路。每一場暴風雨，終將讓位給一個清澈的明天。儘管失落，我們仍舊前行。我們移動著，吸進每一口新的空氣。當新的一天來臨，如果我們還活著，那就是一個探索生命的機會，那是我們離世的親友不再擁有的機會。愛與生命都還在我們之中，找到意義的可能性也永遠存在。

第十五章

一切都不同了

「假如有一天我們不能在一起了，把我放在你的心裡，我會永遠留在那裡。」

——小熊維尼

我和伴侶保羅正在進行一趟專爲治療師舉辦的東岸巡迴課程，我們預計巡迴巴爾的摩區域的三個城市。我教的是哀慟療癒，保羅則帶領哀慟瑜伽課程。第一天晚上，我們回到飯店房間裡看了些電視。我一邊隨意轉台、一邊滑著手機查附近的餐廳時，突然收到一則簡訊通知，顯示我的大兒子理查剛剛撥打了九一一報案電話。我不是第一次收到這種訊息。那年理查二十二歲，大衛二世二十一歲，我們三個人共用一個電信方案，所以其中任何一個人打給九一一時，我們全都會知道。多年來我也因爲不同的理由打過好幾次九一一。有一次我報案的理由是有位女士的汽車在高速公路上拋錨，所以她正在橫跨高速公路。我常常會幫忙路上的車禍案件報警，這讓我的兒子們學到，他們應該在自己能力所及時盡量見義勇爲。每次只要我收到兒子打了報案電話的通知，我就會聯絡他們，好讓他們告訴我他們遇上什麼事。

我播了通電話給理查，但直接轉進語音信箱。因爲我兩個兒子感情很好，通常都知道對方的動態，所以我發訊息給大衛，問說：「你哥剛打了九一一。你知道發生什麼事嗎？」等了幾分鐘等不到回應，我又開始按著遙控器，同時試著再打一次給理查。然後我又重打了另一次。出人意表的是，這次接起電話的人是大衛的室友。他說了一個令我措手不及的消息。「大衛死了。」他邊哭邊說：「你的兒子死了。」

「大衛死了？」我尖叫。

保羅跳了起來，我把手機轉成擴音。我當然聽得懂他嘴裡吐出來的那幾個字：「你的兒子死了」，但我忍不住要問：「你確定嗎？」我質疑他。「告訴我發生了什麼事。有人得馬上幫他做心肺復甦術。」

室友把電話遞給了理查。「大衛死了。」他哀嚎著。

「不可能。」我說，他肯定是搞錯了。

「救護車在路上了，」理查說，「我們踢破大衛的房間門，他看起來已經死了一段時間了。」

救護車到了之後，理查說他會再打電話給我。我匆匆忙忙打電話給航空公司，想要訂機票趕回家，可是已經都沒有飛往洛杉磯的航班了。只有一班一小時後飛往華盛頓特區的飛機，從那裡有航班可以轉機回洛杉磯，可是我來不及趕到機場。沒有辦法可以讓我當晚趕回家。

我又打了一通電話給理查，想要弄清楚怎麼回事。我聽得出現場一片混亂。

「救護車來載大衛了。」他說。

「他們到多久了？」

「幾分鐘。」

「看著車裡跟我說他們在做什麼。」我期待他們會幫大衛做心肺復甦術，可是理查告訴我，他們在講電話。我知道這是什麼意思。他已經死太久，來不及急救了。

「問一下他們在跟誰說話。」我壓抑著自己的恐慌。我聽到理查問他們，也聽到了他們的回答。是驗屍官。

究竟發生了什麼事？大衛藥癮發作，吃太多藥了嗎？還是他自殺了？

驗屍官抵達現場的時候，大衛的教母安．邁希（Ann Massie）和教父史蒂夫．泰勒（Steve Tyler）也已經趕到了。孩子們的另一個教母瑪莉安．威廉森那天晚上正好在洛杉磯演講，我知道如果可以找到她，她也許能給理查提供一些協助。我留了好幾條訊息給她，說我人在東岸、出事了、盡快回覆我等等。然後我請安讓我跟驗屍官說話。

他告訴我，看起來像是意外用藥過量致死。現場的跡象顯示出，大衛混到很晚才回到家、脫了衣服、上床睡覺，然後一睡不起。

「從今以後，一切都不同了。」我這麼對保羅說。我看得見他眼底的恐懼。我一邊打著電話給航空公司，訂好了隔天一大早的機票。

他們搬走了大衛的遺體後，我請理查把所有人都帶回我們家。瑪莉安一看到訊息就立刻打電話過來，聽到消息後，她傷心得不得了。「理查現在人在哪裡？」她問。

「他在回家的路上。」我告訴她。

「我也在路上了。」

掛掉電話後，飯店房間陷入一片死寂，我雙腿一軟，癱倒在地上，蜷曲成嬰兒的樣子，嚎啕大哭起來。那是一種原始的痛苦，需要被釋放。我覺得自己彷彿被一塊巨石碾碎了。保羅在我身後坐下來，撫摸著我的肩膀。我哭了感覺上像是有好幾個小時那麼久，才爬了起來。我和還活著的兒子分隔兩地，然後另一個兒子死了。我不知道該如何自處。

「我需要離開這個房間。」我對保羅說。

我們坐進車裡，保羅漫無目的地開在我們都不認識的街道上。我要求保羅把車開進加油站。我走進商店裡買了一包菸。二十年前當我成爲父親時，我就把菸戒了，可是在那個當下，我顧不上什麼健康問題了。我點了一根菸，在加油站前面一座小丘的草地上坐下。我抽起菸來。呑吐了幾口之後，我撚熄菸頭。「這沒有用。」我對保羅說。

我們開回了飯店。除了熬過那個晚上，直到隔天一早可以出發回家以外，在飯店裡無事可做。

隨後的幾天，處理必要的那些手續令人苦悶不堪。沒有任何父親應該要看到手機上出現的是驗屍官的來電顯示。法規規定一定要解剖驗屍，不知道他們什麼時候才會執行。

當你淹沒在悲傷裡時，意義就變成了一艘救生艇。悲劇襲向你時，哪些意義是可能的？來到家裡陪伴我們的親戚和朋友對我言是有意義的。別人發來表示愛和支持的訊息對我而言是有意義的。該爲大衛選擇火葬或土葬，對我而言也是個有意義的問題，因爲我意識到，我會需要有一個離我不遠的地方可以去看大衛，那很重要。然後接下來的問題變成了什麼對大衛而言才是有意義的？下葬的時候該讓他穿什麼衣服？他會希望誰來參加喪禮？我領養這兩個孩子的時候，他們一個四歲，一個五歲。當時是封閉式領養，沒有人知道他們的生父或生母在哪裡，所以不可能邀請到他們來參加喪禮。但是大衛的成長過程中有很多愛他的人。我想要確保他們都有機會跟大衛說再見。

理查、保羅和我三個人一起去了葬儀社，安排一些必要的細節。一切都感覺好不真實。我覺得自己好像行走在一片濃霧中，每一吋都舉步維艱。

我們選好了棺材，接著得幫大衛選他下葬的地點。我們開著車在墓園裡四處繞著，每一區都有不同的名字，像是寧靜谷、永恆的信仰、群樹的低喃，諸如此類。我們幾乎可以感覺到大衛會對著些名字翻白眼。接著我們在山坡上看到一小塊地方，那一區的名字是「安慰之光」。理查和我對望了一眼，然後他說：「這個可以。」我也喜歡。我們下車，看了靠北邊的一塊地。葬儀社的人告訴我們：「那邊還有四個位置是空的。」

出乎意料地，理查說：「那樣很完美。這樣我跟你、大衛和保羅就各有一個位置了。」

保羅和我互相交換了眼神。收養兒子的時候我還單身，保羅三年前才加入他們的生活。我們早就認識對方了，可是我們是在兒子們高中快唸完時才開始約會。理查和大衛都很愛保羅，我知道他對他們來說很重要，可是直到那一刻，我才明白有多重要。後來我跟保羅說，我兒子的心裡已經有了一塊他的位置。

「你怎麼知道？」保羅問。

「因爲我兒子願意和你永遠長眠在同一個墓園裡啊。」

這讓他哭了。然而，我知道我們的關係可能撐不過大衛過世這一關。如果我是保羅，不過才跟交往對象住了幾年，就要處在這種痛苦瀰漫的環境裡，我可能會想：「我要禮貌性地停留多久之後才能閃人？」假使他眞的離開了，我也不會責怪他。換作是我，也有可能做出一樣的事。幸運的是，他留下來了。我們現在還在一起，而且因爲一起經歷過這場悲劇，我們的連結變得更強了——這是經歷死亡之後另一種找到意義的方法。

幾天之後，驗屍程序完成了，大衛的遺體被送到殯儀館。喪禮的前一晚，我請葬儀社的人讓我看他。我需要親眼看看孩子，就算那只是一具屍體。整件事都太過讓人難以置信，所以我想看看他的樣子，好讓我確定這件事情是眞的。

一塊布幔蓋住了棺材的下半部，不過我可以看見他的臉。他看起來很平靜。他的頭髮從來沒有這麼整齊過。可是，身爲父親的我，能夠看得出來他吃了多少苦。

一位停屍間的員工走進來察看我的情況。她說她是負責幫大衛整理遺容的人。我問她：「妳有幫他穿鞋子嗎？」我之前把大衛最喜歡的鞋子帶給了葬儀社，黑色的、硬式楦頭的鞋子。

「穿了。」

「我可以看看嗎？」我知道大衛會希望我確認一下的，這樣他才能穿著他最喜歡的鞋子長眠。

她小心翼翼地掀開了棺木上的布幔，整齊地折好。接著她用很慢的速度打開棺木的下半部，露出了鞋子的部份。這雙鞋對大衛意義重大，所以它們也對我意義重大。

我向她道謝，告訴她：「可以關上了。」

她很仔細、很緩慢地重新蓋好，彷彿最細小的動作都會打擾到長眠中的大衛。葬儀社裡每個人都這麼細緻又溫柔地照顧著大衛，讓我很感動。我強烈地覺知到，當你失去孩子時，每一件事情都開始顯得有意義，或大或小，有壞的、有好的。

瑪莉安已經回到她紐約的家中，不過幾天之後她會再飛來洛杉磯主持喪禮。她的女兒，也是我的教女茵迪雅（India）也從倫敦飛來洛杉磯參加喪禮。瑪莉安已經主持過好多場喪禮，可是，我想那之中只有極少數的喪禮主角和她的關係像大衛一樣那麼近。她手把手帶著我走完整個過程。我魂不守舍。她很清楚。她告訴我該坐在哪裡，會發生什麼事，誰會在什麼時間上台說話。保羅選了音樂。理查想要致詞。

理查充滿柔情地談起弟弟，還有他們一起分享過的生活。說到一半，理查筆直地對著在場的每個賓客說：「我弟弟今天不會想要看到大家悲傷的。」

我感覺到視線集中到了我的身上。那瞬間我知道大家在想什麼。我是一個哀慟專家，過去數十年來都在教導哀慟的重要性，結果現在我大兒子在叫大家「跳過它」。

稍晚聚會的時候，有幾個人來問我，我能接受兒子這樣說嗎？我說：「當然沒問題。我給每個人的訊息都是我們都有各自哀慟的方式。這就是理查的哀慟的樣貌。這是他所感覺到的紀念弟弟的方法。」他有百分之百的權利說出那句話。那不會令我或我的工作減損一分一毫。

每個專程趕來參加喪禮的人，都讓我深深感動。但願大衛能看見那一天所有人對他表達的愛。還有許許多多從不同管道傳來的訊息，有人給大衛寫了文情並茂的電子郵件，並且張貼在社交媒體上。其中有些人甚至是我沒有見過面的讀者、或是聽過我演講的聽眾。從那麼多人身上得到的愛和支持對我來說意義深重——那是當時的我唯一能看得見的意義。

喪禮上，我想起了大衛的公寓。喪親者不願意丟掉遺物，或是不想改動死者房間的擺設，是身旁的家人們經常會抱怨的事。我能理解這種想要抓住過去的本能反應，想把過去像琥珀裡的昆蟲化石一樣保存起來，可是因爲我兒子有兩個室友，所以我不能這麼做。他們會需要把大衛的房間清空，好找一個新室友。沒有人會想要搬進一個裝滿了別人東西的房間。

把整個房間清理乾淨，把大衛全部的衣服都打包塞進我後車廂之後，我就讓那些衣服一直放在那裡。因爲我還不想面對要把大衛的衣服拿進他小時候的家，在送去慈善機構前最後一次清洗它們這件事。隔天，當我坐進車裡時，我能在車裡聞到大衛的味道。我還不可能去洗哪些衣服，也還不可能把它們送人。我依賴著這些衣服，把它們當成兒子生命的物證。

大衛下葬之後頭幾週，我的感覺就好像身體裡的導航系統持續不斷地在搜尋著大衛的訊號，卻遍尋不著。彷彿他只是出門旅行，該回家的時間到了，他卻遲遲還未出現。可是我也知道他不會回來，我活在地獄般的痛苦裡。我會坐在他的墓碑旁邊，對自己說：「他就在這裡。」我甚至會向上帝祈禱，「求求祢讓這一切倒轉。」我不知道怎麼讓事情變得更好。我不知道如何跟這個事實共處。那個時候，痛苦就是我的意義，我唯一的意義。它證明我對大衛的愛有多深。

兒子走後兩週，一個很熟的朋友發訊息給我，說一個我們共同認識，跟她很要好的同事過世了。我第一時間的念頭是：「沒有人的死比我兒子的死更重要。」不過我的心提醒我，每個死亡都很重要，否則就沒有任何一個死亡是重要的。我馬上回電話給她，陪她聊聊她的悲傷。那一種哀慟是最令人悲傷的哀慟？這個問題我思考了很多年。我的答案總是不變。最令人悲傷的哀慟永遠是你自己的哀慟。

當我們在哀慟最劇烈的時期，在失落剛剛發生的那塊原始境地，只是單純跟哀慟待在一起是有意義的。我把接下來的演講都取消了。我不知道自己還能不能再站上講台。喪親之後還是有可能繼續好好生活，這種我自己說出來的話我都開始懷疑了，我怎麼還能夠舉辦哀慟工作坊？我連自已能不能活下去都還不確定。我要怎麼幫助別人？

就算我對哀慟瞭解甚深，我意識到自己需要幫助。我曾經教導別人，有需要的時候就求助，這回輪到我了。我思忖著該打電話給誰才好，而答案浮現的方式，就像人生裡經常會發生的那種最神奇的巧合。很多年前，在二〇〇三年時，我正在寫我的第二本書，和伊麗莎白．庫伯勒—羅斯合著的《當綠葉緩緩落下》的初稿。通常我寫完一版初稿後，我會送幾份複本給我圈子裡的朋友們讀讀看。這是我趁還有時間修改時，找出書裡需要處理的問題的方法。其中一個我寄去草稿的人，是洛杉磯一位很受人喜愛的治療師芙烈達．瓦瑟曼（Fredda Wasserman），她任職於一所專門支持哀慟者、聲譽卓著的非營利機構，叫作「我們之家」（Our House）。讀過初稿之後，她邀請我去她家。我記得自己就像個剛入學的學生，心情忐忑不安。不過我知道她是要幫助我改善書的內容。事實上她也眞的提供了很大的幫助。那次之後我就沒有再見過她，直到好幾年後，我們都以講者身份出席了「工作場所裡的哀慟」研討會，才再次碰面。

大衛死後，我收到了一封芙烈達寄來的電子郵件。她說她為我感到很難過，如果我需要任何幫助，她很樂意伸出援手。我有些不敢置信。「哇，」我心想，「她記得在事發正好一個月這個時間點上發訊息給我，這很令人印象深刻。」我決定跟她約一堂諮商個案，談論我的哀慟。

走進她辦公室時，芙烈達做了個手勢，請我坐在案主的位置上。我不情願地坐下了。「你一定覺得自己不該坐在那張椅子上吧。」她說。

「正是這種感覺。」我對她說。「感覺很奇怪。人們總是想要知道哀慟專家會如何面對自己兒子的死亡。我就會對他們說：『失去兒子的不是哀慟專家，是兒子的父親。』」

她將身體往前傾，說：「我會猜想這兩者都是很受傷的。」

我每週都去找她，有時候半個月裡我就會找上她很多次。我們的個案時間讓我的哀慟有了專屬的空間和時間，這對我來說很重要。這是認可它的力量的一種方式。芙烈達能夠認可身爲父親的我，正爲了兒子的死止不住地哭泣……也能夠認可身爲哀慟專家的我，正在不斷地檢視自己曾給出過的關於面對死亡的建議，看看它們是否依然管用、是否也能在自己身上發揮作用。

我跟她談到的其中一件事是，我在殯儀館裡要求看大衛的遺容還有檢查他鞋子的那次。我是猶太人，按照猶太人的傳統，通常會選擇密封的棺木。可是我需要看兒子最後一眼，我需要看見他躺在棺材裡，那個赤裸裸、殘酷的現實的畫面。我甚至拍下了照片。爲此我充滿了罪惡感，我把自己的所作所爲告訴了芙烈達。芙烈達也是猶太人，我知道她會懂得我的罪惡感。她的反應是：「你做了你需要做的事，再看他一眼，就是你當時需要的。那才是重要的地方。那就是**你個人**的儀式。」

我告訴她，那張照片我從來沒有給別人看過，我問她願不願意看一看。她答應了。我把照片遞給她，她非常溫柔地接過去，和我一起看。她停了半晌，認真地端詳了一會兒之後說：「很美的孩子。我很榮幸你願意跟我分享這張照片。」

我哭完了這節個案剩下的所有時間。她幾乎沒有說話，只是讓我盡情地哭。這是她對我的哀慟的見證。

在當時，我就像是在一條溪流裡溺水了，一條我曾指導很多人如何跨過的溪流。我覺得無助又迷失、脆弱不堪、被痛苦淹沒。我在芙烈達的陪伴下，允許自己是這個樣子。我們一起回顧了大衛過世的那一晚，還有後來的很多個日子。我們回溯過去。在那些個案時間裡，我會說話、哭泣、尖叫，而芙烈達永遠陪伴著我。感覺上就好像是大衛的死之於她，也跟我一樣的震撼。

我繼續時不時地在覺得需要的時候就去找芙烈達，也開始去參加專爲喪子的父母開設的支持團體，名稱叫作「慈悲之友」（Compassionate Friends）。參加團體的時候，我寫的書就被展示在幾呎外的架上，感覺蠻奇怪的。那裡沒有人知道我就是作者。今天，當有人問我：「哀慟專家自己的兒子過世的時候，他會怎麼做？」的時候，我會說：「他做的事就跟每個人都一樣。他去做諮商，也去參加支持團體，他追尋他的意義。」

心碎症候群

有一個現象稱之爲心碎症候群（Broken Heart Syndrome），是指心臟的泵血功能暫時遭破壞，通常是由於一連串嚴重的事件（比方說親人離世）所引發的壓力賀爾蒙激增所造成。專家指出，在壓力事件發生後的數小時，有時甚至是數天，體內的賀爾蒙會造成左心室的暫時膨脹，導致左心室將血液泵送至全身的功能受到干擾。這種症候群於一九九〇年首度在日本被提出，在那裡他們稱之爲「章魚壺心肌症」（Takotsubo cardiomyopathy），因爲左心室在這種暫時膨大的狀態時，形狀類似一種日本漁民用來捕捉章魚的瓦壺，而心肌症則是一種會影響心臟肌肉泵血能力的疾病。女性得到心碎症候群的機率較高，而無論男女，五十五歲以上的族群風險都較高。

心碎症候群的症狀和心臟病非常相似，不過它們通常是暫時的，也不會造成永久性的心臟損傷。然而，某些時候因爲泵血功能被阻斷得太嚴重，有可能導致死亡。我們常常聽到結婚很久的人在伴侶過世之後沒多久之後也跟著離開的例子。爲了伴侶而心碎死去，這種苦樂參半的故事，在這裡變成了現實。這是身心相連的最明顯的例子之一。不過說到身體時，請注意，心碎症候群和心臟病的診斷必須交由專業醫師來判斷。如果你感覺到胸痛，也有可能是心臟病的徵兆，所以嚴肅看待、撥打九一一是很重要的。

芭芭拉．布希的喪禮過後某一天，她的丈夫喬治．布希（George H. W. Bush）住院了。媒體訪問我，想要知道他是不是得了心碎症候群。我說，結褵七十三載的妻子過世了，他怎麼可能不心碎？後來老布希總統出院了，只是大約半年多一點之後，他也過世了。另外一個可能是心碎症候群的例子（這次是致命的例子），是黛比・雷諾斯（Debbie Reynolds）。在她心愛的女兒嘉莉・費雪過世後隔天，黛比・雷諾斯也跟著離開了。陶德・費雪（Todd Fisher）說，他的母親不是因爲心碎而死的。去陪伴她的女兒，是她的命運。他說：「她只是去陪嘉莉了。」他這句話是一個創造正面意義的實例。他不把他的母親看成「心碎的」，而是看見了她對女兒那份超越死亡的親密感。

極度高壓力的事件可以導致心碎症候群，包含寵物的死亡。《新英格蘭醫學期刊》（*New England Journal of Medicine*）曾經報導過一位六十一歲女性的故事。她的寵物狗過世了。她因爲嚴重胸痛而去急診，醫生對她進行了一連串緊急測試後，診斷出章魚壺心肌症。

我從來不覺得自己有可能會得心碎症候群，不過大衛過世、喪禮結束後，我的胸口痛了起來。我不知道這是心碎症候群還是心臟病。不過我下一秒的念頭是，我不在乎。如果那個當下我心臟病發，那就表示我可以跟我兒子大衛在一起了。幾天後，心臟的疼痛消退了。現實就是，我們大多數的人都會活下來，雖然情感上的痛苦會比身體上的痛苦持續得更久。

該如何修補一顆破碎的心？靠的是連結。既然我們已經知道人與人的接觸和身體觸碰有助於降低血壓，那麼就不難想到，人際上的連結確實可以支持心碎症候群復原。被看見，或許是同時對身體和情感都有助益的一件事。我們的心渴望連結。任何一個深陷在哀慟中的人都能告訴你，哀慟會影響你的思想，也會影響你的心和身體。讓我們的痛苦被看見，也去看見他人的痛苦，對我們的身體和靈魂，都是一帖良藥。我和芙烈達的合作，還有我花在哀慟支持團體裡的時間，開啓了我的療癒。我的朋友和家人們也是我療癒過程中，相當重要的一部份。

透過連結得到意義

我常說的一句箴言是：**敬重你的哀慟，是你自己的責任。沒有人能比你更瞭解它。**我親身證明了這句話的眞實性。

有個人在我的 Facebook 上寫下了一段有關大衛的非常窩心的文字。知道自己的哀慟啓發了如此溫暖的回饋，令我深深動容。隔天，我在 Facebook 動態訊息上看到同一個人貼了一張精美的甜點照片。

一股怨恨湧上心頭，感覺全世界都活在天堂裡，除了我。旋即我意識到這是一個選擇：我可以怪罪每一個人說他們都感覺不到我的痛苦，或是我可以感受自己的哀慟，但不期待別人應該要有什麼感覺。我可以對人們遞來的任何一種善意心懷感激，同時也認知到不能期待他們跟我有一樣的感受。這是我的悲劇，不是他們的。我想起奧登（Auden）的詩作《藝術博物館》（*Musee des Beaux Arts*）中關於受苦的描述：「一旁的別人仍正吃食著，或正打開窗戶。」

大衛過世的頭二十四小時，我們身邊有很多家人朋友寸步不離地陪著我們。他們處理每個人的驚嚇，包括他們自己的。他們支持我的每一個需求。他們確保我的身旁隨時有人陪伴，因爲他們知道在危機時該如何適當地保持照應。

隔天，我家裡又塞滿了更多朋友和親戚。簡訊、語音留言、電話紛紛湧來。有人會幫忙接電話，告訴來電的人我們的情況，彷彿我們不在現場。他們知道我們不會想要重複交代同一個故事，所以他們幫忙回答問題，給他們地址，告訴他們想過來就過來。

又過了幾天，我注意到能夠照應我最初二十四小時的痛苦的那群人不在了。另外一批人出現，他們會帶我在附近散散步，或是陪我喝杯咖啡。接下來的幾週，還有更多的人問我要不要一起出門用午餐或晚餐。這種情形我曾經在演講和工作坊時曾經說明過——哀慟發生的時期，我們的親友就像是交響樂團裡的樂器，各自彈奏出不同的樂音，交織成一部樂曲。有些人會在悲劇發生第一時間趕到，這是他們的音符。第一個月出現的親友，會陪伴我們走過最幽暗的空谷，這是他們的音符。稍後的某些人會彈奏出另一種音符，陪伴我們開始走回正常的生活軌道。還有另一些人最終會開始鼓勵我們討論未來。

我們可能因爲自己眼中所看到的，就認爲他人善變，而產生厭惡的感覺，但人生就是這麼回事。每個人都有他所能貢獻之處，而他們會依照他們的速度來進行。所有的貢獻交會而成的結果，就是一首意義的交響曲。只有當我們聆聽，我們才會聽見它。如果我們用傷痛和憤怒摀住了耳朵，就會與它擦身過。

三個P

當我在思考有哪些因素可以幫助我療癒時，我想起了知名心理學家馬丁·賽里格曼（Martin Seligman）提出的三個P，根據他的理論，精神上的特質會形塑我們看見的世界，並且決定我們在遭遇挫折時如何有能力應對：

(1)**個人化**（Personalization）：你將事件歸因於個人的內在或外在因素，也就是說，你是否認爲一切都是自己的錯，還是你認爲自己是這場悲劇唯一的受害者。

(2)**普遍性**（Pervasiveness）：相信一個負面事件就能摧毀你生活的一切。

(3)**永久性**（Permanence）：相信一次損失或災難造成的效應會永久持續。

當我把這三個 P 用來檢視我自己的喪子之慟時，我知道，若以「個人化」這個角度來看的話，我必須承認，大衛的死是一個發生在我身上的事件，而非一個由我所引發的事件。此外，我的痛苦並不特別，我不是一個被上帝、命運或什麼宇宙法則選中來經歷這種苦難考驗的人。我在課堂上、僻靜營中與無數勇敢的父母和從哀慟中倖存下來的人們所共度的漫長光陰，足以讓我知道，沒有必要將自己的哀慟個人化。太多人都曾經歷一樣的痛苦，而在諮商個案中，我總是告訴他們不要怪罪自己。想到這些，可以讓我感到身處在這個世界、和這種哀慟裡的我，並不孤單。

檢視第二個 P，也就是普遍性時，我知道，大衛的死不會毀掉我的人生。也不會毀掉我的事業。因爲這場悲劇，若不是我的工作深度將會加深，也有可能是我的智慧將會得到增長。想到大衛也許能幫助我去幫助他人，我的心變得輕盈了一點。那個樂於助人的他將會在我的內在繼續活下去。

至於最後一個P，永久性：我知道我的心會永遠留下一個洞，但是我也知道痛苦的感覺將會漸漸消失。我將會改變，我將會轉化，蛻變成一個現在的我還想像不到的，不同的樣貌。

回到「一個新的常態」

沒有人會想要或喜歡這種新的常態。正如同許多哀慟者一樣，一陣子之後我發現，重新投入日常活動中，是有幫助的。即使我的世界不再正常——或者說不再是舊的常態——日常的例行公事可以讓我保持穩定狀態。在該如何運用自己時間的各種選擇當中，其中一個必須做的決定是，我是否要繼續取消演講計畫，還是要重返工作崗位。我知道自己必須試試看，所以幾個月後，我重新開始演講。我第一場演講的對象是數百位正在接受洛杉磯警察局同僚支持訓練的警務人員。也許在潛意識的層面上，我知道他們會成爲裝載我的哀慟的容器。接下來的幾場演講是爲了彌補大衛過世時被取消的場次。這些是最令我恐懼的場次，因爲我知道會議廳裡的聽眾們會知道我剛剛經歷了什麼，而我不確定自己是否能沉著應對。開場時我先爲了取消和重新預約的事情向觀眾們致謝，感謝他們的耐心。過程中我保持著冷靜，直到中場時，有位女士發言：「接到演講因爲你兒子過世而必須取消的通知電話時，我很震撼。我每天都在爲你和你的家人祈禱。」

我說：「我感受得到妳的心意和祈禱，它們是我的倚靠，深深地感謝妳。」我是眞心這麼覺得。能夠感受到世界上那麼多人給我的愛，是很大的療癒。社交媒體上很多留言都非常動人，我會回頭去一次又一次地重讀。有些人的留言是直接**對我**說的。不過社交媒體上也有個奇妙的現象是，人們會在個人頁面的留言區，交換著跟頁面主人有關的訊息。我會在我自己的頁面上讀到，別人互相聊著**關於我**的話題。

「等一下，他是在幫助某個孩子過世的人嗎？」

「不是，過世的是他兒子。」

「大衛自己的兒子？不可能吧。幾個月前我才在他的演講上聽到他談到兒子的事。」

「對，就是他的兒子。」

「不會吧。哀慟專家的兒子過世？這太讓人傷心了。」

「我們能不能做些什麼幫助他？」

所有這些想法和留言，無論是直接或間接的，都非常地善良，非常地有意義。

之後的幾場演講對象是治療師和諮商師。他們之中大多數人不知道我的事。算是一種平衡吧。我知道如果我一開場就提到大衛的死，他們就會想要試著幫助我——而且事後可能會因此不滿。原本是買票進場聽哀慟專家講解如何協助哀慟中的人，結果卻突然發現自己正在照顧講師，沒有人會想這樣浪費自己的辛苦錢。我決定只在結束前才提到大衛。假如有人很早就在講堂上或休息時間提出這件事向我致意，我會謝謝他們，然後很快回到正題。很多人喪親後必須重回職場正常上班、而且不能隨意停下來閒聊自己的哀慟，我也用這樣的方式看待自己。不過，當我把課程預定的內容和工具都傳達給聽眾之後，我還是花了一點時間簡短地談論了一下自己近期的經驗。我要求人們對他們的哀慟保持誠實和敞開，那麼我也必須如此。

那一年差不多快過完時，我必須面對第一個沒有大衛的聖誕節。這對我和理查來說都是個挑戰。身爲父親，我希望給大兒子一個好的假期，但是我也不想打擾他的哀慟。在我們家，我們過猶太教光明節，也過聖誕節，我鼓起勇氣拿出了聖誕樹和光明節燈台。我兒子坐在沙發上。我倒了一杯蛋酒遞過去，他微笑著接過杯子。我告訴他我只能掛掛燈泡，但其他的裝飾我還沒有辦法動手。接著我開始把燈串繞在聖誕樹上，一邊問他願不願意幫忙。他搖搖頭拒絕。

如果是以往，這時我就會開始又哄又勸，或是假裝燈泡有問題，讓他過來幫忙解決。不過我知道今天不是好時機。這是他的哀慟，而我不打算爲他粉飾太平。無論多麼好心，但是沒有人喜歡自己的痛苦被別人拿走，除非他已經準備好了。他坐在他的沙發上。我掛我的燈泡。就這樣。

聖誕節前幾天，理查和我一起去墓園看大衛。沉默了許久之後，理查說：「以後過節都不會開心了。」

「我明白你的意思。」我說，「大衛不在了，以後過節氣氛都會不一樣了。不過假如我運氣好的話，我大概還可以活上個二十到三十年。我們不會永遠在一起，不過要是我還活著，我希望還是能跟你一起過節。我永遠都會想念大衛，我也痛恨他再也不能跟我們在一起了這個事實。可是我會希望，未來有一天，我們還是能用慶祝的心情過節。當然，我們可以慢慢來。」

理查露出沉思的表情，似乎正想像著未來的一年又一年。「好吧。」最後他終於開口，「我也想要好好享受聖誕節。」

「有一天我們會的。」

把它當成未來的目標，同時接受眼前難堪的現況，帶來了改變。空氣中彷彿多了一絲希望的氣息。也讓當下這個看似不可能享受聖誕節，卻又得努力試著去享受節日的壓力得到釋放。後來我和理查去跟瑪莉安和她女兒茵迪雅（我的教女）碰面，吃了茵迪雅準備的美味一餐，彼此交換禮物。我們和家人還有朋友們一起散步、哭泣、追憶。我們對自己的正在經歷的哀慟全心投入，同時也覺知到我們還有生活要過。那不會是一個我想要重來一次的假期經驗，不過，由於朋友和家人們的陪伴，它成爲一次非常有意義的假期。

人們常說：「我不知道你是怎麼辦到的。」我會說，我不是做到了什麼。我不是下定決心要在早晨起床。我就是醒了。然後我抬起腿跨出一步，因爲沒有別的事可做。無論我喜不喜歡，我的人生都還持續著。而我必須決定，讓自己成爲其中的一部份。

用意義重建生活

在哀慟中，我們面臨的問題是，該如何在剩下的人生裡找到意義。儘管我們禁不住會想，最有意義的就是再次擁有我們失去的人，可是我們也知道那不可能。接受這段我們僅有的短暫時光同時，我們必須自問：「該如何才能用最珍重的態度，去看待他們沒有機會得到的人生？」這會是一種將意義帶入沒有他們的人生的方法。

人們常常以爲，他們不可能從強烈的哀慟中復原。我相信，事實絕非如此。當你能夠用愛多於痛苦的角度來回憶你失去的人、當你在自己的生活中找到創造意義、榮耀逝者的方法，那麼你就會得到療癒。你需要下定決心、內心抱持渴望，才能做到這件事。然而找到意義並非什麼非凡之舉，它很尋常。在世界的各個角落，它無時無刻不在發生著。

某一次在我演講開始之前，一位參加者興沖沖地跑來對我說：「我很期待你的演講。你今天是要講你兒子過世的事嗎？」

「不會。」我說，「我演講的內容是關於如何幫助正在傷心的人走出哀慟。」

我的工作與我兒子的死亡無關。這本書也不是要談他的死亡。然而他的死，顯然加深了我工作的深度。我希望他的生命可以大於他離開世間的方式。在我找到的諸多意義中，其中一項是，生命沒有虧欠我們什麼。是我們虧欠了它。很多人生活在這個地球上時，是時時帶著讚嘆的眼光在看待週遭事物的。這並不表示這些人的生活就是完美的。事實上，他們多半是遭遇過各種風霜的人。他們也許沒有在電視上、Facebook 上或 Instagram 上高調宣傳自己的人生有多麼美好，他們就只是那樣活著。假如你正在讀這本書，我知道對你來說，這種讚嘆的眼光是一種力量，正如同它對我而言也是一種力量。如果維克多．法蘭可和他的同伴們在從一個集中營被移送到另一個集中營的半途上，都還能用讚嘆的眼光欣賞夕陽的美麗，我們就必須去思考，我們一定也能在自己的內在找到一樣的力量。

對於還活在身邊的心愛之人們，未來還會有可以跟他們共享的魔幻時刻。我們的任務是去找到並珍惜那些片刻。透過這些吉光片羽，我們依然能品嘗到世界的甜美之處。

追尋意義並非一條滑順無阻的坦途。每分每秒我們都會面臨抉擇——走向療癒或是繼續卡在痛苦裡。就跟其他的五階段一樣，第六個階段需要我們去行動。如果不放下過去的包袱，我們無法走向未來。我們必須對曾經有過的生活道別，向未來張開雙臂。我兒子的死，將永遠構成我的一部份，而我的目標之一，是在沒有他的未來裡，找到我是誰。這是我重建人生的方法。

問問你自己：「如果我讓自己從這份哀慟中蛻變和成長的話，我會成爲什麼樣的人？」更重要的問題是，如果你不這麼做的話，你會成爲什麼樣的人？我是一名專門研究哀慟的專家，致力於從人生最慘痛的時刻裡挖掘出意義。而現在，你心愛的至親已經不在人世，這樣的你，是誰？

後記

有過坐在臨終病榻旁邊無數次的經驗後，我可以向你保證，沒有人會在生命的終點前為他的車子或房子感到難過。最具意義的，必定都是他們心中所愛的人。

有一次我到德國演講，拜訪了漢堡市。我知道二次世界大戰、希特勒、集中營這些歷史。我去參觀過奧斯威辛和比克瑙集中營。但是我對漢堡市的歷史瞭解不多。當我抵達漢堡時，我很驚訝那裡的一切看起來都很新。我以為歐洲的城市市容都很古老。我問別人，為什麼漢堡市的建築物都那麼新。答案令我驚訝。

「二次大戰期間，英美聯軍的炸彈摧毀了這個城市。」對方告訴我，「所以一切都得重頭蓋起。」

我為自己的無知感到羞愧。他們告訴我，只有一個區域沒有被完全炸毀和重建——就是市中心的聖尼古拉教堂（St. Nikolai），它至今仍以被空襲後的廢墟原貌矗立在原地。如今它是一個用來紀念在空襲中失去生命的人的場所。一旁的和平花園和雕塑見證了人類對於和平與和解的共同渴望。參觀教堂的時候，我能看見美麗的鐘塔，被焦黑的痕跡永恆地裹上了一層哀戚。然而那場景也令人驚嘆地透出一種對生命的肯定，猶如一份對堅持和韌性的見證。

我見到了當地一位志工荷佳（Helga），她說空襲發生的時候她才五歲，她看著爸媽從火場裡向她狂奔，奮力想要保護她。她也看見大火從頭頂上方吞沒了她的爸媽，而無論她往哪裡跑，眼前都只是一片鮮紅的火光。有人朝著她大叫，要她往陰暗一點的地方跑，那是唯一沒有著火的地方。接著，那個人也消失在紅色的烈焰裡了。荷佳從一個陰暗的地方跑向另一個陰暗的地方，不知道一切是怎麼過去的，最後她活了下來。

「我很抱歉。」聽完她的故事後，我說。我來自那個投擲炸彈、殺害了她父母，還有成千上萬條人命的國家。

「以前我總是很憤怒。」她說。「可是等我成熟一點之後，我知道事情該當如此，世界才會變好一點。」

這位令人欽佩的女士已經超越了一個目睹父母喪生的孩童的觀點，有能力從更大的角度去理解到那一段慘痛的歷史，如何造成了他們所遭遇到的事。現在的她搖身一變成爲了世界的公民，也肩負起了世界公民的責任，將自己看成一個更大的整體的其中一份子。

我常常回想起聖尼古拉教堂，它以永恆的廢墟姿態，站立在一座美麗的現代都市中央。接著我會想起我可愛的大衛。我心中有某個部份，如同聖尼古拉教堂一般，永遠地被他的死毀壞了。我知道直到我們再度聚首之前，這份痛苦和思念都不會消失。然而，我感覺自己就好像漢堡這座城市，我必須在我內心的廢墟周圍，建造出新的人生。

我們經常以爲，哀慟會隨著時光流逝，漸漸縮小。它不會的。需要長大的是我們。憾事發生後，我們需要成爲自己生命的建築師。我知道大衛不會想看到他的死亡壓縮了我的生命。他會希望我擴展它。而這是我正在努力的方向。這就是我的意義。

你的心也許受損了。你也許會覺得，你失去的親友是你人生中唯一的意義來源。但其實意義就居住在你的內在，你隨時有可能把它找回來。你也許會覺得，在那個人離開後，所有的意義都跟著一起流失了。這不是眞相。你可以和還活在你身邊的人，繼續有意義的連結，你也可以製造新的連結。這些連結不會削弱你對逝者的愛。它們只會增強那份愛。

與臨終者與哀慟者一起工作了那麼多年後，我發現，在這一生中，最終極的意義，就在我們愛過的每一個人身上。你心愛的人的故事已經劃下句點。出於某種不知名的理由，他們在地球上遊歷的時間已經終結，然而你的旅途仍繼續著。我只能邀請你，爲你剩下來的人生可能展開的故事，保持好奇。

很有可能你正掙扎著接受心愛的人過世的事實。也許，現在正是時候，進入哀慟的下一個階段。去追尋屬於你的意義。你的未來還未被寫下。你愛過，你經歷過巨大的哀慟，而生命仍繼續著。盡情探索吧。對它抱著好奇心。你不再會是原本的你，你也不會想要變回去。無論如何，你可以再度變得完整，而你值得成為完整的。

我兩個兒子還小的時候，他們會問我：「爸爸，你相信上帝嗎？」我的答案永遠是相信。他們就會接著問：「那你怎麼確定？」

「因爲我找到你們了。世界上有好幾百萬個小孩，可是只有你們倆進入了我的生命。我們能夠在一起是一個奇蹟，是這個奇蹟讓我知道，上帝眞的存在。」

現在大衛離開了，我相信我們還能在生命的下一站重逢嗎？我相信。至於我們會用什麼方式重逢，我不知道。我知道他已經離開了這個世界，不過我可以感覺到靈魂與靈魂之間看不見的連結，我相信死亡無法切斷這種連結，而這道連結，將會在下一個世界裡幫助我們團聚，無論用什麼方法、在什麼樣的地點。

我常常想起雙胞胎在媽媽肚子裡的故事：

在一個媽媽的肚子裡，裝著兩個寶寶。一個寶寶問另一個寶寶：「你相信這個世界之後還有別的世界嗎？」

第二個寶寶回答：「爲什麼問？當然有啊。這個世界後面一定還有別的東西。」

「怎麼可能。」第一個寶寶說，「這個世界後面就沒有別的世界了。那會是什麼鬼樣子啊？臍帶輸送養分給我們。去了另一個世界就沒有臍帶了，不可能活下去的。臍帶就這麼短而已。不可能有另外一個世界的啦。」

第二個寶寶堅持他的立場：「我覺得一定還有什麼，只是可能跟這個世界不一樣而已。也許到了那邊之後我們還能見面。」

第一寶寶說：「如果眞的有另一個世界，怎麼沒看過有人從那個世界回來？離開這裡就是生命的結束，出去以後，肯定是一片漆黑，無處可去，什麼都沒有。」

「嗯，這些我不知道。」第二個寶寶說，「不過我們一定會看到媽媽，她會照顧我們的。」

「媽媽？」第一個寶寶大笑，「你相信有媽媽的存在？一個全知全能、創造了這一切的存在？那她現在在哪裡？」

第二個寶寶平靜又耐心地試圖解釋：「她就在我們的四周。我們活在她的裡面。沒有她，世界就不存在。」

「哈。我看不到她呀。所以說她不存在才比較有道理。」另一個寶寶回答：「有的時候如果你安靜下來，你就會聽到她的聲音，可以感覺得到她喔。我相信在這個世界之後還有另外一個世界。」

這個故事讓我想到，就好像出生前的寶寶們無法想像出生後的世界，甚至不能相信有另一個世界存在，那麼，我們也無法想像死後的世界。我相信將來，也許用某種形式、某種方法，我會再次見到我的父母、我的姪子，與所有那些先我而去的人。最重要的，是我希望可以再次見到我親愛的兒子，大衛。他也許會知道他死後發生的所有的事。也許不會。也許他和我母親還有其他人會問我，有沒有收到他們用死亡給我留下的禮物。我有沒有好好運用它們？那我自己又有什麼樣的故事？我是否讓自己人生的最終章，過得有意義？但願我會擁有一些有趣的故事可以對他們說。

對你我也有同樣的願望。但願你的餘生，也將會擁有許多既有趣又有意義，值得述說的故事。

致謝

該如何謝謝那些在你的兒子死後幫助過你的人？他們耐心地支持我寫下這本最具私人性質的著作，用以紀念我的兒子，和許許多多已經過世的人。

寫這本書的想法早在大衛過世之前很久就已經出現在我腦海。終於，我瞭解到其實還有第六個階段，意義的階段，可以用來幫助我自己和他人。我非常感激肯．羅斯（Ken Ross）、伊麗莎白．庫伯勒—羅斯的家人們和她的基金會，能允許我在這指標性的哀慟五階段之後再增添一個新的階段。

當我決定與奮進集團控股公司（WME）裡的經紀人聯絡，跟他們分享這個概念時，非常感謝珍妮佛．魯道夫．沃許（Jennifer Rudolph Walsh）的鼓勵，並且為我聯繫了聰慧又熱心的經紀人瑪格麗特．萊莉．金（Margaret Riley King），在她的幫助下，這本書才得以成為現實。

西蒙與舒斯特（Simon & Schuster）與斯克里布納（Scribner）這兩家長春的出版社，

在大衛死後結合在一起了。我很感謝南・葛拉罕（Nan Graham）與羅茲・里泊（Roz Lippel）爲我展現的溫柔。我的編輯凱蒂・貝爾登（Kathy Belden）是我的紅粉知己、我的牧羊人、我測試想法時的最佳顧問團成員，是每個作家都應該要有，卻很難得到的一個編輯。像一本這樣的書，手稿上若不是畫滿了紅線，是很難完成的。貝絲・拉許鮑溫（Beth Rashbaum）是點石成金的魔術師，幫助我成爲一直希望自己可以成爲的文字寫作者。永遠陪在我身邊的，是我的摯友、編輯安卓拉・薩盎（Andrea Cagan）。大衛過世後，她坐到我的電腦前，說：「我們來寫下點東西吧。以後你會想要想起這些細節的。」她無微不至的指引，是我的書和我的生命中，一份眞正的禮物。

我的文字僅僅能反映我個人的世界。我的兒子理查，他的力量、與他對大衛表現出來的愛，仍持續令我驚嘆。經歷了那麼多風暴的理查，是眞正有能力存活的人。他就是我的第六階段。

我深深感激我的伴侶，保羅・丹尼斯頓，他的付出遠遠多過了他理應做的。大衛過世的時候，他是我最堅固的依靠。在我寫作本書的過程中，他經歷了強烈的哀慟，並且穿越了痛苦與療癒。他一直伴隨在我左右，是無條件的愛的具體實證。

數十年來，瑪莉安・威廉森都是我的摯友、一直啓發著我。她的勇氣和慈悲永遠令人激賞。我兒子去世時，她就像我的燈塔。

非常謝謝我的教女茵迪雅。妳聰穎又務實的特質，是我永遠的指北針。

還要爲好多同事、朋友們獻上我的感謝。謝謝你們在我的生命中與寫作這本書的過程裡陪伴我。愛黛兒・貝斯（Adele Bass）、安妮・佳德（Annie Gad）、艾德・拉達（Ed Rada）、安・瑪西（Ann Massie）、吉姆・湯姆斯（Jim Thommes）、瑞秋・翰芙靈（Rachel Hanfling）、瑞貝卡・漢蒙德（Rebecca Hammond）、克里斯塔・理查茲（Krista Richards）、康妮・惠爾榭爾（Connie Whelchel）、派崔克・亞羅卡（Patrick Allocca）、芙烈達・瓦瑟曼（Fredda Wasserman）、朗・斯帕諾（Ron Spano）、黛安・葛雷（Dianne Gray）、珍妮佛・辛德爾（Jennifer Sindell）、丹妮絲・雅布隆茵斯基—凱（Denise Jablonski-Kaye）、史蒂夫・泰勒（Steve Tyler）、約翰・麥克萊特（John McCrite）、李察・阿尤布（Richard Ayoub）、李・愛德米斯頓（Lee Edmiston）、艾拉・愛德米斯頓（Ella Edmiston）、保列特・佛瑞斯特（Paulette Forest）、蓋瑞克・柯威爾（Garrick Colwell）、凱特・桑博（Kate Sample）、琳達・傑克森（Linda Jackson）、邦妮・麥克博德（Bonnie MacBird）、克萊兒・澤拉斯科（Claire Zelasko）、馬克・維亞拉（Mark Vierra）、安娜・羅斯蒂克（Anna Rustick）、珍妮雅・費雪醫師（Dr. Janina

Fisher）、貝絲・希格洛夫（Beth Segaloff）、馬帝・邁伏洛維治（Marty Majchrowicz）、卡麥蓉・卡莉洛（Carmen Carrillo）、羅德尼・史考特（Rodney Scott）、莉塔・偉斯曼（Lita Weissman）、班・戴克（Ben Decker）、艾蘭娜・史都華（Alana Stewart）、貝索・馮・迪・寇克（Bessel van der Kolk）、戴博拉・莫里斯（Deborah Morrissey）、莉西雅・史蓋（Licia Sky）、陶莉・布里茲（Tally Briggs）、克里斯・霍華（Chris Howard）、馬修・倫比諾（Matthew Lombino）、史蒂芬・羅斯貝瑞（Stephen Roseberry）、奈斯塔朗・迪拜（Nastaran Dibai）、卡崔娜・侯茲（Katrina Hodes）、傑佛瑞・侯茲（Jeffery Hodes）、麗茲・赫南德茲（Liz Hernandez）、拜倫・凱蒂（Byron Katie）、葛里哥利・霍夫曼（Gregory Hoffman）、胡安・羅佩茲（Juan Lopez）、天使食物計畫基金會（Project Angel Food）以及法拉・佛西基金會（Farrah Fawcett Foundation）。

最後，但絕不是最不重要的，我要感謝在這本書裡那些，曾經將他們的生命、死亡、種種體驗與我分享的人們，他們將會持續是我的導師。他們的愛、勇氣，和他們所發現的意義，感動了我，也令我得到啟發。

人生顧問 403

意義的追尋：轉化哀慟的最終關鍵

作　者—大衛・凱斯樂 David Kessler
主　編—李筱婷
企　劃—王聖惠
美術設計—ayen
董 事 長—趙政岷
出 版 者—時報文化出版企業股份有限公司
一〇八〇一九台北市和平西路三段二四〇號七樓
發行專線—（〇二）二三〇六—六八四二
讀者服務專線—〇八〇〇—二三一—七〇五
（〇二）二三〇四—七一〇三
讀者服務傳眞—（〇二）二三〇四—六八五八
郵撥—一九三四四七二四時報文化出版公司
信箱—10899 臺北華江橋郵局第 99 信箱
時報悅讀網—http://www.readingtimes.com.tw
時報出版愛讀者—http://www.facebook.com/readingtimes.fans
法律顧問—理律法律事務所　陳長文律師、李念祖律師
印　刷—勁達印刷有限公司
初版一刷—二〇二〇年十月八日
定　價—新台幣四八〇元
（缺頁或破損的書，請寄回更換）

時報文化出版公司成立於一九七五年，
並於一九九九年股票上櫃公開發行，於二〇〇八年脫離中時集團非屬旺中，
以「尊重智慧與創意的文化事業」爲信念。

意義的追尋 : 轉化哀慟的最終關鍵 / 大衛 . 凱斯樂 (David Kessler) 著 ;
王詩琪譯 . -- 初版 . -- 臺北市 : 時報文化 , 2020.10
面 ;　公分 . -- (人生顧問 ; 403)

譯自 : Finding meaning : the sixth stage of grief.

ISBN 978-957-13-8393-4(平裝)

1. 生死學 2. 死亡 3. 悲傷

197　　　　109014559

作者網址：www.grief.com
Finding Meaning by David Kessler

ISBN 978-957-13-8393-4
Printed in Taiwan